山崎今朝弥

YAMAZAKI KESAYA

弁護士にして雑誌道楽

山泉 進・村上一博 編著

論 創 社

明治法律学校卒業記念写真（４列目・左から５人目が山崎。1901年）

まえがき

「奇文」という言葉はおそらく辞書にはない。しかし、「奇人」山崎今朝弥の文章は「奇文」としか表現のしようがないものがある。山崎の「奇人」性や「奇文」を好む人は、彼の「奇文」や「奇行」のなかに、縛られた日常性からの自由をみているのである。「奇人」になるためには、もちろん「反骨」の精神をもつ勇気が必要とされるが、それ以上に生まれもった性格がものをいう。

山崎は『弁護士大安売』に収録されている「自分の性質を白状す」という文章のなかで次のように書いている。いま文意をわかりやすくするために括弧で補えば、「僕の性質は僕にも解からぬ。間違つた〔こと〕の無い処で、僕は問題となり、問題を起し、〔そこから判断すれば僕は〕誤解を招く事を好むらしい」と。またいう、「僕の親類は親兄弟いとこ、はとこに至る迄一貫して皆所謂昔時の諧謔性に属している」と。つまり、親族には皮肉やユーモアを好む人物が多かった。山崎の「奇行」は人生を護るための先祖からの技法であり、そして「奇文」は計算と推敲によって生み出された文章上の技法であった。身分や特権、権力や権威、富と勲功、それらすべてを否定し、弱者の人権、思想・言論を護るためのレトリックが山崎の「奇文」の正体であったといえる。もちろん、結果として権力による弾圧から身を護るための柔らかい鎧となった。

ところで、山崎今朝弥の書き遺した文章のなかには数限りない話題があり、テーマがある。それらは、決定されている現実を一義的に説明するのではなく、現実を複数に分解して、その多様な様相を示してくれる不可思議な意味の世界である。つまり、文章のなかに想像力を駆り立てるエネルギーが存在するのである。生涯の友人であった新居格は「奇想」という言葉を使っているが、「奇想」があって初めて「奇文」が生まれるのである。この「奇想」は、自由や平等、正義や人権などの普遍主義的原理にもとづいているが、決してそれらから直線的に生み出されるものではない。いわば言葉の意味を反転させたところから迂回されてつくり出されるのである。したがって、山崎の文章を読み解くためには、ある種の技術が必要とされる。本書は、そのための実習の試みである。

さて、本書のように、特定の人物の研究を行うことは、もちろんその人物の事績や業績を調査し、評価することである。評価においては必ずしも肯定的な評価がなされるだけではなくて、否定的な評価もある。そのようにして検証しながら、教訓を得ることが研究の意味であろう。しかし、山崎今朝弥に関して、そのような手法がどこまで妥当するのであろうか。私には、ほとんど不可能であるように思える。その理由はどこにあるのか。答えは簡単である。山崎今朝弥という人物は研究という手法に馴染まないし、それを叙述する方法を見つけることも困難であるということである。二百頁を少し超える、山崎今朝弥についてのこれまで唯一の、卓越した評伝『山崎今朝弥』を書いた森長英三郎の「後記」はそのことを物語っている。森長は山崎の「自伝」を真似て、次のような自己紹介文を書いた。「一九〇六年、幸徳秋水、山崎今朝弥の在米中に日本に生まれる。久しく消息不明であったが、一九三六年弁護士となっていた。その後有名、無名の大小各種の事件を担当する幸運にめぐまれたが、いまだ食えないとのこと」と。生前の森長に私淑してきた私としては、こういう文章を書きたくなった森長の気持ちはよくわかるが、山崎のようにはなれなかった森長の悲しい気持ちも理解できる。それほど、山崎今朝弥という人物を研究し、論じることは難しいのである。しかし、私たちは山崎今朝弥の精神を学ぶことはできるし、自分なりのスタイルで山崎今朝弥を生きることはできる。そのために山崎今朝弥の足跡を調査し、形にすることが本書のささやかな目標であった。そんなことを考えて、本書を読んでいただければ幸いである。

二〇一八年八月

執筆者を代表して　山泉　進

山崎今朝弥——弁護士にして雑誌道楽◈もくじ

まえがき　iii

I 奇人と郷士——弁護士になるまで

〈扉引用文〉「自伝」（『弁護士大安売』より）

1　郷士と家族　4
2　明治法律学校と渡米　42
3　アメリカ時代——ダウンセラ大学とケロッグ博士　90

II 叛逆と人権——弁護士・社会活動

〈扉引用文〉「地震・流言・火事・暴徒」（『地震・憲兵・火事・巡査』より）

4　社会派弁護士としての活動　130
5　大審院における言論擁護の弁論　171

III

道楽と抵抗——雑誌・出版活動

〈扉引用文〉「発刊之辞」（四六版『解放』創刊号より）

6 雑誌道楽の世界 194

（付論）『法律文学』の発見 221

7 「解放群書」の謎解き 239

8 「幸徳伝次郎全集」の探索 270

IV

諧謔と自由——文献・年譜

〈扉引用文〉「出版と法律と良書」（私家版『解放』一九三二年二月号より）

9 奇書と文献の案内 304

10 山崎今朝弥年譜 329

あとがき 342

山崎今朝弥

弁護士にして雑誌道楽

I

奇人と郷士――弁護士になるまで

君性は山崎、名は今朝弥。明治十年逆賊西郷隆盛の兵を西南に挙ぐるや、君之に応じて直ちに信州諏訪に生る。明科を距る僅に八里、実に清和源氏第百八代の孫なり。幼にして既に神童、餓鬼大将より腕白太政大臣に累進し、大に世に憚らる。人民と伍して芋を掘り。車を押し、辛酸嘗め尽す。傍ら経済の学を明治大学に修め、大に得る処あり。天下嘱望す。不幸、中途試験に合格し官吏となる。久しく海外に遊び、ベースメント・ユニバシチーを出で、欧米各国色々博士に任じ、特に米国伯爵を授けらる。誠に稀代の豪傑たり。明治四十年春二月、勢ひに乗じて錦衣帰朝、一躍直ちに天下の平弁護士となる。君資性豪放細心、頗る理財に富み、財産合計百万弗と号す。即ち業を東京に興し、忽ち田舎に逃亡し、転戦三年、甲信を徇へ、各地を荒し、再び東京に凱旋し、爾来頻りに振はず、天下泰平会、帝国言訳商会、私立天理裁判所、軽便代議士顧問所、各種演説引受所等は皆君の発明経営する所たり。

英独仏羅典《ラテン》語に通ず

法学博士　未婚者
医学博士
哲学博士
米国伯爵　山崎今朝弥
其他色々　未婚者

財産合計百万弗《ドル》有り

「自伝」(『弁護士大安売』より)

1　郷士と家族

山崎今朝弥は、一八七七（明治一〇）年九月一五日、長野県諏訪郡川岸村《かわぎし》一九五番地ノ内一番（大字新倉《あらくら》小字塩坪《しおつぼ》、現岡谷市川岸西）に、父勝左衛門（四十二歳）、母よ祢（三十七歳）の三男、八人兄弟の第六子として生まれた。

一八九九年、二二歳で上京して明治法律学校（現明治大学）に入学。一九〇一年、判検事登用第一回試験と弁護士試験に合格し、同年、司法官試補（判事）として甲府区裁判所詰となるが、一カ月余で辞職。一九〇二年に渡米。一九〇七年に帰国し、弁護士登録をして都内に事務所を開設するものの、同年暮れに郷里に引き揚げる。翌一九〇八年、諏訪郡上諏訪町（現諏訪市）で弁護士事務所「山崎博士法務局」を開設。その後、山梨県甲府市に移転し、「甲府法務局　平民法律事務所」を経て一九一〇年に再度上京。帰郷中に青森県弘前市生まれの山形さいと結婚した。一九四五年から一九四六年にかけて家族で川岸村に疎開、地元のアナキストらと交わった。権力に抗し、自由主義、社会主義を擁護する人権派弁護士としての生涯を貫いた。一九五四年七月二九日、七七歳で死去。戦前自らが奔走して東京都港区の青山墓地（現青山霊園）に建立した「解放運動無名戦士之墓」に葬られた。

　山崎（以下、単に山崎と記した場合には山崎今朝弥を指す）はその思考や特異な行動様式から、しばしば「奇人」と称された。山崎の遠戚に当たる林尚孝氏[1]から、奇人と呼ばれるような精神性を育む土壌と、それを受け入れる風土は諏訪固有の、いわゆる「諏訪人気質」ではないかとの示唆をいただいた。そこで、山崎の生い立ち、家系、生家の経済状況、上諏訪での弁護士時代、郷里での疎開中の動向をたどり、併せて、妻さいと家族についてみておくことにする。

　この調査は、山崎と妻さいの出自に立ち入るもので、ご遺族及び血縁の方々からの戸籍の提供や聞き取りなど、ご高配とご協力がなければ実現できなかった。お名前を記して感謝を申し上げる次第である。山崎東吉氏（山崎長男堅吉次男）[2]、故山崎弘子氏（山崎二女）[3]、故山崎勝氏（山崎生家）[4]、山崎米子氏（勝氏妹）、故山崎せき氏（山崎家本家）[5]、林尚孝氏、長島正和氏（遠戚）[6]、山形明氏（さい甥）[7]などの方々である。

一　家系

　川岸村は、一八七四年に諏訪郡新倉村、三沢村、駒沢村、鮎沢村、橋原村の六か村が合併して成立した。諏訪郡の西のはずれに位置し、北を現在の塩尻市、南西を現在の上伊那郡辰野町と接している。村名が示すように、諏訪湖を水源として南西に下る天竜川の両岸の、南北から山地が迫る細長く狭い河岸台地にある。静かな農村地帯で、山崎の家も代々の農家であった。編入されて岡谷市となるのは、一九五五（昭和三〇）年のことである。

山崎が生まれた年の村の戸数は四百五十戸、人口は二一二〇名で、塩坪はその中でも最も小さい二十戸ほどの部落であった。

一族の系統を系図（図1）と共に簡単に記す。氏名に付した（ ）は屋号である。

父勝左衛門は、天保七（一八三六）年に山崎忠五郎（カネタマ）の次男に生まれ、同じ部落で近隣の山崎新之丞（ヤマヨ）の養嗣子となった。忠五郎の妻せきは、新之丞の三女である。生家の「ヤマヨ」は、長兄米三郎、同長男勝邦、同長男勝と引き継がれ、建て替えられてはいるが現在も同じ場所にある。三女かつは、勝右衛門の長男鐵之助に嫁いだ。勝右衛門三男辰彌の三女せきは、勝右衛門長男鐵之助の婿養子進の養女となり、「カネタマ」の家に入った。

このように入り組んだ関係になっているのは、財産が分散しないようにとの配慮もあってのことである。(8) 後で述べるように、大正初期に、同族五軒又は六軒で養蚕業の結社を組織していることからも、同族の結束意識の固さが分かる。

父勝左衛門の人柄については、その死に際して堺利彦が貝塚澁六のペンネームで、「奇人の親だから自然に子の遺伝を受けて矢張り奇人だった」(9) と、戯文調の追悼文を寄せている。日頃山崎から聞かされていた話に茶々を入れたものであろう。この文章には山崎の付記があり、思い切りや極まりがよく、喧嘩が嫌いで、なりふり構わない人であったことや、沢山ある逸話の中で一番感心したことは諦めがよいことで、長兄が製糸業を始めて如何なる大失敗をしても愚痴一つこぼさず、自分はせっせと野菜畑を耕していたことであると記している。母親のよ祢についても山崎は、人の家に行くと必ず履物を忘れてくるような人で、こうした欠点は、「僕から其儘遺伝した如くで思いだすだに嫌な気持になる」[10]と、堺同様の表現で書いている。

「奇人」は山崎の生涯の代名詞のようなものであったが、前坂俊之『ニッポン奇人伝』（社会思

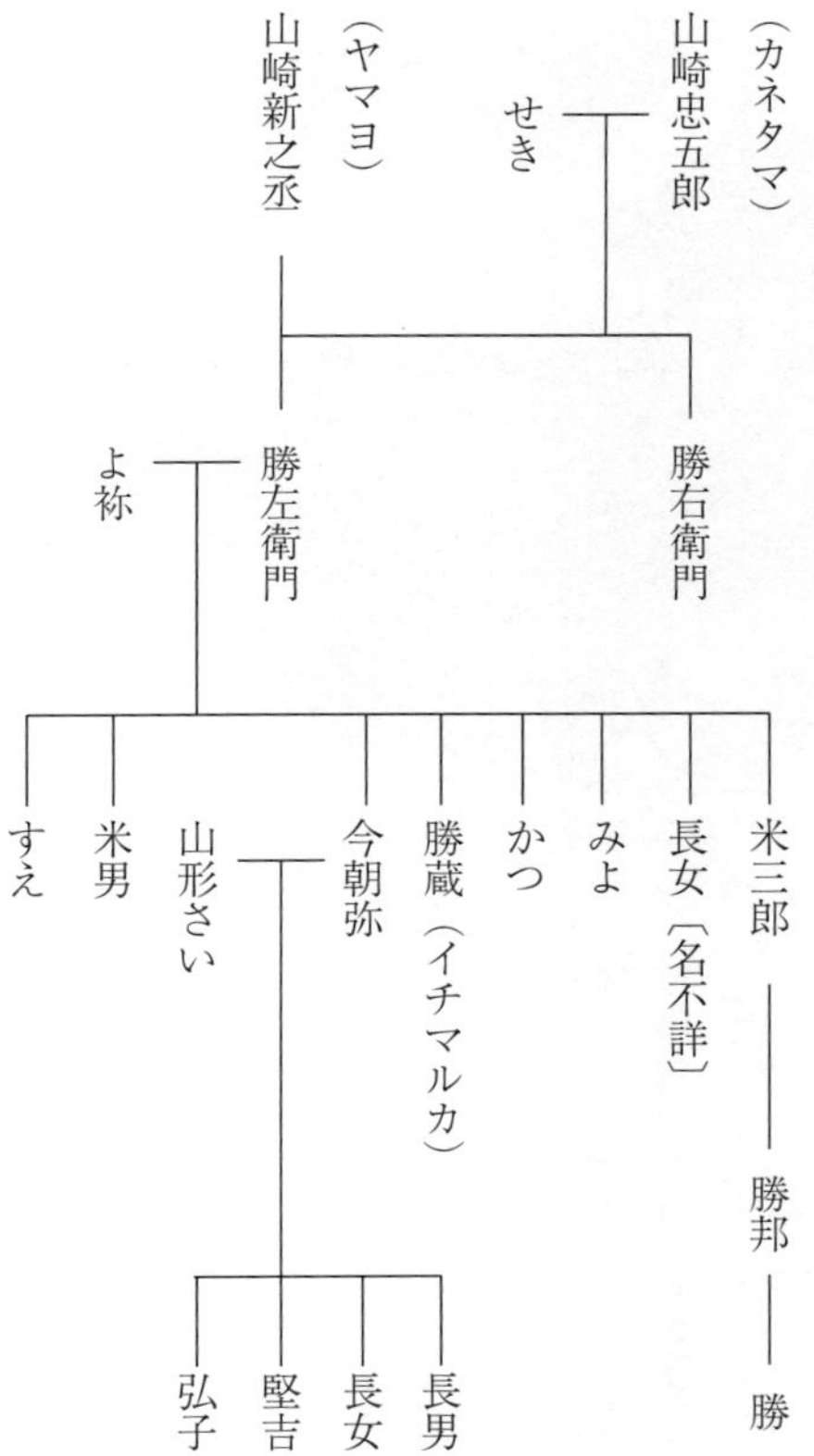

図１　山崎家家系図

図２　現在の生家。奥に当時からの土蔵（2006年6月10日撮影）

想社（現代教養文庫）、一九九六年（現代教養文庫））に、「昭和奇人ベストテン」が掲げられ、山崎は南方熊楠、出口王仁三郎に次いで第三位にランキングされている。ちなみに、永井荷風が第六位、吉田茂が第十位であるから堂々たるものである。前坂は、奇人は「徹底した自由を希求する自由人であると同時に、アナーキーな情熱と精神によって、通俗的な秩序への反抗者、反逆者となる。必然的に周縁人、境界人（マージナル・マン）、アウトサイダーにならざるを得ない」ことに加え、類例のない「稀人」であり、かつ精神的な貴族性をもった「貴人」でなければならず、「独創性がその精神、行動、生き方にも表れていること」と定義している。まさに、山崎その人ではないか。「奇人」は立派な誉め言葉である。

両親の性格や言行について真偽のほどは分からないが、山崎の奇人としての質は、両親の血を抜きにしては考えられない。

二　生い立ちと少・青年時代

山崎が育った環境と、少・青年時代の様子を、山崎自身が語った文章からみておきたい。山崎の文章や発言は、常に諧謔と韜晦に満ちている。十分に注意して読み解く必要があり、そのまま素直に受け取ることはできない。

まず、雑誌『中学世界』（第二三巻第二号、大正九年二月）のアンケート「弁護士となった動機弁護士生活の苦と楽――著名弁護士十数氏の本誌へ寄せたる解答」である。「小作百姓では食へず、工場奉公では我儘が出ず、師範学校に入学出きる程の学問も無かりし故、苦学しながら弁護士にでもならんと考へ、一番楽な法律を学びたる故なり」と。このアンケートには今村力三郎や、明治法律学校出の布施辰治、名川侃市らが名を連ねている。布施が、「私の信念として居る適材適所主義に由りて、私の適材の最も能く発程する事が出来ると信念した弁護士の職を撰んで之に就き、既に其の天職を全うせんが為の努力を励みつゝあるのであります」と、大真面目に答えているのに対して、山崎の人を喰った回答は際立っている。「工場奉公」とは当時諏訪地域で盛んであった蚕糸業の中心的存在であった片倉兼太郎の下で働いたことを指している。

次に、『日本弁護士総覧　第二巻』（東京法曹会、一九一一年）掲載の一文である。東京に戻り、東京弁護士会に再入会した頃に書いたものだ。肖像写真入りの名鑑で、他の弁護士が礼服に威儀を正した写真を掲載する中で、山崎のみが上半身裸で腕組みをする異様な姿を載せている。この写真は、その後の評伝等で、奇人山崎を象徴する姿として、しばしば用いられている。

幼にして既に神童餓鬼大将より腕白太政大臣に累進し大に世に憚る、人民と伍して芋を掘り車を押し辛酸を嘗め尽す傍ら経済の学を明治大学に修め大いに得る処あり、天下嘱望す。不幸中途試験に合格し官吏となる。

「神童」云々はともかくとしても、山崎が学業に優れていたことは、明治法律学校の成績[11]や、一回で判検事試験と弁護士試験に合格していることからも分かるところだ。明治法律学校への入学には、赤坂田町（現東京都港区）に住む同郷の山崎初治が保証人となっている。山崎の従兄弟で、赤坂で料亭などに出入りしていた畳職人であったという。父勝左衛門は喧嘩が嫌いであったとのことだが、山崎は文字どおり「餓鬼大将」で、終生衰えることなく血気盛んな情熱家であった。

森長英三郎『山崎今朝弥』（「9　奇書と文献の案内」二（3）〔三二四頁～〕参照）に、青年時代に御柱を倒した嫌疑で逮捕、勾留されたことが紹介されている。御柱祭は、諏訪大社で七年目毎の寅と申の年に行われる遷座祭（式年造営）で、五月に大社が終わると秋に各地の分社や末社でも挙行される。事件は、一八九六年丙申の年、山崎二〇歳の時に、分社の新倉十五社で起こったものと思われる。山崎は、かねて塩坪部落に割り当てられた御柱が小さいことを平等でないと主張していた。夜陰に紛れて他部落の建てた御柱が倒され、日頃の言動から山崎に嫌疑がかけられた。御柱は一之柱から四之柱まであり、長さ太さとも順に小さくなっていく。一之柱は丸山地区、二之柱は夏明地区、三之柱は沢地区、塩坪は最後の四之柱であった。ちなみに、一九九八（平成一〇）年の寸法（全長m×直径cm）は、順に一一・五五×五二、一〇・五六×四八、九・五七×四五、八・五八×三六であった。かなりの違いがあり、山崎の悔しい思いは理解できるが、この序列は祭のしきたりでありいかんともし難いことである。しかし、それにしても山崎のその後を髣髴とさせる、愉快なエピソードである。

同書にはまた、戦後に川岸村の村会議員などを務めた古老辰野伝からの聞き書きとして、秀吉のあだ名をつけられるほど腕白、敏捷で、村相撲では足取りが得意であったことが記されている。これを裏付けることが、明治法律学校在学中にもあった。同校では、毎年現在の北区にある飛鳥山で大運動会を実施していたが、山崎は、一九〇〇年四月、第二学年の時に、第七競技の角力に出場し、二番勝ちを収めて競技優等者となり、賞品を授与されている。御柱事件は、証拠不十分で釈放となったが、鼻っぱしも腕力も強かったことは確かのようである。

「経済の学」は「経世の学」の誤植[12]とのことだが、経済にはエコノミーの他に、経国済民あるいは経世済民の意味がある。その意識を感じさせられる文章を少年時代に書いている。

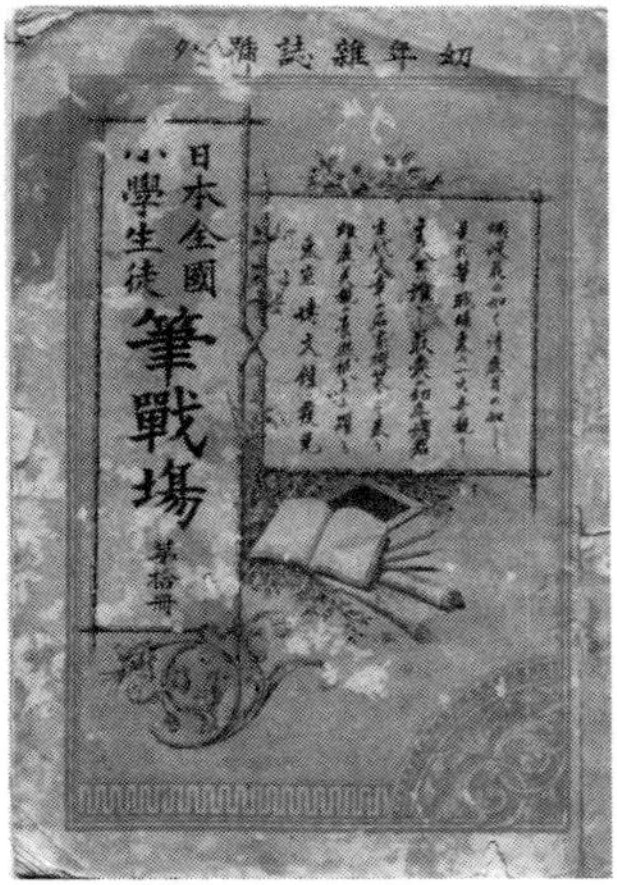

図３　『日本全国小学生徒筆戦場』第10冊

新倉尋常小学校を修了した一五歳の時に、『幼年雑誌』号外の『日本全国小学生徒筆戦場』第一〇冊（博文館、一八九一年一二月、一八頁）に投稿した「節倹と吝嗇」（図３）である。山崎の文章で、現在確認できる最も古いものである。

全文を引用する。原文の片仮名はひらがなに直した。

○節倹と吝嗇

長野県管下諏訪郡川
岸村尋常科修業生　山崎今朝弥

古語に曰く節倹は美徳なり吝嗇は禍根なりと信なる哉言や節倹とは義を以て金銭物品の取与を致す事の謂にして吝嗇とは只家財を増さんと欲して義を顧みざる事の謂なり節倹者は天之れを幸し人之れを信用し遂には身を立て家を起こすの基となる可し之に反して吝嗇者は天之れを禍し人之れを遠ざけ遂には身を亡ぼし家を失うの基となる可し故に宜しく人たるもの

節倹を行い以て国を富まし欲を貪り利に走り吝嗇に陥らざる様にす可し

先に、山崎の文章や発言は、常に諧謔と韜晦に満ちていると書いたが、こればかりはけれんなく正義を表明している。「義ヲ以テ金銭物品ノ取与ヲ致ス」は、本書「山崎の雑誌」で述べるように、雑誌発行に苦慮する多くの同志に手を差し伸べた山崎の姿と重なる。それにつけてもこのような雑誌を山崎がどうして知っていたのか、また、投稿するきっかけは何であったのだろうか。

亡くなる前年に、雑誌『自由と正義』（第四年第六号、一九五三年六月）の連載「訪問記（四二）」のインタビューでは、生い立ちから家族のこと、交友関係、弁護士としての実績を縦横に語っている。

なお、この記事の冒頭に、インタビューアーの小津某（S・O生）が、企画に当たって東京弁護士会に照会したところ、令嬢が内幸町の西園寺事務所にいることを知らされ、電話をすると、「早速父に取り次ぎますが何しろ変ってますから」と言われたと記されている。令嬢とは、山崎二女の弘子である。弘子はこの時、明治大学旧制商学部に在籍（一九五三年三月卒業）していた。

生れは長野県諏訪郡川岸村、あの片倉製糸のある所だ。そこのド百姓の四男坊に生れ（中略）上諏訪高等小学校へ川岸村から三里あるが毎日通った。往復六里だ。ここは昔、高島領で、わし等の川岸村から一里半の所にある及川村は三年生までだったので、四年生は上諏訪まで通った。冬は寄宿舎に入った……それからは学校に行かず十五のとき授業生、まア先生だナ、それになって月俸二円か三円貰った。これを一、二年して家が百姓だからその手伝をして、片倉組へ奉公に入った。ここで一、二年して東京へ逃げていった。

山崎が受けた初等教育については、森長の前著に山崎勝氏からみせてもらったという「川岸村の新倉学校の小学初等科」の卒業証書や、「高等小学校第三級」の修業証書が紹介されている。この頃の学制は変動が激しく、学校は更改を繰り返して分かりにくいが、「新倉学校」は正しくは「新倉尋常小学校」、山崎が語っている「上諏訪高等小学校」は「諏訪高等小学校」であり、同校は平野村（現岡谷市）に分教場を置いていた[13]。分教場のあった場所は、現在岡谷市立小井川小学校（岡谷市東銀座一丁目）になっている。川岸村からは現在の県道一四号線（岡谷街道）を東に向かってほぼ一本道で、岡谷市役所の近くになる。また、同じく山崎が語っている「及川」は「小井川」の誤植である。

分教場は、山崎が第四級（四年生）になる一八九二年四月に廃止される。その後、平野村に高等小学校設置が認可され、平野高等小学校が開校するのは同年八月になってのことである。そのため山崎は四年生の時に上諏訪まで片道三里、往復六里の道のりを通わざるを得なくなるのである。

鉄道院中央本線の富士見駅・岡谷駅間が開通するのは一九〇五年のことであり、当然徒歩での通学であった。川岸村から天竜川沿いに遡上し、諏訪湖岸を回って下諏訪町を過ぎ、上諏訪町に入る、現在のJR中央本線の川岸駅から上諏訪駅まで営業距離はちょうど一二kmであり、この鉄路に沿う形で進めば、本校までは、山崎のいう「三里」と符合する。

ちなみに、諏訪高等小学校は現在の諏訪市立高島小学校（諏訪市諏訪二丁目）で、一九八〇年に弁護士事務所を開いた場所の目の前、手長の丘とよばれる高台にある。

「十五のとき授業生、まア先生だナ、それになって月俸二円か三円貰った」とあるのは、新倉尋常小学校での代用教員である。(14) 同校の資料を引き継いでいる岡谷市立川岸小学校の資料庫を調査させてもらったが、この頃の資料が欠けていて、確認することはできなかった。

三　経済状況と家業

山崎は自身の家や育ちについて、前項の引用文で、「ド百姓」「小作百姓では食へず」「辛酸を嘗め尽す」「苦学しながら」などと書いている。この言葉を信じるならば、そのような身で、東京に遊学が許され、大変な難関を突破して就いた司法官の職をあっさり捨て、しかも、五年にも及んで渡米することなどがどうしてできたのだろうか。

家計と郷土を取り巻く経済情勢について、『川岸村誌　続』（川岸村誌刊行会、一九五五年）、『岡谷市史　中巻』（岡谷市、一九七六年）、『新倉区誌』（［岡谷市］新倉区、二〇〇一年）、『ふるさとの

歴史 製糸業 岡谷製糸業の展開――農村から近代工業都市へ』（岡谷市教育委員会、一九〇四年）などの郷土資料を手がかりに見ておきたい。

川岸、岡谷一帯はもともと耕地が少ない上に、乾燥した寒気の厳しい冬が長く、農業の生産性は低かった。そのため、江戸時代から農閑余業として、綿打ちと呼ばれる原綿から糸の元にする撚子《よりこ》作りが奨励されていた。それが、明治政府による殖産興業政策のうねりの中で、国際的に商品性の高い生糸作りに転換し、家内工業から工場方式に発展させたことで、一躍世界の脚光を浴びることになる。

これを牽引したのが、一八四九（嘉永二）年に三沢村の農家に生まれた片倉兼太郎である。片倉の家では既に一八七三年に、従来の手挽きから、群馬県で発明された歯車の回転によって糸を取る座繰器を導入するなどして、逸早く近代化を図っていた。兼太郎は、「時勢に順応し、国富増進に資する事業に進むに如かず⑮」と意を決し、一八七八年に弟光治と協同して、洋式の機械を取り入れた三二釜の垣外《かいと》製糸場を創設、一八七九年には製糸結社開明社を結成して企業経営に乗り出した。

豊富な天竜川の水が動力と煮繭の湯に利用できるという好環境にあり、明治後期には鉄道開業による物資輸送の利便性と、隣接する下諏訪落合発電所から動力用に送電が受けられるようになったことが事業の発展を後押しした。

片倉は、一八九四年に開明社から独立して三六〇釜の川岸製糸場（三全社）を興し、翌年に片倉組を組織した。一九一七年二月に兼太郎、光治兄弟は相次いで亡くなるが、会社は順調に業容を拡大し、三井などに次ぐ財閥となった。

一九三九年には富岡製糸場を所有し、一九八七年まで操業した。操業停止後も社員を配置し、産業遺産として大切に保存管理に努め、二〇〇五年に富岡市に寄贈した。初期の建造物群は国宝や重要文化財に指定され、二〇一四年には、「富岡製糸場と絹産業遺産群」の構成資産として世界遺産登録につながったことも明記しておきたい。

片倉ばかりでなく、上諏訪町、平野村（現岡谷市）に大小の企業が設立され、技術開発を競い、経営革新をすることで、この一帯は一大製糸工場地帯となり、一九三〇年前後の全盛期には、全国の生糸生産高の六二～三％を諏訪系資本が占めた。一方で女工哀史の世界や、製糸工場最初の争議といわれる山一林組製糸場争議など多くの社会問題を抱えながらも、糸都として隆盛を極めていく。

山崎の一族も農業の傍らで、次々と製糸業を営むようになる。『川岸村誌　続』によると、一九一八年における村内の工場は次のとおりである。代表者名（工場名）、釜数、従業員数、生糸生産額、起業年月の順に記す。

勝邦（ヤマヨ）　四〇釜　四一人　四〇〇〇円　一八九四年六月
鐵之助（カネタマ）　四八釜　五六人　四〇〇〇円　一九〇八年六月

（『新倉区誌』では一八九四年六月）

勝蔵（イチマルカ）　四一釜　四〇人　五三三円　一九〇七年六月
辰彌（マルタマ）　二八釜　三〇人　二〇八円　一九一四年六月

『新倉区誌』にはこの他に、勝右衛門が一八九〇年四月起業、山崎冨士太（マルタマ）が一九〇一年四月起業と記されている。さらに、一八九〇年に川岸村と平野村の業者が組織した「信英社」には勝左衛門、一八九六年に新倉で組織された「明竜社」には米三郎が社員として名を連ねている。

一族はさらに経営規模の拡大を狙い、一九一九年[16]に新倉区塩坪に合名会社「山崎組製糸場」を組織する。勝蔵、鐵之助、勝邦・米男（ヤマヨ）、辰彌、山崎一郎（マルハチ）を社員とし、勝蔵が代表社長についた。釜数は二二七に増加した。大正末には朝鮮に女工出張募集をし、海外からの女工導入の先鞭をつけたといわれる。工場は一九三五年まで続いた。山崎組（カネタマ）製糸所の名入りで、岡谷付近の名勝を刷り込んだ、全紙判、石版刷りの『岡谷製糸案内図』（長野県諏訪郡湊村字花岡三千七百五十三番地　青沼福榮発行、定価一〇銭）が残されている。大量に製作して宣伝用に配付したものだろう。

こうして、一定の経済力と村内での地位を得たものと思われる。米三郎、勝蔵、鐵之助は川岸村村会議員に選出され、米三郎は新倉尋常小学校の学務委員や学事委員を務めた。

さて、山崎の学費と生活費であるが、入学する前年、一八九八年の明治法律学校の月謝は一円三〇銭、ちなみに帝国大学は二円五〇銭、慶応義塾は年三度で一〇円（月に換算すると二円五〇銭）であった。明治法律学校は、東京法学院（現中央大学）などと同額で、私学の中では平均的なレベルであった。月謝の他に、修学費・小遣費、宿料、書籍費等を大略見積もると、月一二円九〇銭から一六円九〇銭が必要であった[17]。

一八九八年の物価は、米価（白米中商品）一〇kgが一円二八銭八厘（二〇〇六年現在、国産うち米の中が四、六五〇円）、郵便はがき一銭（現在六二円）、「朝日新聞」が月極め三三銭（同、三九二五円）で、東京公立小学校教員の初任給（一八九七年）が八円（二〇〇四年で一九万八〇〇〇円）[18]の時代である。川岸村の女子製糸職工賃金は、一八九七年は日給一四銭で、就労日数は年間およそ二三〇日くらいであったというから、年収にして三二円少々にしかならない。

海外渡航は当初、米国と英国に各三年、独、仏で二年の都合八年を予定していた[19]。この頃の渡航費用については、二村一夫『労働は神聖なり、結合は勢力なり――高野房太郎とその時代』（岩波書店、二〇〇八年[20]）に詳しく、最低の三等船賃、洋服等の旅支度、渡米当座の生活費等で、どんなに切り詰めても総額一五〇円、「あえて今の貨幣価値に直せば五〇〇万円前後」が必要であったという。

渡米した日本人は、まずサンフランシスコのコスモポリタンホテルに一、二泊し、その後、サンフランシスコ在住の日本人クリスチャンによって設立された「福音会」に移るのがお決まりのコースであり、山崎や片山潜らも福音会の世話になったと記している。幸徳秋水も講演するなど、「福音会は在米日本人の社会的文化的活動の一拠点」であった。

渡航に当たっては、森長の前著に、二女弘子から聞いた話として、片倉組から上海支店長のポストが約束されていたとある。上京前に片倉組に奉公していたこともあり、片倉はメセナ活動にも熱心で、従業員に義務教育未修者多いことを憂慮して、村に私立学校（没後に私立片倉尋常小学校として開校）を建てようとしたほどの人であったから、郷土の青年の奨学支援者となることは想像に難くない。

山崎が、学費と渡航費のすべてを生家に頼っていたかどうかは分からないが、遅かれ早かれ、養子あるいは分家して家から出なければならない身分の者であり、それなりの援助があったのではなかろうか。

四　上諏訪町時代

一九〇七年一一月に郷里に引揚げ、上諏訪町、山梨県甲府市を経て東京に戻るまでの二年半は、山崎にとって非常に重要な意味を持っている。第一に事務所を開設し本格的に弁護士活動を開始したたこと、第二に長野県在住の社会主義者や大逆事件関係者と交流をもったこと、第三には生涯の伴侶を得たことである。

この年の一月に米国から帰国し、五月に弁護士登録をするが、東京と郷里の新聞に出した「公事訴訟は弁護士の喰物　弁護士頼むな公事するな」の広告が、長野県弁護士会で問題にされるなどして、営業としては失敗であった。この時、長野県弁護士会との間をとりなしてくれたのが、諏訪郡御射山神戸村（現富士見町）出身の弁護士小川平吉であった。小川は一八八三年に明治法律学校を中退し、帝国大学に進んで弁護士になっていた[21]。

それに加え、同年一〇月に創刊した初めての個人誌『法律文学』で借金を抱え込んだ。この返済に一九一三年頃までかかっている。それでいながら、翌一九〇八年一月には上諏訪町に弁護士事務所を開設している。この費用はどのようにして工面したのだろうか。ここにもまた、前項同様に、生家との関係が想起されるのである。

事務所は、上諏訪町本町四六五番地に開設された。森長の前著に収録された、一九〇九年頃の年賀状には次のようにある。

此度新たに伊那町に一局を設け、旧法学院出身下平豊故常住、諏訪には従前の通り公認事務員百瀬勝郎を置き、局長弁護士山崎今朝弥に於ては月火水木曜日を諏訪に働き、金曜午後より辰野に相勤め、即日又は翌日未明より月曜日に至る迄伊那町に稼ぎ（以下略）

辰野は現在の上伊那郡辰野町、伊那町は現在の伊那市で、いずれも天竜川の下流に位置する。

一九一〇年三月刊行の濱惣重編『諏訪人名録』（同発行所[22]）の弁護士の項には次のように記されている。

元明治法律学校卒業
明治三十四年試験合格　山崎今朝彌
（明治十年十月生）
（川岸村）
事務所　上諏訪町　事務員　渡邊甚吾
出張所　伊那町　甲府市

編者の序文に、一九〇九年一〇月の発行を予定していたが遅延したとあり、刊行された頃には甲府市に移っていたと思われる。いずれにせよ、上諏訪時代に既に甲府市に出張時を設け、往来していたことになる。当時はまだ上諏訪・甲府間に鉄道が開通しておらず、国道二〇号線（甲州街道）あるいは、後述する小池青陽（現富士見町境）の家の前を通る県道一七号（茅野北杜韮崎線）を経由しても七〇km近くの距離である。

山崎博士法務局はどこに置かれていたのか。それを解明する前に、山崎のその後に重要な影響を及ぼしたと思われる、長野県在住の社会主義者や大逆事件関係者との出会いについて述べておきたい。
一九一一年年六月三〇日、埴科郡屋代町（現千曲市）に住む新村忠雄の訪問を受ける。新村が刊行準備していた雑誌『高原文学』（高原文学会）の維持会員勧誘のためである。山崎はこれに賛同し、寄付金六〇銭を納めた。その訪問記を、新村は同誌創刊号（一九一一年七月）で次のように綴っている。

東京で法律文学といふ雑誌を発刊したり米国法学博士、米国伯爵、其他いろいろ、とかいふ妙な肩書付の名刺をふり廻して平民社の英雄どもを驚かしたり。事実無根の罪は無報酬にて無罪だの公事裁判は弁護士の喰物だのと書き並べた民事及仲裁専門の名刺を振りまいて長野の弁護士から除名問題を担ぎ出された剛の者、山崎今朝彌氏は先頃皈郷、上諏訪町に法律事務所を構へ専ら弱きを助けて居るとの評判に一つ訪問して法律文学でも拝聴しやうと物数奇にも上諏訪迄先月のみそかと云ふ日に出張した。先ず停車場前を右に折れてずんずん行くと左側に「山崎博士法務局」といふ大看板が目に着く、嘗ては此所に「醜議員掛取の類一切入るを禁ず」とか何とか云ふ貼札してあったとかだ。門を這入って来意を通ずると快適な書生風の人、年は三十位でもあらう「僕が山崎だ」と云って磊落に寝椅子に寝たり起きたりしながら大気焰を揚げた。併し煙に巻かれて何を話されたか忘れてしまったが唯、高原文学に尽力すると云われた事だけは幸いにして記憶して居る。お嫁さんが病気だとは後に人から聞いた話だ。

新村とはそれまで面識はなかったが、これ以後、大逆事件に連座した社会主義者らとの交流を深めていくことになる。山崎の「実説大逆事件三代記」（『真相』第六号、一九四七年五月）に次のようにある。

新村忠雄が紀州大石誠之助の処からの帰りに、私の諏訪の事務所に二三泊して明科に帰ったのは、赤羽が諏訪の事務所にゴロゴロしてゐる時だった。赤羽も新村も信州の人である。この時の新村、赤羽は諏訪境村の小池青陽といふ小百姓の主義者を呼び寄せ何かと相談した。この小池はその後間もなく秋水等の大逆事件検挙後、「信州共産党秘密結社」で検挙され出獄後北海道に入植中は百姓になり二三年前に死んだとのことだが、

赤羽巌穴（本名、一）は、岡谷とは峠一つ超えた筑摩郡広岡村（現塩尻市）の出身で、西川光二郎らと発行した『東京社会新聞』に「社会党入獄史」を執筆して千葉監獄に収監されていたが、出獄後の一九〇九年九月から山崎のもとに身を寄せていた。

小池青陽（本名、伊一郎）は、上諏訪からは茅野市を挟んだ先の諏訪郡境村（現諏訪郡富士見町）に住み、農民を結集して社会主義グループ「喚醒会」を結成していた。

同じ日のことか、石山幸弘著『大逆事件と新村善兵衛』（川辺書林、二〇一七年）には次の記述がある。

この日、忠雄は遅い朝を屋代の生家で迎えた。一昨日は夕方、明科の太吉を訪ね、二度目の薬研手配を催促された。昨日は『高原文学』で親しかった小池伊一郎と上諏訪で偶然遭遇し、意気投合して山崎今朝弥弁護士を訪ね、およそ三時間歓談、それから小池と同道して山梨県境の富士見駅に向かった。

文中の「昨日」とは、前後の文脈から、一九〇九年九月二九日と思われる。

明科（当時は東筑摩郡中川手村明科、現安曇野市）にある明科製材所には、甲府市出身で爆裂弾を製造した宮下太吉が勤務していた。宮下が新村に依頼した薬研は爆弾製造に使う薬の調合のためのものであった。

新村、宮下、赤羽、山崎、小池は、国鉄篠ノ井線と中央東線をつなぐラインで結ばれていた。

その後、宮下は、甲府市に移った山崎の事務所を二度訪ねるが二度とも会うことはできなかった。そのことが幸いしてか、大逆事件発覚後、山崎は甲府検事局の取調べを受けるが、逮捕はされなかった。

しかし、さしもの山崎もこのことで怖気づき、裁判の傍聴にも出かけなかった。幸徳秋水、新村、宮下の死刑を知った時の感慨を前掲の「実説大逆事件三代記」で、「予期した死刑の判決をきいた時は左程でもなかったが、死刑執行の号外を見た時はゾッとして、思はず知らずイツか掌が首に廻ってゐた。後日私が危険を犯して幸徳秋水全集六巻を私の解放社から無届出版したのは私の卑怯に対する聊かの罪亡しでもあった」と、率直に述懐している。

さて、「山崎博士法務局」が置かれた場所についてであるが、森長の前掲書に、「諏訪本町（上諏訪四六五番地）で借家をみつけ」たことや、地方新聞の広告で、「上諏訪町本町　電話二二四番」としていることなどが記されている。また、山崎弘子寄贈資料[23]の中に、赤羽巌穴から山崎宛の葉書があり、宛名に、「上諏訪町裏本町」や「上諏訪町裏本町旧島屋跡」と記されている。

現行番地との照合をおこなったが、当時は地番、戸番が無造作に振られ、しかも頻繁に修正がされるなどしていて法務局や市役所でも正確にはつかめないとのことであった。

ところが林尚孝氏の母の実家である諏訪市の長島松六の除籍簿[24]に、何回もの修正を経た最後に、「四百六拾五番地」と記載されていることが判明した。

一九〇五年に開業したばかりの中央本線上諏訪停車場（現上諏訪駅[25]）前を国道二〇号線（甲州街道）が通っており、停車場前から少し東に進んだ、諏訪警察署（当時）や商店が並ぶメインストリートが本町で、その北側に約七〇mほどの間隔で並行して走る通りを裏本町と呼んでいた[26]。

さらにその北側は前述したように高島小学校のある高台で、松本裁判所上諏訪区裁判所（現長野地方裁判所諏訪支部、諏訪簡易裁判所）はその高台を背にしてあった。

長島家は当時本町に面して履物店を営んでいた[27]。今も西隣に営業を続ける茶店も同様であるが、多くの商店が、本町と裏本町を貫く細長の地所を有しており、山崎の弁護士事務所は長島履物店の裏本町側の家作を借用したものと推察される。

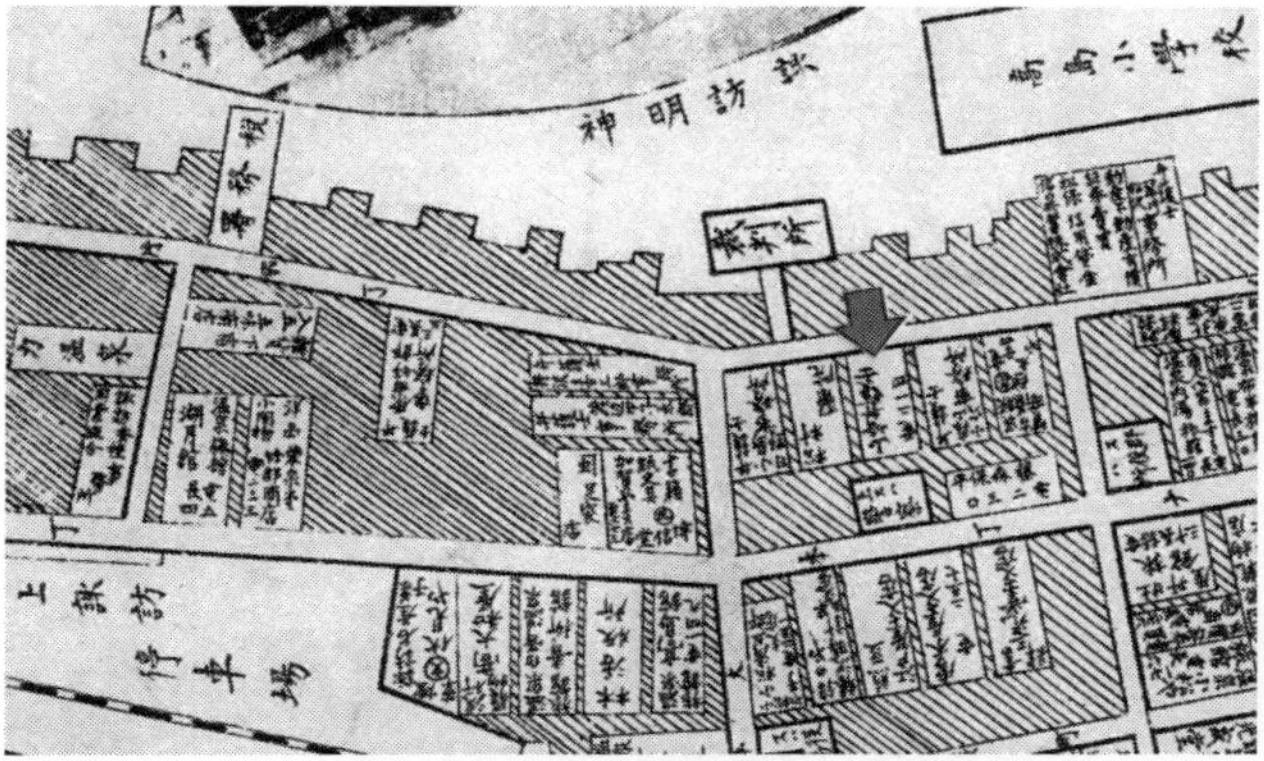

図４　『上下諏訪平野市街明細地図附商工家案内』（部分。➡が山崎弁護士）
（後藤克典氏所蔵）

　一九一二年一〇月二〇日発行の『上下諏訪平野市街明細地図附商工家案内』（長野市大門町元山林局技手　加藤茂之発行編輯[28]）に、裏本町の裁判所の斜向かいに、「山崎弁護士　電二一四」の表示（矢印）がみえる（図４）。この図は上諏訪町、下諏訪町、平野村（現岡谷市）の案内で、広告料を支払った商店事業所等のみを掲載したと思われ、位置や区画の広さは必ずしも正確ではない。「山崎弁護士」の南に、本町の通りに面して「上スハ警察署」とあるが、実際にはそれよりやや西で、この位置には長島履物店があったと考えられる。まして山崎の事務所の区画が、裁判所や警察署を超えるほど広大であろうはずがない。

　しかし、当時の市街図の類は諏訪市立図書館等においても全く所蔵がなく、発行の実態すらも分かっていなかっただけに、大変に貴重である。電話番号の「二一四」は、森長の前著では「二二四」で、どちらかが誤植と思われる。通り一つ離れた西隣に、「弁護士　原田好郎事務所」や「弁護士　渡邊甲子太郎事務所」の名がみえる。この地図には出てこないが、一九〇五年頃には小川平吉もこの一帯で弁護士出張所を構えていた(29)。

なお、「四六五」番地は地番ではなく、戸番であったようである(30)。

山崎は一九一〇年頃に上諏訪町から甲府市に移り、一九一一年には既に東京で活動を始めている。地図が発行された一九一二年とは合わないが、先の『諏訪人名録』に弁護士で他に山崎姓はおらず、地図情報調査と発行のずれ、あるいは、元の事務所が無人のまま看板を残していたものかと思われる。

いずれにしても、逃げるようにして帰郷したばかりの山崎が、裁判所の斜向かいという一等地に事務所を構えられたのは、山崎家と長島家の関係によって実現したことで、長島家からの少なからぬ支援があったと考えるのは不自然なことではなかろう。

五　妻さいと家族

森長の前著には、『東京社会新聞』八号（一九〇八年五月二五日）に、「信州諏訪にて高山柳子女史と結婚したり」とある記事と、川岸村の辰野伝からの私信に、「家主の履物屋の奥さんが、上諏訪生まれの高等女学校出身のおとなしい美人、二一歳くらいの高山柳子さんを世話してくれるとの話があり、短い期間交際していたが、肺を病んで高島病院に入院した。山崎は隔日ぐらいに見舞いに行き、入院費も出していたが死亡した。結婚までには至っていない」とあったことが記されている。「家主の履物屋」とは、正に前項で書いた長島履物店で、「奥さん」は当主松江の妻まつと断定できる。

さらに、前項で引用した新村の訪問記にも、「お嫁さんが病気だとは後に人から聞いた話だ」とある。柳子は入籍しないまま病死した。山崎の戸籍にも記載はない。

一九〇九年二月一三日、青森県弘前生まれの山形さいと結婚する。届け出は六月二一日で、同日付で川岸村の山崎米三郎から分家届が出された。

媒酌人はプロテスタント教派ホーリネス教会の中田重治牧師夫妻であった。中田も弘前生まれである。弘子によれば、山崎は中田とは米国で出会い、洗礼を受け、帰国後も教会に通ったとのことである。

弁護士事務所の前でさいと並んで撮った写真入りの、「明治四十二年二月十三日結婚」と記された葉書が、山崎東吉氏宅に残されている。

旧山形さい、明治十九年度の奥州弘前産なりと雖も日本語を能くす、三十九年女子学院本科を終る、元来耶蘇なり、多弁頓狂にして少々ウス野呂の気味あれど正直無邪気貞淑にして悪心少なし、頗る美人に非ずして最初は何だか嫌の傾きありしが目下は至極結構なり、何一つ此れと云ふて出かすことは無けれど身体強壮にして能く食す。

照れもあろうが、酷い自己韜晦ならぬ他己韜晦である。さいは、山崎の同志として活動したわけではないが、家庭に籠ってひたすら夫に尽くすといった意味での「貞淑」な妻ではなく、まして「ウス野呂」などではではなかった。

さいは一八八六年四月二日に青森県中津軽郡弘前鷹匠町二六番地（現弘前市）で、山形太郎九郎、いわの三女として生まれた。九人家族の第四子であった。四女のしゅんは作家の宮地嘉六と結婚した。父親は画家としても活躍している[31]。

私立弘前女学校に進学。同学院は一八八六年に、弘前教会牧師であった本多庸一と函館遺愛女学校パンプトン女史の協議により教会内の設けられたキリスト教（プロテスタント）主義の来徳女学校を嚆矢とし、弘前遺愛女学校、弘前女学校などを経て、現在は共学の大学（三学部）、大学院、中・高等学校を擁している。

『弘前学院百年史』（学校法人弘前学院、一九九〇年[32]）には、さいが私立弘前女学校の一九〇一年の卒業式で同窓生総代として述べた校長送別の辞の全文と、新校舎の献堂式で生徒代表として英語で祝辞を述べたこと、山形家が弘前教会員の名門笹森家の親戚にあたり、同校卒業後、伝道師を志して上京し女子学院（現東京都千代田区）に学び、中田重治の媒酌で、「奇行をもってならした異色で有名な弁護士」山崎と結婚したことなどが記されている。さいの才媛ぶりを知ることができる。

さいをこのように学ばせることができたことからも、実家が素封家であったことが分かる。山形家の先祖は津軽藩の士族で、戦後の農地改革まで五町歩近い田畑と、裏庭には湧き清水もあるような広大な宅地を所有する地主であったという。[33] 弘子も、戦時中は米、魚、漬物など生活援助をしてくれたと証言している。

図5　山崎夫婦と堅吉（1917年頃）
（故山崎勝氏所蔵）

弘子からは、磊落な性格のさいは、日夜山崎を監視する特高たちを手なずけ、手入れ情報を仕入れて山崎の危機を救ったり、一九三五年に『女工哀史』の作者細井和喜蔵の印税を基に、山崎らが奔走して無名戦士之墓（戦後、解放運動無名戦士之墓に改称）を青山墓地（一九一〇年に青山

図6　二女弘子（2009年7月8日、明治大学にて）

霊園に改称）に建立することになった時には、たまたま懇意になっていた特高から、職を辞して山形に帰省するのに伴い、青山墓地内に所有する地所の処分の相談を受け、さいの才覚で買い受けたものであることなど、興味深いエピソードを伺った。

山崎の日常を監視していた内務省警保局の記録[34]に、思いがけずさいの名前が出てくる。一九一四年一二月二〇日に高畠素之、野澤重吉を発起人とし、堺利彦、同タメ、荒畑寒村らが集って日本橋区本石町の堺井金次郎方で開いた社会主義者たちの忘年会に、さいが山崎と共に出席したというのである。しかし、当局はさいを「無編入者」と位置づけ、社会主義者とみなしていたわけではない。

さいと面識があった森長は前著で、「山崎の妻は、山崎が社会主義者となることを予測しなかったらしく、またいたって勝気であったので、この夫婦は闘争で終始したようである。未亡人となってからも、社会主義者の男は結婚すべきではないとくりかえしたのをみると、山崎の社会主義には余程こりたのであろう」と記している。

「（女房）」の署名で、薄情で六年間に袷一枚買ってくれず、短気強情気儘勝手、無理難題仕放題、ぶつ、ける、なぐる、貯金保険が大嫌い、と言った戯文[35]がある。これはおそらく山崎自身が書いたものだろう。

一九〇九年に男子を授かり、山崎は「長男」と命名するが二歳で早世。次いで一九一三年に女子が生まれ、「長女」と名付けたが、これも四日目に亡くなってしまう。山崎はたくさんの子をもうけることを望み、命名に困らぬように、次男、三男と続けていくことを考案したのだという[36]が、いくら奇人山崎とはいえ理解しがたいことである。戸籍上の長男は一九一五年に生まれた堅吉（図5）で、次いで一九二四年の二女弘子となる（図6）。

さいは一九六三年三月二一日に亡くなり、青山霊園の解放運動無名戦士之墓に近い山崎家の墓所に葬られた。

六　疎開

戦火が激しくなった一九四五年六月一二日、山崎は郷土を頼って疎開し、翌年一二月まで滞在する。ラジオを聴き、たった二頁の地方新聞を隅から隅まで読み、毎日二、三枚届く葉書を無聊の慰めとした。山崎もまた、たくさんの葉書や書簡を書いた。宮城県石巻文化センターの「布施辰治関係資料収蔵品」の中に、この頃に布施辰治に宛てた葉書が残されている。

五月一四日付には次のようなことが認められている。二女弘子が勤務していたＮＨＫ研究所が偶然にも岡谷市に移転になり、五月二〇日に先発隊で出かけた。これに便乗して、荷物五十個を送り出し、月末の二五日か二六日には全家を上げて疎開する予定である。東京の家は時々上京し宿泊するために一間を残して軍需会社に貸した。古い弁護士で生涯の同志であった田坂貞雄が、四月に娘婿の勤める会社が諏訪市に疎開、藤森成吉も同市に疎開した。その他に、山川均や荒畑寒村など、仲間たちの消息も記されている。この葉書の差出人住所は「長野県諏訪郡川岸村蛇ノ洞」とあるが、消印は「東京　千歳」である。疎開を前にして当時住まいのあった成城（東京都世田谷区）から投函したものであろう。

七月九日付には、五月二〇日を最後の決定日として確実と思っていたが、列車の故障や不通で延び延びになり、四日間行列して荷物を持ち込み、ようやく六月一二日の乗車を指定され疎開して来たが、さいと弘子は東京を恋しがって後片付けに上京してしまった、諏訪の娘のところに疎開した田坂貞雄とはまだ会っていないが病気療養中との手紙があった、前進座が岡谷に疎開したいとのこと、岡谷も上諏訪も強制間引きが始まったことなどを記し、心境を次のように綴った。

当村当郡特ニココ一、二ヶ月ニ疎開デ人口倍加、食品家賃ノ闇値東京ニ劣ラズ、大豆トモロコシデ逃ゲ出シテキテ草バカリ食ベサセラレ復タ逃ゲ帰ッタ東京人モ少ナカラズ　デモ故郷親戚ノ中ヘトビ込ンダオ蔭デ吾々ハ東京ヨリハ余分ニ楽ニ暮セル縁故もなく疎開した東京人に比べて、温かに迎えてくれた郷土を、山崎はどんなにかありがたく思ったに違いない。

夫妻は始め実家のヤマヨに身を寄せ、カネタマに一時逗留し、次兄勝蔵のイチマルカに移った。先に疎開した弘子も同居した。カネタマの山崎せきの印象では、母親から山崎の変わった面白おかしいエピソードをたくさん聞かされていたが、せきと話す時は、いつもニコニコして物静かなそのままの人で、変わったところがあるようには思えなかったとのことである。

七月九日付の差出人住所も「長野県諏訪郡川岸村蛇ノ洞」で、五月一四付では、文中にも「岡谷より一里の川岸村字大蛇ノ洞窟に転出」とある。「蛇ノ洞」は驚くことに、山崎家の墓地のある地籍(37)である。集落を離れたこの寂しい場所こそが、都会から逃れ、疎開者という立場に置かれた山崎の心象風景を表明しているように感じられる。

一〇月一〇日付では、「上スワ温泉ニ小居ヲ探シ食べ物報酬ノ田舎弁ゴ士ヲヤリ月一回位上京旧交ヲ温メ以テ余生ヲ楽シミ且ツ永引カセル積モリダ」と書いているが、その言葉とは裏腹に、戦争が終結して九月になると、それまで鬱積していたエネルギーを一気に吐き出すかのように、精力的な活動を始める。

一一月八日付と一九四六年九月一七日付では、まだ完全に復旧していない鉄道を乗り継いで、一カ月間で東京まで四往復したり、埼玉、高崎、福島まで出かけて社会運動の同志と合い、全国借地借家人同盟の創立や自由法曹団の再建に向けての働きかけをしたことなどが報告されている。

一九四六年五月一日、全国各地は復活第一回のメーデーの熱気に包まれ、長野県下でも一一の会場で催された。折からの雨の中、上諏訪駅前広場に三〇団体、約七千名が結集して行われた諏訪・岡谷・下諏訪連合大会に、山崎は鮎沢実也や林百郎らと参加した。(38) 鮎沢は川岸村の農家の出身で、日本社会主義同盟に加入し、大杉栄らと交流があった社会運動家である。林は岡谷市出身の弁護士で、山崎と共に松川事件や三鷹事件の弁護人となった。後に日本共産党から国会議員になる。

川岸村には山崎の思想に近い人物としてもう一人、鮎沢寛一というアナキストがいた。父の質屋を手伝った後、農業に従事、実也同様に大杉栄に傾倒し、大正一九二五年には上京して、山崎を訪ねている。また、諏訪には、山一林組製糸場争議にも関与した竹内仲之、島津末二郎と島津徳三郎、宮坂卓郎といった運動家たちがいた。弁護士事務所を開設した際に、あるいは疎開中に、彼らとの交流はなかったのだろうか。

最後に、『初代片倉兼太郎』に収録された「今井五介翁伝」の一節を引いておきたい。

> 耕地は少なく、石ころの多いやせ地で精励刻苦して生活を営むことは今も昔も変わりない土地であった。こうした生活環境の厳しさは自然に諏訪人《すわびと》に質素・倹約・勤勉・忍耐・克己・進取活動の気風を醸成していった。

こうした進取の気取りこそが、諏訪人の気質なのであろう。山崎には確実にその血が流れている。諏訪の地は、「奇人」山崎を生み出す、社会の不正義に抗する反骨の思想を育む風土性があったのだと思う。

❖注

（1）茨城大学名誉教授。偶然にも筆者の母校長野県立諏訪清陵高等学校の先輩で、諏訪市在住の同窓生宮坂水穂氏、藤森昇氏、及び長島正和氏に依頼されるなど山崎の弁護士事務所場所の調査に尽力いただいている。

（2）明治大学の卒業で、長く埼玉県志木市議、同議長を務めた。二〇一二年八月二〇日、二〇一三年二月一八日、大学史資料センターの阿部裕樹と訪問、多くの資料を明治大学史資料センターに寄贈いただいている。

（3）母さいの実家がある弘前市で生まれたことから弘子と命名された。戦後長く山崎が残した大田区大森のアパートに住んでいた。二〇〇九年七月八日、明治大学大学史資料センター及びリバティタワー「サロン燦」にて、山泉進、飯澤文夫、村松玄太の三名で二時間半にわたって聞き取りを行った。当時八四歳で、プールに通うなど溌剌とされていたが、同年一一月七日、茨城県牛久市で急逝された。

（4）一九一九～二〇〇九年。二〇〇六年以来、三度訪問。特に二〇〇八年の人権派弁護士研究会の

合同調査の折には、大変に元気な様子で墓地まで案内してくださった。
(5) 一九二一～二〇〇九年。二〇〇八年一二月二七日訪問。
(6) 林尚孝氏を介して、長島松六の除籍簿を提供いただいた。
(7) 二〇一三年七月二三日、飯澤、阿部で面会、さいの写真などを提供いただいた。
(8) 林尚孝氏が山崎セキから聞き取られた話。
(9) 貝塚澁六「作り話の様な実話」(『平民新聞』第九年第一号、一九二〇年二月)
(10) 山崎今朝弥「デッサン - アウトライン」(『解放』第五巻第八号、一九二六年八月、七八～七九頁)
(11) 第一学年で四位、それにより第二学年では授業料免除の優等生となる。詳しくは「2 明治法律学校と渡米」(四二頁～) 参照。
(12) 中村正也「明治三五年、渡米前の山崎今朝弥と明治法律学校——山崎の『渡米記』を中心に」(『大学史紀要』第二三号、二〇一七年三月、九五頁)
(13) 『小井川小学校百年史』(岡谷市、小井川小学校百周年記念事業実行委員会、一九七三年)、『高島小学校百年史』(諏訪市、同刊行会、一九七三年)、『岡谷小学校百年史』(岡谷小学校開校百年記念事業実行委員会、一九七四年)、『諏訪市史』下巻・近現代(諏訪市、一九七六年)などによる。
(14) 長野県下では授業生から師範学校に入って正規の教員になる進路もあったが山崎がそれを選ばなかったこと、長兄米三郎が興した製糸場に入らず、また片倉組も辞めて出郷し明治法律学校進学へした動機などの考察は、前掲の中村「明治三五年、渡米前の山崎今朝弥と明治法律学校

――山崎の『渡米記』を中心に」を参照されたい。

(15)『初代片倉兼太郎』（初代片倉兼太郎翁銅像を復元する会、二〇〇三年七月、一四頁）

(16)『川岸村誌　続』（二四〇頁）による。『新倉区誌』では一九二〇年六月。

(17)府下諸学校入費一覧（一八九八年）（『明治大学百年史　第一巻　史料編一』一九八六年、三九二～三九六頁）。出典は、「教育評論」第四八三号、一八九八年九月

(18)森永卓郎監修『明治・大正・昭和・平成物価の文化史事典』（展望社、二〇〇八年）

(19)録事　山崎氏発程（「明治法学」第四八号、一九〇二年一一月、六〇～六一頁）

(20)二村氏からは後筆者の問い合わせに対して、山崎が『日本弁護士総覧』で述べている「ベースメントユニバーシチー」の解釈について、福音会が在米の苦学生のために英会話などを教えていた夜学校が、家賃の安い半地下室＝ベースメントに設けられていたことから、そこで学んでいたことを意味しているのではないかとの、ご教示をいただいた。

(21)小川（一八七〇―一九四〇）はその後、衆議院議員に転じ、立憲政友会の結成に参加、第一次加藤高明内閣で司法大臣、田中義一内閣で鉄道大臣などを歴任したが、五私鉄疑獄事件で投獄され政界から引退した。

(22)上諏訪町で開業する山崎を含む八名の弁護士が掲載されている。その内の、山崎、原田好郎、渡邊甲子太郎、安藤幾、瀧澤音六の五名が明治法律学校の卒業生である。資料は諏訪市博物館中島透氏提供。

(23) 山崎が残した書簡類など段ボール一箱分の資料は、長男堅吉から妻悦子の兄である東大名誉教授隅谷三喜男に預けられた。名古屋市立大学名誉教授の森正氏が布施辰治研究の過程でこの存在を知り、二女弘子氏の許諾を得て借用した。その後、森氏は資料の保存について、山崎の母校明治大学の図書館が最適であると弘子氏に勧め、一方で、当時明治大学図書館に勤務し布施辰治資料調査に取り組んでいた中村正也を通じて、同館で受け入れる意思があるか打診された。弘子氏も快諾し、二〇〇四年一〇月に寄贈いただいた。現在は大学史資料センターに移管されている。

(24) 長島松六は一八五八（安政五）年生まれ。長島履物店は養子の松江が創業した。あい子は松江の二女である。カネタマ・勝右衛門の次男冨士太は林家の養子となり、その長男整繁が長島松六の孫娘あい子を妻に迎えた。林尚孝氏は整繁、あい子の長男である。

(25) 当時の出入口は北側（国道二〇号線側）のみであったと思われる。

(26)「城下町の道路と史跡」（浅川清栄『図説・高島城と諏訪の城』郷土出版社、一九九五年、一一六頁）

(27) 現在は廃業し駐車場になっている。

(28) 中島透氏が、市内の後藤克典氏宅で確認し、掲載について了解を取り付けてくださって提供いただいた。

(29) 宮坂栄次郎編『中央東線諏訪案内』（上諏訪桑原町、日新堂書店、一九〇五年、広告頁）。中島透氏提供。

(30) 中島透氏からのご教示による。

(31) 深浦町歴史民俗資料館編『二人之絵師が描いた深浦之景』深浦町教育委員会、一九八六年

(32) 同学院に関する資料は、卒業生で、弘前市でシャンソン酒場「漣」を経営するシャンソン歌手秋田蓮さんのご教示による。

(33) 山形明氏談、二〇一二年七月二三日。

(34) 内務省警保局「特別要視察人状勢一斑」第五（近代日本史料研究会編『日本社会運動史料』第二集、明治文献資料刊行会復刻、［一六九二］年、七一頁）

(35) 「東京法律事務所　月報」第四号、一九一四年一二月、一頁。「山崎今朝弥の像に」（山崎今朝弥『弁護士大安売』聚英閣、一九二一年、二八五頁）に再録。

(36) 山崎今朝弥「続愛児命名録」（『婦人公論』第一一巻第五号、一九二六年五月号、一〇九頁）

(37) 岡谷市経済部長小泉光世氏のご教示による。

(38) 大会では、改正防空法による強制疎開で片倉の三全社跡地に移って来ていた東芝川岸工場の辻井某が挨拶をした。同工場はその後大きな労働争議を起こし、徳永直の小説『静かなる山々』（蒼樹社、一九五二年）の題材にもなった。

2　明治法律学校と渡米

山崎今朝弥の明治法律学校時代については、これまでも森長英三郎の伝記、あるいは『大学史紀要』のなかで言及されてきた（「9　奇書と文献の案内」〔三〇四頁〜〕参照）。ここでは、それらの論考を参照しながら、新しく解明できた事実を加えていきたい。時期としては、山崎の明治法律学校入学から渡米するまでの時期を対象としたい。

一　入学試験

山崎今朝弥は、高等小学校を卒業し、授業生（代用教員）を一、二年勤めた後に、家業（農業・製糸業）を手伝い、その後片倉組へ奉公に入り一、二年勤めた。そして、二一歳で上京した。山崎今朝弥の生地の古老が、今朝弥は医学をやろうか、法律をやろうかと考えたが、医学をやるには金がいるので、法律をやることにしたと、森長英三郎が『山崎今朝弥』で紹介している。[1]

医学か法律の専門学校に入り勉学したいという意思とその学力は備えているとの自負が、この二つの選択肢のなかに表れている。

山崎は、『自由と正義』（第四巻六号、一九五三年六月）の「訪問記　山崎今朝弥氏」において、東京に夏の頃に行き、一八九八（明治三一）年九月から明治法律学校に入ったと語っている。当時は、甲武鉄道が八王寺から新宿まで一八八九年八年に開業し、新宿から飯田町まで一八九五年四月に開業した。山崎は、長野県諏訪郡川岸村から八王子まで徒歩かまたは別の交通手段で行き、八王子から鉄道を使ったのであろう。甲府から八王子まで中央東線が開業したのは一九〇三年六月であった。明治法律学校の入学記録では、山崎は一八九九年三月四日に入学している。山崎は一八九八年九月に同校に入ったと語っているが、入学記録との間に半年ほどの違いがある。森長英三郎は『山崎今朝弥』のなかで「入学の半年ぐらい前に上京してきて、いまでいう予備校である、どこかの英語学校で速成英語をやったのかもしれない[2]」というが、定かではない。

東京には、明治法律学校以外に法律学校は数校あるが、後述するように、判事検事、弁護士を多く輩出している明治法律学校を選択したのであろう。一八九七年末現在の法律学校卒業生における判事・検事と弁護士の合計数で比較すると、明治法律学校三一六名、東京法学院二七七名、和仏法律学校一〇四名である。

山崎の入学試験にふれる前に、明治法律学校の「司法省指定私立明治法律学校規則」（一八九五年・明治二八年三月）により、入学試験の受験資格に関連ある部分を抽出して確認しておこう。

明治法律学校の入学資格は三つに分かれている。第一は「年齢十七歳以上ノ男子ハ何時ニテモ入学ヲ許ス其試験科目ハ」、国語（片仮名交作文）、漢文（白文訓点）、数学（四則、分数、比例）である（第一九条）（以下、普通生と呼ぶ。一八九九年・明治三二年九月改正後は第一種生）。第二は、「尋常中学校尋常師範学校及之ト同等若シクハ同等以上ノ学科ヲ授クル学校ノ卒業証書ヲ有スル者」（第二十条）（以下、第二一条も含めて認可生と呼ぶ。同前第二種生）。第三は「左ノ入学試験科目ニ拠リ試験ヲ及第シタル者ハ前条（第二十条）ニ準ス但尋常中学校ノ学科卒業程度ニ拠ル」。試験科目は倫理、数学、国語及漢文、歴史、地理、博物、物理、数学、化学、図面、外国語である（第二一条）。この入学試験期は「毎年二月九月ノ両度トス」（第二三条）。なお、進級するための学年試験の受験資格について、「三月末迄ニ入校シタル者ニアラザレハ学年試験ヲ受クルニコトヲ得ス」とある（第一三条）。

山崎は一八七七（明治一〇）年九月生まれなので入学試験のときは満二一歳であった。入学試験を三つの入学規則のうちどれで受けたのであろうか。尋常中学校、師範学校等を卒業していないので、第一九条（普通生）でいう、入学がいつでも許されている三科目の入学試験を受けるか、または、第二一条（認可生）の尋常中学生に準じる入学試験一一科目を受験するかのどちらかである。第一九条による入学はいつでも許されている。第二一条による入学受験期日は二月、九月の二回である。そこで、筆者は次のように推測する。山崎の入学日が一八九九年三月四日であることを勘案すると、山崎は第二一条（認可生）で受験し合格したのであろう。また、第一三条で学年試験の受験資格が三月末までと規定されているので、このことも考慮に置き、二月に入学試験を受けたのであろう。普通生ではなく、認可生として合格し、第一学年を最短で終了することを企図し実行したのであろう。筆者には山崎は周到な計画・準備をしていたと思えるのである。

明治法律学校は一八九九年から地方入学試験を実施した。「第一種生入学試験は地方学生の便宜の為め」、全国各地の校友会支部又は各地校友にその監督を嘱して、八月下旬に各府県で入学試験を行った[3]。山崎は、地方入学試験が始まる前年一八九八年九月に上京しているので、地方入学試験（普通生の試験）を受ける機会はなかった。

この地方入学試験を受けた学生がいるので紹介する。一松定吉（一九〇三年卒業）は、大分師範学校講習科を卒業し波多方小学校の教員となるが、判事検事登用試験をめざしていた。小学校正教員の資格があったので、無試験で明治法律学校に入学できるが、たまたま大分で入学試験が行われたので、両親や妻から上京の承諾を得やすくなるからと、受験し、合格した[4]。

明治法律学校の入学試験は、受験したものは誰でも受け入れるような、緩やかな規則のようである。当時の法律専門学校はどこも同じような入学試験であった。

二　学業

山崎は、明治法律学校に一八九九（明治三二）年三月四日に第一学年として入学した。入学の際に必須である保証人は、赤坂区赤坂田町七ノ一（現・港区赤坂一丁目）の山崎初次である。初治は今朝弥の従兄弟にあたる。山崎は苦学して二年五カ月で卒業した。

（一）学校の概略

明治法律学校は、神田区駿河台南甲賀町一一番地（現在は日本大学病院の甲賀通り側の一画）に位置し、校地の中央に二階建て第一・第二講堂があり、この講堂をコの字形に囲み二階建ての寄宿舎を含む建物があり、別に増築した三階建ての三階部分に第三講堂が配置されていた。

「司法省指定・文部省認定明治法律学校学則」（一八九九年九月改正）に「本校ハ本邦制定ノ法律及ヒ行政経済ニ関スル学術ヲ教授シ傍ラ外国ノ法律行政及ヒ経済ニ関スル学理ヲ参照攻究セシセルヲ以テ目的トス」（第一条）とある。以下、学則から学業に関する事項を抽出する。修業年限は三カ年。学年は毎年九月一一日に始まり翌年七月一〇日に終わる。一学年を二学期に別け、第一学期は九月一一日から翌年二月一〇日まで、第二学期は二月一一日から七月一〇日まで。授業時間は毎日午後一時より一〇時、ただし日曜日、大祭日、祝日は休業である。学費は一カ月一円五〇銭。授業科目は、**表1**（五一頁）のなかに山崎今朝弥の受けた科目名があるので参照していただきたい。

教員数は一八九九（明治三二）年現在で、総数八六名。一八九三年当時の二倍の教員数であった。一八九八年から新民法、法例が、翌一八九九年から商法が施行されて、法典の整備時代に入り、立法の基本がフランス法からドイツ法へとかわり、これに対応して、一八九七年に大学の大改革が行われ、これらの法典の起草に関与した仁井田益太郎ほかの諸氏を教員に招聘し、教員の大幅増員となった。

山崎が第二学年のときの生徒数が「明治法律学校生徒調」(明治三一年一〇月一日調)[5]に載っている。各学年の学生数とその年齢をみると、第一学年六五五人、平均年齢二二年六月。第二学年二五六人、平均年齢二二年六月。第三学年二〇六人、平均年齢二三年七月である。山崎が第二学年のときは二三歳なので、同学年の平均的な年齢であった。山崎は認可生(第二種)で受験したと前述したが、ちなみに一八九九年九月の入学生徒のうち第一種(随時受験、三科目)は五四六人(六九・五%)、第二種(九月または二月に受験、一一科目)は一四一人(一八%)、中学卒業者は九八人(一二・五%)であった。山崎が第三学年の一九〇〇年一〇月一日の「生徒調」によれば、第三学年は一六六人、平均年齢二三年六月である。そして山崎が卒業した一九〇一年七月の卒業生は一六七人であった。「生徒調」の第三学年より卒業生数が一人多いが編入者であろう。山崎が入学したとき八〇〇人ほど第一学年がいたが、このうち三年後に卒業したのは一六七人(約二〇%)であった。入学するのは簡単だが卒業するのは大変な努力を必要としたのである。

学校の様子を、山崎が在学した同時期の同窓生が書いているのでみることにする。

当時の寄宿舎の様子を河西善太郎(一九〇二年卒業)が述べている。「木造の洋館があり、講堂につゞいて寄宿舎があつた。寄宿料四円五十銭月謝二円五十銭（一円五十銭の誤り―引用者）で一ヶ月十円の学費を国から送つて貰へば充分であつた。舎内には電燈なくめいめいにランプ而かもガラスは危険と云ふのでブリキ製のランプに限定せられて居つた、夜の十時には舎監が提灯をつけて部屋毎に見回りに来る」[6]。山崎は学生時代に寄宿舎には入らなかったが、卒業の翌一九〇二年に寄宿舎に住んでいた。

学生の衣服について猪股淇清（一九〇三年卒業）は次のように述べている。「私共の在学当時にも学校には制服の定めはあつたが、着用してゐる者は極めて稀で、多くは小倉の袴に紺絣、又は黒木綿に牡丹餅大の紋付羽織といふ服装で、破帽垢衣敢て意とせず、金蘭を纏うた瓦たるよりも、襤褸に包まつた宝玉であれといふ、気概と衒氣とのカクテルのような雰囲気がモヤモヤしてゐた。かと思ふと、高等師範出の中等教員上り、扨は師範出の小学校長上りの老措大（しょせい）など、羊羹色のモーニングのポケットに、鉈豆の煙管を忍ばせて通学するといふ毛色の変つたのもあつた。私（猪股）の同級で後に明治文壇に名を馳せた平出修などは、常に縁附の大時代のモーニングを着用して澄まして通学してゐた。（中略）学生の年齢もまちまちで、親子位違ふものがあつた」[7]。当時の学生の姿が浮かび上がるようである。文中で縁附の大時代のモーニングを着用した「平出修」は一九〇三年卒業、弁護士・歌人、幸徳事件（大逆事件）の弁護人として著名である。なお、制服は学生の風紀を保つために、一九〇一年五月に定められた。

(二) 学業と成績

山崎は一八九九(明治三二)年三月四日に入学した。前述したように三月末までの入学者には学年試験の受験資格があり、山崎は七月に実施された学年試験(第一学年)を受け、優秀な成績を修めた。第二学年となった九月に、前学年試験の成績優等につき優待生となり、規則により一年間の授業料が免除された。山崎を含む第一学年五名、第二学年三名の優待生の氏名が『明治法学』第二号(一八九九年一〇月)に記載されている。以下に記しておく。試験の科目は、法学通論、刑法(総論)、法例及民法総則、民法物権、民法親族、刑事訴訟法、経済学の七科目である。優待生は、佐藤伊惣治(北海道)、岩瀬孝(千葉県)、新嶋藤作(新潟県)、山崎今朝弥(長野県)、富永銀三郎(愛知県)、の五名である。山崎は第一学年で四位、七科目の合計点は六〇〇点であった。優待生の規則は、一八九七年年九月の学校の大改革で、それまで中学校卒業生、師範学校卒業生等の学術優等な者を対象としていたのが学年試験の成績優等な者に改められた。山崎はこの恩恵にあずかったのであった。

山崎は三月に入学し七月に試験を受けたが、五カ月弱という短期間で優れた成績をとったのであった。山崎が優秀であっても講義を聞かなければ学年試験に良い成績で合格することは望めない。明治法律学校の講法会出版において講義録を刊行しているので、この講義録により自学自習に励んだのではないかと考えられる。講義録は校外生向けに年三回発行されている。これとは別に各年度年の講義録が発行されている。また、明治法律学校では一八八六年に「文庫」を開設し、当初は講師、特別生等に限っていたが、一八九七年以降は文庫の利用を学生にも認めるようになり、同時に図書閲覧室を設けた。山崎は図書閲覧室において講義録で学んだのであろう。

山崎の学生時代の成績が、『明治大学百年史』第三巻通史編一に、岡田庄作、尾佐竹猛、平出修、布施辰治とともに掲載されている。**表1**に、人権を守る弁護士として活躍した山崎、布施、平出を抜粋して紹介する。

次に当時の授業の様子をみてみる。

猪股淇清（一九〇三年卒業）が新任の教員仁井田益太郎ほかの授業風景を記している。債権各論の鵜沢總明について「デルンブルヒ（注：ドイツの法学者Demburg, Heinrich.1829-1907の『ドイツ民法典』）とウヰンシヤイドのパンデクテン（注：ドイツの民法学者Windscheid, Berhand.1817-1892の『パンデクテン法教科書』）を壇上に展げて一種錆のある雄弁を振」ったと紹介している。[8] その鵜沢總明は当時の講義の様子を次のように語っている。当時は南甲賀町で木造の建築で、余り綺麗ではなかった。広い講堂に四百人か五百人ぐらい一緒になって、そこで講義をした。講壇から見ていると、中には自分よりも年の多いような方もいた。講義が済むと質問に三人も四人も講壇の所にやってくる。[9]

また、猪股淇清は、「その頃は、民・商法等の大法典の施行直後とて、これ等法律の解釈も様々で、就中民法なぞはその施行に際して『民法施かれて忠孝亡ぶ』の標語で騒がれた程であっ

表１　優等生の成績

学年 / 氏名	第一学年	第二学年	第三学年
山崎今朝弥 1901.7卒	刑法80　刑訴80 法例民総95 物権90　親族80 法通95　経済80 合 600点（4位）	商法80　債権64 物権75　刑法95 憲法92　行政85 民訴85 合 576点（18位）	公法70　私法95 財政85　債権82 相続90　民訴82 商法93　擬律95 口述90 合 794点（7位）
布施 辰治 1902.7卒	刑法70　刑訴100 法例民総60 物権80　親族80 法通80　ローマ75 経済90 合 635点（11位）	債権75　物権85 民訴75　商法72 刑法95　憲法70 行政80 合 552点（76位）	財政60　商法71 相続85　擬律100 民訴77.4　債権83 公法60　私法60 口述75 未定擬律2.2 合 673.6（38位）
平出 修 1903.7卒	法通100 法例民総95 親族95　物権95 刑法86　刑訴100 経済90　ローマ98 合 759点（9位）	刑法80　行政90 債権78　民訴80 物権75　破産85 商法70　憲法95 合 653点（3位）	財政65　商法100 私法85　公法95 債権80　相続75 擬律90　民訴83 口述70 合 755.4点（2位）

(注)（　）内は学年順位。
出所：『明治大学百年史』第3巻通史編1、P.411「図表35　優等生の成績」より抜粋。山崎の第1学年順位は『明治法学』第2号により補足。布施の成績は中村正也、今井昌夫「明治大学図書館所蔵弁護士布施辰治旧蔵資料」(『図書の譜』第2号）により修正。

たから、当時の学生の間には討論が盛んに行はれ都下五大学法律学校の討論会が屢々開かれ、又学生は通学の途中、講義の合間々々、扨は下宿まで持越された。（中略）かうして、散々討論で捻じ合つた揚句が講師への質問となる。大抵の講師は辟易して、講義を終へると匆々として退却しようとする。サはさせじと学生は、鶴翼の陣を張つて追撃する。誰が指揮するともなく、講義の終了と間一髪を容れず、颯と包囲する迅速果敢な行動は、軍隊にも見ま欲しき程であった」と述べている。そして、講師を包囲した面々は、(明治)三四年組の山崎今朝弥ほか五名、三五年組の一松定吉ほか八名、猪股淇清と同級三六年組の吉田三市郎ほか八名の名前をあげている。講師のなかには「実は自分にもよくわからぬのだが、正直にいつて諸君が心細からうと思つて判つたやうな顔をしてゐるのだから、これ以上は諸君自らの研究に待つ外はない[10]」と述べている。新しい法律の理解に向き合う、講師と学生の熱気を感じさせる。

山崎の逸話はほかにもある。学生・校友の研究会であろうか、時々やった模擬裁判で、司法官試補の尾佐竹猛（一八九九年卒業）が立会検事役を勤め、「畸人山崎今朝弥が海老茶袴にリボンを結んで、被告山崎今朝子となつた珍劇もあつた[11]」と猪股淇清が書いている。海老茶色の袴は女学生の袴で、山崎は女性用の袴を着用して模擬裁判を演出したようである。

当時の「卒業試験並ニ学年試験応試者心得」(明治三五年七月頃)、から試験風景をみてみよう。五か条のうち、(一)～(二)は事務的なことなので省略し、(三)から(五)を紹介する。(三)試験場ニハ試験用紙及筆硯ノ外書籍筆記講義録等ヲ携帯スルコトヲ禁ズ、但卒業試験ヲ受クル者ハ擬律ノ試験ニ限リ正文ヲ携帯スルハ差支ナシ。(四)試験用紙ハ半紙十行罫線ノ外一切用フルヲ禁ズ。(五)試験答案文字ハ鮮明ヲ要ス故ニ鉛筆等ニテ認ムルヲ許サズ。「心得」の(三)は試験場への「持ち込み」の注意である。(三)～(五)を併せて読むと、試験にあたっては十行罫線の入った用紙と筆硯を各自が持参し、回答は、鉛筆は不可、筆で書くようにと指定している。当時の学生が筆硯を腰にぶら下げていた様子を理解することができる。

山崎は学校生活をどのように送ったのであろうか。同じ時期に、同窓であった、一松定吉（一九〇二年卒業）の例をみてみよう。[12]一松は、大分県の波多方小学校教員を辞め、上京して浅草育英小学校教員を勤めながら、裁判官になるため明治法律学校に入学した。明治は午後一時から始まったので、多少時間には遅れたが通うことができた。自宅は本郷なので、朝は本郷～浅草間、夕方は浅草～神田間、明治の講義が終わると神田～本郷間を、いずれも徒歩で通った。この徒歩の間も六法全書を読んでいた。明治の講義は夜間はランプの下で行った。このような環境で一松は勉強に励んだ。朝は必ず二時半に起きて洗面と冷水摩擦をした跡、郷里に向かって宇佐八幡宮と産土神社に礼拝し、郷里に残した両親や妻子たちに挨拶をすませてから直ちに机に向かう。勉強の方法は読書五十分の後十分間休憩、ただしこの休憩時間中に今までに読んだ事柄の要綱を箇条書きにすることによって頭の整理に充てたのであった。また、司法官試験をめざす同志の研究会を日曜日に行ったという。寺田正二郎、平出辰市、平出修、原田好郎のほか四名が、日曜日に輪番制で各人の下宿に集合して、午前九時から午後五時まで勉強するのであった。そして勉強の具体的なやり方を述べている。このような努力の下、一松定吉は卒業の翌年に弁護士試験に及第した。平出辰市（平出修の義弟）は一九〇二年に卒業、弁護士。原田好郎も一九〇二年卒業、翌年弁護士試験及第、長野県上諏訪町で弁護士開業。

苦学生である山崎も、勉強の時間の確保、勉強法の工夫、そして徒歩通学なども同様であったのであろうことは想像に難くない。

(三) 月次大討論会への参加

山崎は、明治法律学校が開催する「校友学生月次大討論会」(月次大討論会)に参加している。初めに月次大討論会について紹介し、次に山崎が登壇して意見を述べている開催回についてとりあげることにする。

校友・学生、校外生等が参加する月次大討論会の様子は、『明治法学』において紹介されている。第一回目は一九〇〇(明治三三)年一月二九日、午後六時から九時頃まで同校の第一講堂において実施された(『明治法学』第六号)。会場の第一講堂は四〇〇人収容できる大講堂である。第二回目が二月二七日、午後六時から第一講堂において開催された(『明治法学』七号)。第二回目の運営方式が、これ以降のやり方となるので紹介する。岩野講師が事前に設問を出題しておき、当日に申し出のあった討論申込者二十余人を積極説消極説に分け、この二十余人を抽選により登壇者の順序を定め、これにしたがって討論会が行われた。登壇者の意見の開陳の最後に講師が講評を行っている。

山崎は、第二学年のときに月次大討論会に討論者として四回登壇している。最初は一九〇〇年三月二四日の月次大討論会である。山崎が初めて討論者として参加したので、少し長くなるが、討論会の様子を紹介する意味も含め、記すことにする。岸本校長の出題による「永年公共ノ流水ヲ使用セシ事実ハ如何ナル権利ナルヤ」という「実際的問題」が討論題である。午後六時第一講堂に岸本校長が喝采に迎えられて登壇する。当日の講師長嶋鷲太郎を紹介した後に、討論題について解説している。本問は欧州においてはこのような事実は少なく、したがって欧州の学者の意見に見るべきものは少ない。しかるに我が国には全国いたるところにこの様な事実がある。河川のみならず海面ついても、専属漁業権、入会漁業権等の紛争がある。我が国には明確な法規がなく、また明確な大審院判例もない。そこで、問題を「河川」に限り立論されることを望む。また、「如何ナル権利ナリヤ」と記し、権利があることを前提とした如き嫌いがあるが、権利の有無、及び権利があるとしたならば如何なる権利であるかを問うている、と述べられ開会を宣言した。これより先は、討論希望者が多いため討論者及びその順序を抽選で定めた。

討議について、『明治法学』（第八号）の記者が書いたと思われる論評が掲載されているので紹介する。討論者の第一席は第三学年生林賢之助氏で、公用物の「特別使用に属し使用者は確か一種の使用権ありと断定し、数十分に渉り稍冗長の点と、弁論の揚らざる弊あり」。第二席は第二学年生秋山朗氏（消極）論旨浅薄の感あり、第三席は第三学年生畑田保次氏（積極）要領を得ざるの感あり、第四席は第一学年生桑原精一郎氏（消極）は論拠微弱なるも最簡にして秩序整然あり、第五席は第二学年生甲斐善一氏（積極）は特に記すべきなし、第六席第二学年生澤常二氏（消極）は河川法の各条を引用し、公法上に規定なく、私法上に適用すべき規定なく、ここに何らの権利なしと論定す、第七席校友矢田由之助氏（積極）は慣習法上の権利であり、何人も現に認知すべき事実である。足尾事件を引用し、「渡良瀬川沿岸被害者は此の理論よりして其の権利に侵害を受けしもの、賠償請求の権ありと論し、而して此権利たる一面には国家に対する公権たり、一面には私人に於ける私権にして、一種の財産権なり、と断し、雄弁と云ふ可からさるも、亦能弁と云ふへく、法理に於いて少しく精透を欠くも、弁論の老熟は場を圧せり、と記している。ここで記者は一事を挿記している。矢田氏の討議に対して聴衆の「悪罵漫嘲其の太甚しい」ものがあり、来会者各自が学生自重の旨を体して、無礼作法の言動を弄することを慎み、討論者亦その技を以て場中の静粛ならしむとを祈るのみ、と記す。第八席に第二学年生の川野新熊氏（消極）、第九席は校友庄野雄次氏（積極）、第一〇席に登壇したのは、昨年第一位で卒業した尾佐竹猛氏（消極）河川法の河川は公有物で、ほかの河川は公共物なりと区別し、刑法、訴願法、旧民法及び各種の単行法律を引用し、公有物たる河川は河川法上私権の目的となることを得ず、公共物たる河川は昨年公布の土地収用法を準用し、水流使用を収用するの規定がありその使用権があるのは明瞭であるとする。第一一席に第三学年生の池上圓二氏（積極）、「第一二席に第二学年生山崎今朝弥氏（消極）あり」とある。第一三席に第一学年生千坂雄左衛門氏（積極）。この三氏の討議は聴衆の喧しい声に消され、最後に第一学年生中島督統氏は一、二語を発したのみで壇を降りた。

山崎が初めて登壇した討論会の模様を引いてきた。当日は、前夜からの雨が降り続くなか、大講堂に四〇〇名を超える学生・校友が参集した。討論者は第一学年二名、第二学年五名、第三学年三名、校友三名と多彩であり、これに参集者も加わり、熱気をおびた討論会であった。山崎は第一二番目に登壇し、消極説を述べたが、聴衆の声に掻き消されたようである。

のちに山崎は足尾事件について、「私が法律学校の学生時代に谷中村村事件で有名な足尾銅山鉱毒問題があって世間が非常に騒いだ。政治に興味のない私は、人の騒ぐ憲法問題、人道問題、政治問題に気乗りがせず、これを法律問題として、被害民を原告とし訴訟費用の救済を受けて、足尾銅山の営業主古川王を被告とし、特に注意を要する除害工事の設備不完全即ち工事に対する相当注意の不足を理由とし不法行為を原因として、損害賠償の請求を起こしたら面白かろうと提唱した。ところが恁んな突飛乱暴の議論は書生の議論だとて、誰一人耳を傾けてくれる者はなかった。先生の講師に質疑しても相手には[13]」されなかった。しかし、浅野セメント降灰問題(一九〇三年)以降、不法行為を原因とする訴訟が起こり、判例もできるようになり、今では(一九一七年)この通論に疑いをもつ者はなくなった、と書いている。山崎は被害民を救済する方法を「法律」によって論理化したのであった。まさに、被害民の権利を表現したのである。

山崎は、三月につづいて、四月、五月、一〇月の月次大討論会に討議者として参加している。内容の紹介は省略し、開催日等について記すことに止める。四月二八日は、討論者一五人のうちの第一席として登壇。(『明治法学』第九号、八四～八五頁)。五月二六日は、討議者一六人のうちの一人として登壇。(同第一〇号、八四～八五頁)、一〇月二七日は、討議者一一人のうちの一人と

して登壇。この時には平出辰市も登壇。（同第一四号、八三〜八四頁）

ここまで見たように、山崎は、第二学年の後期の一九〇〇年四月（入学から一三カ月後）から、第三学年の前期の一一月にかけて月次大討論会に四回参加している。登壇して自説を開陳するには、法律の理解・解釈が必須であり、討議者として参加する意欲があり、さらに出題に対する自説展開の準備が整っている等が必要である。講師と大勢の学生が参加する月次大討論会に、討議者として四回登壇する山崎から、法律家への道を進もうとする姿勢がうかがえるのである。

（四）運動会への参加

一九〇〇（明治三三）年四月八日、飛鳥山（現在・東京都北区王子）において明治法律学校の大運動会が挙行された。第二学年の山崎も参加している。『明治法学』第八号に運動会の計画が載せられており、第九号には運動会の報告と集合写真が掲載されている。参加者「一千二百数十名を十一部に分て、各部に斡旋委員を置き、午前七時一同本校に参集し、八時発程、楽隊の奏楽に伴ふて万世橋より五軒町切通坂を経て、本郷通りを順路飛鳥山に赴」く。競技が終了し散会したのは午後五時であった。競技種目は、盲目競争、二百ヤード競争、四百ヤード競争、障碍物競争、サック・レース（麻袋に両足を入れて走る競争）、校友サック・レース、角力（相撲）で、各種競技の優秀者名が記され、角力において二番勝した五名のなかに山崎今朝弥の名がある。ちなみに一番勝が一四名、三番勝が三名であった。各競技の優秀者名も記されているが、山崎の氏名はない。おそらく、他の競技にも参加したのであろうが、優等者にはならなかったのであろう。

当時の運動会の様子を河西善太郎（一九〇二年卒業）は「学校の運動会は飛鳥山ときまつて居り学生は何れも草履履きで本郷駒込通りを練つて行くので帰りには不良の一隊は吉原へくりこみ、善良の一隊は酔払つて相当乱暴しつゝ駒込本郷通りを帰つてくる、明大の運動会の晩には沿道の店もうるさいので早く店を締めると云う風であつた[14]」という。

山崎が二番勝ちした角力について、猪股淇清（一九〇三年卒業）はいう。「その頃（在学時）は僅かに狭い校庭の一隅に、土俵が拵えてあつただけで（中略）只我と思はん者が飛び出して、勝手に力技を闘はしたに過ぎない。年に一度の運動会は、飛鳥山なぞへ押し出して、角力、綱引、豚追い位で、ワイワイ噪いだものであつた[15]」。角力で二人勝した山崎は、学校の土俵で角力をしたのであろう。

三　卒業

山崎は一九〇一（明治三四）年七月に卒業した。この年は明治法律学校が一八八一（明治一四）年一月一七日の創立から満二〇年を迎えることもあり、七月六日に創立二十年紀念式と第四十回卒業証書授与式が併せて行われた。『明治法学』二二号（一九〇一年七月）に詳細が記されているので、これにより紹介する。

式典の当日は、降り続く五月雨の中、校門には大国旗を交叉し、構内に無数の球燈、各国国旗を連ねて吊るし、雨除けの天幕を構内、門外に張渡し、来会者を迎えた。司法大臣、大審院長、東京弁護士会長等、七百数十名の来賓を迎えた。第一講堂において午後三時から卒業証書授与式が行われ、続いて創立二十年紀念式が行われた。

卒業証書授与式を紹介する。卒業授与は、岸本校長から卒業生一人ひとりに授与するのであるが、本年に限り証書を一括して総代に渡すこととなった。証書を総代の井上博に渡したのち田島舎監が卒業生の氏名を読み上げこれに応じて卒業生が起立した。山崎は六番目に氏名が呼ばれた。

岸本校長は卒業生に対し「訓戒的演説」をされた。以下に要旨を抜粋する。

諸君は法学を普及し権利思想を実行することに勉めなければならない。社会は、法学をもって健訟濫訴の具となし、権利思想の実行を以て健訟濫訴となし、法曹を以て健訟濫訴を教唆し扇動するものとみるのが一般の弊風である。権利思想が必要にして法学が健訟濫訴の具に非ざることは法曹以外の人士と雖も之を知っている。これを知って而もなお之を厭い甚しきは法曹を畏れ容易に親近せざるが如き或いは法曹其の人に無用の圭角（かどかどしきこと）多きの罪なり。学生の籍を脱し一個の法曹たる諸君は身を以て法曹の模範となしその冤狂を除き以て大いに法学の真相を示し権利思想の実効を示し以て法学を普及し権利思想を鼓吹しなければならない。それには、奥義はない。圭角あるべき場合には以て大いに圭角あるべく、円満なるべき場合には以て大いに円満なるにあり。而して謹んで小圭角、小円満を弄せざるなり。一片の婆心諸君の熟慮を得ば幸いなり。

次に井上教頭の訓示、卒業生総代答辞があり、続いて木下幹事により学況報告がなされた。学況報告には卒業生一六七人のなかの優等生九人が記されている。六番目に山崎今朝弥の名がみえる。優等生の四人（四番目まで）には、式典において賞品と図書二冊が渡された。他の五人（山崎今朝弥を含む）には式典後に賞状が与えられた。

この学況報告に学生数等が記されているので、紹介しよう。

創立（一八八一年）から一九〇一年六月までの入学生総数は一万八〇四八人、校友は二八四〇人（今回の卒業生を含む）。入学した人のうち卒業した（できた）のは一五・七％である。山崎と同期の入学・卒業を見ると卒業したのは二〇％ほどである。この数字は、入学するのは簡単であるが、卒業するのがいかに難しいかを表している。

卒業証書授与式に続いて紀念式が執り行われたが省略する。

ここまで、『明治法学』の記事と同窓生の記録などから、山崎の「学業」を描いてきた。しかし、山崎の生活状況について知ることができず、苦学生山崎にふれることはできなかった。

次項で山崎の判事検事登用試験、弁護士試験の受験について記すが、卒業式から判事検事試験の前まで、山崎がどのように過ごしていたのかは不詳である。山崎卒業の翌年一九〇二年に卒業した布施辰治は、「七月に明治卒業ののちの数カ月、毎日、上野図書館に開館から閉館まで」[16]通い判事検事登用試験の受験準備をしている。山崎も同様に受験準備をしたのであろう。

四　判事検事登用試験・弁護士試験に及第

山崎今朝弥は、一九〇一（明治三四）年七月明治法律学校を卒業し、その年の判事検事登用試験、弁護士試験の両方を受験し、両方とも及第した。判事検事登用試験は、正しくは判事検事登用第一回試験という。「第一回」とは、登用されて司法官試補となり、その後、実地修習（一年半）を経て、第二回試験を受け及第すると司法官となる。弁護士は弁護士試験に及第し、その後弁護士登録をして弁護士となる。なお、判事検事登用試験の及第者は、弁護士登録をすれば弁護士となることができる。

山崎今朝弥が受験した一九〇一年の判事検事登用試験及び弁護士試験の日程

七月八日　判事検事登用試験及び弁護士試験の日割と願書受付期限の公告
（『官報』明治三四年七月八日）

八月三一日　判事検事登用試験の願書受付最終日

九月一三日～一八日　判事検事登用試験筆記試験

九月三〇日　弁護士試験の願書受付最終日

一〇月一〇～一五日　弁護士試験筆記試験
一〇月二九日　判事検事登用口述試験日時割（筆記試験及第者）の公告（『官報』明治三四年一〇月二九日）
一一月一三日　判事検事口述試験（山崎は一三日）全体は一一日～一四日
一一月一六日　判事検事登用及第者の公告（山崎及第）（『官報』明治三四年一一月一六日）
一二月六日　弁護士口述試験日時割（筆記試験及第者）の公告（『官報』明治三四年一二月六日）
一二月九日　司法官試補ヲ命ス、甲府区裁判所詰ヲ命ス、検事代理ヲ命ス、の辞令（一二月九日付）（『官報』明治三四年一二月一〇日）
一二月一七日　弁護士口述試験（山崎は一七日）全体は一六日～一八日
一二月二〇日　弁護士試験及第者の公告（山崎及第）（『官報』明治三四年一二月二〇日）

（注）日付は官報の公告日によった。実際は、公告日以前に報知がなされている。例えば、『明治法学』に記載されている日程は、公告日の前の日に発表されたものが掲載されている。

右の受験日程からわかるように、判事検事登用筆記試験が終わった後に、弁護士試験の願書受付期限が設定してあり、受験者は前者のでき具合を勘案して（司法官志望から弁護士志望に変わり）、後者の受験をすることも可能である。前者は登用試験であり及第後は司法官試補（奏任官・三等以下九等までの高等官）となる。後者は弁護士となる資格試験であり、その社会的地位は大きく異なる。

この年の試験の及第者数を以下に記す。判事検事登用試験　受験者一〇六九名、筆記試験及第一二三名、口述試験及第八〇名（うち、明治法律学校の校友は三一名）。弁護士試験　受験者一一三二名、筆記試験及第九一名、口述試験及第六二名（うち、同前一九名）。

五　司法官試補を辞す

山崎は判事検事登用試験に及第し、一九〇一（明治三四）年一二月九日付で司法省から「司法官試補ヲ命ス」「甲府区裁判所詰ヲ命ス」「検事代理ヲ命ス」の辞令が出された。甲府区裁判所に赴任した日はわからないが、辞令を受けてから普通一四日以内に出発する内規があるので、一二月の二三日頃までには東京を出発したと思われる。明治法律学校において二五日に弁護士試験の合格者が各地に赴く送別会を開催し、そのなかに山崎の名が記されているが（『明治法学』第二八号）、この送別会には出席できなかったであろう。

『法窓随筆』の著者北島良吉（一八九四年卒業）が、司法官試補の苦労談を書いている。[17] 同窓の先輩判事から、任地の所長と検事正へは今後百事ご指導を願うという挨拶状を出し、監督書記には赴任の日時を知らせ下宿の斡旋を頼むのが良い、任地へ列車は三等ではなく二等切符を買えと言われ、反発したが、君は礼儀と官吏気質を知らないといわれ、これに従った。このようなやり取りを皮切りに、第二回登用試験を受けるまでの一年半、いわば試用期間中の司法官試補という立場での出来事を、執務に即して描いている。

さて、山崎は「明治三十四年に僕が司法官試補で甲府区裁判だか地方裁判所だかに赴任した。翌日直ちに検事代理で区裁判所の公判に立会ふた。（中略）取調が済んでから僕がポカンとしていると、（中略）監督判事がテーブルの上に両手を付いて、検事閣下刑の適用はと催促する。僕には落付いて考へてる度胸はない。足はブラブラ手は戦く心臓は波を打つ耳に半鐘が鳴る頬に火が付く。俺には分かりませんと云ふて公判廷を逃げ出した」[18]。山崎には、北島良吉のように反発したり、順応したりしながら務めるということはできなかった。官界気質を考慮しない、時には軽蔑さえしかねないところがあったのであろう。

教育学者の天野郁夫は次のようにいう。「（山崎）は入学後二年半で全課程を修了し、明治三四年に卒業した。そして同じ年の一一月には判事検事試験に合格。一二月には弁護士試験にも合格した。」「卒業までに五年かかった長谷川（如是閑）に比べれば、驚くほど効率的な試験制度の利用のし方である。」「司法官試補に任用された山崎はわずか三カ月で退職して弁護士への道を歩むことになるのだが、もしそのまま検事としての道を続ければ、まさに『学力』による立身出世の典型ということになったであろう」。明治二十年から三十年代にかけて「学力」の時代から「学歴」の時代へと教育制度が整備され移行していくなかで山崎は明治法律学校（専門学校）において「学力」により立身出世の道、官吏への道をつかんだという[19]。

ところが、山崎は、司法官試補として赴任するが、すぐに職を辞す。「三十日位勉めたがまた東京に舞い戻つて、明治の寄宿舎にころげ込み講義録発行の手伝いをした[20]」。山崎の「依頼免司法官試補」は一九〇二年三月二二日付（『官報』一九〇二年三月二五日）である。「病気」という理由で辞めたが、官途に失望したのであろう。

六　東京へ戻る

山崎は、東京に戻った。「明治三十五年頃私は牛込榎町邊で鈴木清次郎と呼ぶ、強情大胆横着我儘（それで不思議に女に惚れらる）の青年と共同生活を営んだ。当時私は司法官試補を辞めて英学校へ通ひ、鈴木君は明治大学へ通つた[21]」。山崎が東京に戻った状況からすると、山崎が鈴木の住居に入ったようである。鈴木清次郎（清二郎、美山）は一九〇三（明治三六）年七月に卒業している。山崎が鈴木とどのように知り合ったかは不明であるが、両者は心身の健全法に関する研究に関心があったようである。山崎は米国から帰った後『粗食養生論』（一九〇八年）を出版した。

鈴木美山は『健全の原理』（一九一四年）を鈴木が主宰する帝国健全哲学館から出版している。標題には「米国哲学博士鈴木美山」とある。鈴木がいつ米国に留学したかは不明である。

鈴木と同居生活をしていたときに山崎は英学校に通っている。このころには、すでに米国留学の準備をしていたに違いない。先に引用した「訪問記　山崎今朝弥氏」では「まア当時の渡米熱にうかされて何となくアメリカへ行きたかつたのさ」と語っている。当時の「渡米熱」については、山泉進「山崎今朝弥の修行時代」（『大学史紀要』第一三号、二〇〇九年三月）に明治法律学校の留学に関する関心の様子と、社会における留学・渡航の動きが詳細に記述されている。

山崎は「当時の渡米熱にうかされて何となくアメリカへ行きたかつた」と述べているが、山崎の身近なところで米国を意識させる事柄について二点指摘したい。一は、山崎が奉公していた片倉組の今井五介（片倉五介）の存在である。五介は今井家の養子となり子ももうけたが、実家にも養家にも無断のまま、一八八六年にアメリカに行く。サンフランシスコで、皿洗いや部屋掃除のアルバイトをしながらいろいろな仕事を行った。一八九〇年に帰国し、片倉組松本製糸場の所長となり、片倉組の合理的経営の中心人物となる。二は、山崎の東京での住まい赤坂田町から二〇〇m程離れた場所に米国大使館がある。学生時代の山崎は、毎日のように米国大使館の近くを通っていた。山崎の心象にはこれらのことがあったのではないかと推測する。[22]

七　明治法律学校の寄宿舎に入る

山崎は、鈴木清次郎との共同生活から離れ、明治法律学校の寄宿舎に移り、『明治法学』の編輯、講義録の発行を手伝う。寄宿舎に入るきっかけは不明であるが、山田富太郎編纂『文官高等判事検事登用弁護士試験及第者答案集』（博文館　一九〇二年六月一日）が刊行・販売されたことに関連があると、筆者は推測する。この答案集には、山崎の模範答案が多数掲載されている。このことが、山崎と受験対応を図る学校とを結び付け、山崎が寄宿舎に入ったのだと考える。この答案集は、これまでの山崎研究には使われていないので、簡単に紹介する。

同書は凡例によれば「明治三四年挙行文官高等及判事検事登用弁護士試験及第者中成績優等ナル諸君ノ試験ニ提出セラレタル答案ノ寄送ヲ受ケ編輯セシモノ」とある。答案集は「文官高等試験之部」「判事検事登用試験之部」「弁護士試験之部」その各々に筆記試験、口述試験の答案が掲載されている。このうち山崎の答案は、判事検事登用試験之部（筆記試験）の一七論文のなかで八論文を占めている。弁護士試験之部（筆記試験）の一三論文のなかで九論文を占めている。両方の筆記試験の答案を合わせた三〇論文のうち一七論文、五三％が山崎の答案である。同窓の原田好郎（一九〇二年卒業）が、「其時（一九〇一年）の試験の答案は盛んに出版された。答案集に載つて居たが、（山崎の答案は）ドノ課目も僅か四行か五行しか書いていない。それでも充分要領を盡して見事パスしたのだから驚かされる[23]」と述べている。答案集の載った論文の数だけでなく、答案の様式・内容が際立っていたのである。

判事検事登用試験及第者の答案集は、これから受験する者にとっては頼りになる指針であり、必読の書ともいえる。また、付録として一八九七年から一九〇〇年までの判事検事試験、弁護士試験の過去の問題が載り、さらにそれぞれの試験規則が掲載されている。

この答案集が出されたのが六月一日である。数日後の六月二〇日に発行された『明治法学』第三八号には、一九〇二年の判事検事登用試験の実施日が九月四日からの五日間に、弁護士試験が九月二二日からの五日間となったことが掲載されている。両試験の試験日の発表が六月にあり、山崎の答案集が出たのも六月である。前年に、判事検事登用試験、弁護士試験に合格した山崎の模範答案は、多くの受験生に必読書として読まれたであろう。このような状況において、浪人中の山崎今朝弥に、学校がスカウトの声をかけたのではないかと、筆者は推測する。

おそらく、学校側は、六月ないし卒業生が寄宿舎から退出する七月頃に、山崎を学校の寄宿舎に住まわせ、講義録発行の手伝いだけではなく、判事検事登用試験、弁護士試験の受験生からの相談に預からせたのではないかと考えられる。ちなみに当時の寄宿舎は八畳敷きの室が約五〇室あり塾生二百人が収容できる[24]。「明治三五年五月現在で寄宿生一二四人、特別生一七人[25]」が入室していた。なお、「寄宿舎規則」の第一条に「本校寄宿舎ハ本校校友及ヒ学生ニ限リ入舎ヲ許ス但校友ハ十名ヲ限リトス」とあり、山崎は校友として入舎したのであろう。

判事検事登用試験における本学出身者の及第者・率をみてみよう。一九〇一年は全国八一人のうち本学出身者三一人（三八％）、同様に、一九〇二年は一三八人のうち六六人（四七％）、三六年は八〇人のうち四一人（五一％）となっている。同様に弁護士試験について及第者・率を出してみる。一九〇一年は全国六二人のうち本学出身者は二一人（三三％）、同様に、一九〇二年は八一人のうち三一人（五〇％）、一九〇三年は三一人のうち一一人（三三％）である。及第率は短期間の対応で大きく変わるとは考えられないが、山崎の卒業した一九〇一年と、山崎が相談に預かったと思われる一九〇二年とを比較すると、本学出身者の及第者率は、判事検事等登用試験は三八％から四七％へ、弁護士試験は三三％から五〇％へと上昇している。山崎効果と考えたいが確証はない。

講義録発行の手伝いについても考えてみたい。後述する山崎の送別演説会の一人として、鵜沢総明が登壇している。また、山崎が米国に出航する当日に、横浜に事務所がある鵜沢に挨拶にいっている。山崎と鵜沢との関連を調べるなかで、鵜沢の講義録の発行に関連することによる交流ではないかと推測した。そこで、鵜沢総明について取り上げたい。鵜沢は一九〇一年六月に明治法律学校の講師となった。同年七月に山崎は卒業したので、教師と学生の関連ではないであろう。鵜沢の講義録は、国立国会図書館デジタルコレクションによると、『法律辞解』（明治法律学校明治三六年度一学年講義録）、『法学通論』（同前）の二冊で、いずれも一学年の講義録である。明治三六年度の講義録とあり、山崎が講義録の発行を手伝った一九〇二（明治三五）年ではなく、一九〇三（明治三六）年に発行されたと思われた。しかし、明治法律学校『彙報』明治三五年八月（国立国会図書館デジタルコレクション）によれば、「（明治）三十六年度本校各学年講義録」について「来十月ヨリ発行スヘキ三十六年度（従来ノ称呼ノ順序ヨリスレハ三十五年度講義録ト称スヘキ筈ナレドモ都合ニヨリ三十六年度ト改称ス）[26]」とあり、鵜沢の二書は山崎が寄宿舎にいた一九〇二（明治三五）年に発行されたものであった。なお、この八月の『彙報』には鵜沢の『法律字書』の一書が挙げられているのであるが、実際には『法律辞解』（『法律字書』のタイトル変更か）と『法学通論』の二冊が出版された。この二冊の発行について、山崎が手伝ったのではないかと思われる。国立国会図書館デジタルコレクションのなかに、明治三六年度の講義録は、鵜沢のほかに一〇点刊行されているが、山崎が手伝ったかを調べる手掛かりがないので判然としない。

八　米国留学を前にしての送別会、送別演説会

山崎の留学について、『明治法学』第四七号（一九〇二年一一月）が「山崎氏の洋行」を載せている。「校友山崎今朝弥氏は、昨年判検事試験に及第し、司法官試補として、甲府区裁判所詰となり、後間もなく辞職して、本誌の編輯に助力され居りしが、今回愈々素志の如く洋行の事に決し、今月中旬頃出発米国に赴かるゝ筈、依て本校職員一同は、本月二日精養軒に於て、送別の宴を開きたり」。いよいよかねての願いどおり米国留学することになったと報じている。そして、同誌四八号（一九〇二年一一月）には山崎の留学計画について、「米国に三年、英国に三年留学し、

最後に独仏国に二年漫遊し、都合八年を経て帰朝さるべき予定なり」と記している。山崎は、米国留学について山田福三郎から情報を得ているが、その山田は米国で学位を得た後、英国・欧州大陸を歴遊している。山崎の留学計画は、山田福三郎の留学経験に基づいたものであることがうかがえる。

山崎は、渡米の二カ月後に『法律新聞』第一二二号（一九〇三年一月一九日）、第一二三号（同年同月二六日）の「漫録」欄に二回に亘り、在米国・赤毛布生の筆名で「渡米記」を掲載している。著者の赤毛布（アカゲット）とは、「明治時代の流行言葉で、田舎から団体を組んで、都見物に出かけてくる所謂お上りさんのことである。雑踏のなかでお互い同士を見失うことのないように目標として赤い毛布を身にまとっていたから、嘲笑的にかく呼ぶようになり[27]」、のちには西洋の習俗に慣れていない洋行者のこともこういった。「渡米記」の本文に明治法律学校の山崎の名があり、また内容からみても山崎今朝弥の書いたものであると判断した。「渡米記」は、おどけて、おかしみのある、冗談をまじえた文章で、渡米前の出来事・行動を書いている。以下では、この「渡米記」の記載によって留学前の山崎の様子を紹介する（引用にあたり、旧字は新字に置き換えた。原文の漢字にはすべてルビがあるが省略する。引用頁の記載も省略する）。

「渡米記」には、「赤毛布（山崎）が洋行するに就り（て）も知友諸君が送別会を開いて呉れたのも前後合計十一回、御馳走になりながら胸算をすれば、概略五百円一人で飲んだり喰たりしたと云ふ訳でもないが、此赤毛布の為めに大枚五百円とは勿体ないことではないか」と書いている。

送別会が一一回催されたというがどれくらいの人数が参加したのであろうか。送別会の規模が山崎の交友数、知名度を知る材料となる。些末なことのようであるが、全体の費用五百円が何人分に当たるかが手掛かりとなる。山崎が胸算用した五百円は、送別される側からの見積もりで、通例では低く捉えられた金額であり、また、苦学生であった山崎には金銭感覚が備わっていたと考えられるので、この五百円が妥当しているという前提で考える。金森通倫の『貯金のすすめ』（一九〇六年）に当時の送別会、歓迎会、懇親会等の費用について触れている。「どんな田舎で斯う云う会（送別会―引用者）の費用となれば必ず、一人前金五十銭や一円位はかゝる、都会などでは二円も三円もかゝる」[28]という。この山崎の送別会の一人前が一円ならば、参加者は五百人（一回あたり参加者は四五人位）、二円ならば二百五十人（同二三人位）となる。送別したのは、おそらく学生が多くいたであろうことを考慮し、三円での試算は除いた。いずれにしても、数百人が山崎を送別したということに驚かされる。このことは、山崎が、寄宿舎に住まい、機関誌『明治法学』の編輯、講義録発行の手伝いをしたということだけでは説明できない。渡米を送別する多くの（受験に関わる）人々との間に親しい交流が存在していたことを示唆している。

送別会について触れたが、送別演説会（一一月一五日）が開かれたことも紹介したい。

山崎は「送別宴会に代るに演説会、記念写真会を開く物品を送る、見送をすると云ふ方法をするが、其中で送別演説会程愉快で有益なものはあるまいと思ふ」とし、その模様を記している。

茲に渡米送別演説会の模様を少しく記せば、時は旧臘《きゅうろう》十一月十五日午後七時、開場（会場）は明治法律学校第一講堂、弁士は弁護士諸君拾余名小島弁護士が発起人と云ふことであつた、軈て定刻に会場へ行つた所が、立錐の余地もない程の聴衆で直ちに開会となり、第一席植田君が開会の報告を述べ女権の発達に就て取調て呉れろと注文され、第二席小島君が相槌を打て其れは良ろう、日本の山崎と云ふたら死んだもの迄知られる様になれと無理を云ひ、第三席牧野君が例の喰ひ付く様な声で廿世紀は天ぷらの浮世じやから克く鍍金《めっき》してこいと暗に学問の為めに勉強しろと注意する、第四席に木下君が嬌音朗々学閥を破壊しろと号令し、第五席は鵜澤君第六席は村上君第七席は西村君第八席は松本君第九席は安藤君第十席は例の呑気楼三昧の高松君其他諸君の雄弁を拝聴して、赤毛布万歳の歓呼に迎られて、徐に登壇し慎重の態度を以て蘇秦《そしん》、張儀の達弁を奮ひ縦横無尽に説き来り説き去り大喝采に将に堂を壊《やぶ》らんとする勢ひでなく漸くに弁じ了《おわ》りしは残念であつた、時に十時四十分無事平穏に散会、先づは目出度かりし。

送別演説会は明治法律学校の第一講堂（四百名収容）で開催された。山崎は「立錐の余地もない程の聴衆で直ちに開会」されたと書いている。送別演説会で注目したいのは、演説者についてである。演説者を特定できれば、山崎の人的関係を推定することが可能となる。

この送別演説会が行われた同日に、上野公園の精養軒で校友総会が開催され（五時に散会）、その来会者のなかに演説会の弁士と同じ姓の者がいる。『明治法学』第四八号に校友総会の記事があり、そのなかに校長の岸本辰雄を含めて講師二〇人、ほかに山崎今朝弥を含め一〇五人、合わせて一二五人の名がある。この来会者のなかに、送別講演会の講演者第一席から第一〇席と同じ姓をもつ一〇人がいた。来会者の掲載順に氏名を記載する。鵜沢総明、木下準一郎、西村新八、高松豊二郎、村上熊八、植田誠喬、牧野賤雄、松本豊、小島重太郎、安藤幾である。このことから、この一〇人が演説者であろうと推定した。

第一席　植田誠喬（実）一九九八年卒業、校舎取締、司法官試補。

第二席　小島重太郎　送別演説会の発起人。一八九〇年卒業、弁護士。校友会の校友評議員。岸本辰雄法律事務所において、明治法律学校長・岸本辰雄が弁護士界を退くまで執務。

第三席　牧野賤男（賤雄）一八九七年卒業、弁護士。卒業後、東京法学院（中央大学）高等研究科に学び、一八九七年に判事検事登用試験および弁護士試験に合格。

第四席　木下準一郎　一八九七年卒業、明治法律学校の英語科教師。『明治法学』第六七号（三七年二月八日）に「海外留学生派遣」として「商法研究の為米国へ三箇年」とある。

第五席　鵜沢総明　東京帝国大学法科大学一八九九年卒業。同年八月八日弁護士登録。神奈川県横浜市堺町一（当時）に鶏沢法律事務所開設。一九〇一年六月明治法律学校講師。

第六席　村上熊八　一八九九年、司法官試補（熊本区裁判所）となり、一年で職を辞し、弁護士となる。

第七席　西村新八　一八九三年卒業、辯護士試験及第（『官報』一九〇〇年一二月七日）。

第八席　松本豊　一九〇一年卒業、弁護士。一九〇一年の弁護士試験に山崎、安藤幾とともに及第。『明治法学』第四八号に、松本豊「敢テ大阪控訴院休暇部ニ質ス」がある。山崎の模範答案が掲載された、山田富太郎編纂『文官高等判事検事登用弁護士試験及第者答案集』の弁護士試験之部筆記試験の民事訴訟法、商法に松本豊の答案がある。『法律新聞』第一四六七号（一九一八年一〇年三〇日）に、松本（当時、岡山地方裁判所所属）と山崎が、岡山地方裁判所判決（公判始末書に裁判所書記の署名捺印を欠く）に対して上告し、大審院第三刑事部において原判決破棄し広島裁判所に移す（勝訴）との判例が掲載されている。

第九席　安藤幾　一九〇一年卒業、弁護士。一九〇一年の弁護士試験に、山崎、松本豊とともに及第。安藤は、卒業が一九〇二年七月で、その前年の一九〇一年一二月に弁護士試験に及第した。『改正日本弁護士名簿』（一九〇八年八月）の弁護士事務所欄に長野県上諏訪町出張とある（山崎は一九〇八年に上諏訪町で弁護士開業）。

第十席　高松豊治郎（豊次郎、豊二郎）　引用文中に「呑気楼三昧の高橋君」とある。「呑気楼三昧」は高橋豊治郎の芸名。一八九七年卒業。阪井弁『明治畸人伝』（内外出版協会、一九〇三年）に、宮武外骨、正岡子規等五〇人のなかの一人として名前がある。「呑気楼は福島の人、高松豊治郎は基本名なり明治法律学校に学ぶ不幸にして左腕を失う、滑稽の才あり夙に落語家三遊亭円遊と相識り、其冒頭談の材料を供すること多年、遂に断然落語革新、社会教育の目的を以つて寄席に出で、宴会の余興を以て職とす、其得意とする所、「金の狂人」「中訳倶楽部」等あり、今や天下の青年多く恋愛小説家を以て自任す、其素行の修まらざるのみならず衣食に汲々として至らざるもの莫し、三昧独り此の間に在つて、一生面を落語界にひらく」（八二～八三頁）。

送別演説会について、原田好郎（一九〇二年卒業）は、「学校の大講堂で君の渡米を送る会を開いたのはツイ此間のような気がするが、既に五十二年、半世紀以上の歳月が流れて居る」[29]と、山崎の思い出を一九五四年に書いている。

余談となるが、原田好郎は先に引用した文に続けて「其頃は君（山崎）も僕も若かつた。星亭が伊庭想太郎の為東京市役所に刺された時、学校から二六新報社の前へ飛んで行つた仲間に君も居たことを覚えている。明治三十四年六月のことでみんな星崇拝の青年ばかり、恰度《ちょうど》学校では試験の最中だつたが僕等は商法の答案を書き終るや否や、其儘《まま》駆け出したものなのなのだ」と書いている。後に山崎が一九一三（大正二）年に明治法律学校同窓の田坂貞雄、阿保浅次郎らの弁護士と、東京法律事務所を開いた場所は、京橋肴町の旧星亭の事務所であった。

九　米国留学へ出発

「渡米記」には、船はいつ出るか、船の切符をどうとるか、乗船前の荷物・身体の消毒をいつ、どのようにするのかなど、戸惑いながらも片付けてゆく様子が描かれている。

山崎が乗った日本郵船の米国行きの船は、門司〜神戸〜横浜を経て、カナダ・ヴィクトリア〜アメリカ・シアトルに向かう。乗船定員が決まっているので、神戸で乗船している人数が定員に満たなければ、その定員に満たない人数だけ横浜から乗船できることになる。そして、横浜では乗船可能な人数の切符が売られるようになっている。神戸着日から横浜発日まで五日間かかる。したがって、横浜の出港日から遡り五日前（神戸着日）にならないと船に乗り渡米できるかどうかはわからないのであった。日本郵船の米国航路の船舶は六隻ある。この六隻により、二週間に一回横浜から出航している。[30]

山崎は、出航手続き等について、当初は、郵船会社に電話や郵便で問い合わせたが、結局、横浜の汽船問屋（旅館と旅行業を兼ねる）広島屋に頼むことになる。通常は五日間横浜の汽船問屋に滞在するのだが、出港の前日の一七日に消毒する手筈を整えてもらった。荷物の消毒は、「大きな鉄鑵の中に容れて三十分間計り容れて蒸気で蒸すらしい」。身体の消毒の「人数は凡そ四十名西洋人二名印度人三名婦人三名日本男子上下三十名で外国人婦人日本男子と三つに別かれて消毒傍入浴した」。日本男子上下三十名の上下は、切符の上等、下等をいうのであろうか、不明である。

山崎は、消毒を済ましたのちに「山田ドクトルを相生町」に訪問して米国の事情談と晩餐とを頂戴した。山田ドクトルとは、米国留学した山田福三郎である。山田の事績は、『横浜成功名誉鑑』が詳しく紹介している。山崎はそのまま「横浜に滞留していれば良いが、友達も東京から立てと勧める自分も一夜も多く東京に寝て見度い」ので、「八時何分の列車で真黒の中を火入道が真赤になつて丈比べの競争を為す如く市街の景色に送られ乍ら態々東京迄帰つて色々の用事があつて寝たのは十二時頃」であった。

山崎は、翌日（一一月一八日、出航日）、ふたたび東京から横浜に向かうのであった。山崎の「渡米記」から出航前のあわただしい様子を描いた場面を引用する。

（一一月一八日）七時には友人に囲まれ乍ら明治法律学校の寄宿舎を出て八時に新橋へ着くと驚いた、何千人と云ふ人が雲霞の如く待つちよる、人間違いでは無いか知らんと魂消たも道理、此等の人達は皆各々の為に来たのであつて赤毛布の為にでわなかつた、之れを要するに当方が人間違であつた、最も赤毛布を見送つて呉れた人も雲霧中より精選して四十九名、実際一々芳名を列挙するに暇あらず。(中略)九時に横浜に着いて一休み、直に問屋の若い衆に案内されて加賀丸指してぞ進み行く。昨日消毒前何の滞りも無く切符を買置いたから今日の難関は水上警察のみじやとのことなれど、赤毛布等に取つては屁でもなく月給七弗半の官員様厳めしく訊問遊ばされたが、郵船会社の訊問と異い米国移民官の方へ廻らぬ、只契約移民で無い様に答へさえすればよい。と渡米案内にて秘訣を覚へたれば、口に任せて出放題を饒舌り散らし異議なく通過、昨日切符を買ふ際に仮令シヤトルに上陸しようが、桑港迄切符を買ひ置き不用となれば、シヤトルにて他人に売渡せば四弗や五弗は儲かる道理、シスコもシヤトルも同値で六十一円厘も引なし。(中略)船に乗つて見たら暗い狭い隅の棚の中に二人で巣ふ可しとの命令、間も無く十一時になると鈴を鳴して船客を甲板上に召集し、二列に並べて米国の医者が名丈けの健康診断をした。健康診断が済むと午後二時迄は自由が出来るから、名残に日本に上陸して見ようと見送人諸士と発議、茲に一決したから其所此所を浮浪つき終りに安藤弁護士と二人で鵜沢弁護士の事務所に行と話が長くなる、腹が空く洋食店へ行く注文品が出来る熊手の置き様が間違ふてボーイが運んで仕舞ふ、再び取り寄する鵜沢弁護士から毛唐に紹介して貰ふ時計が一時三十分になり、サー大変急がなくてはならぬ、腕車(人力車――引用者)三台で大急ぎに桟橋へ駆け付けた、すると丁度此時鈴は響く舵(艀)は昇る、見送人は降る船は将に動かんとすと云ふ時であつたから赤毛布を態々東京から見送つて呉れた十五人の諸君は、戦々慄々悄然として満身冷汗を出して鶴の如く首を長く延して待つて居た、赤毛布の顔を見るや否や松本弁護士は船より飛び降りて早く早く急がなくては船が出るではないかと心臓の鼓を動かして励まされたから一足走りで飛び乗りた、之れで諸君の菜の色も枯れて力無げに船を降る間も無く、笛が大声を発し円筒が黒煙を吐いて二町計り加賀丸が徐々と動き出した。

少し注釈を加えたい。新橋駅から横浜駅へは、当時の時刻表によれば五七分位かかる。山崎は、八時に新橋に着き、八時半に新橋発、九時に横浜着と書いているが間違ったのであろう。新橋とは旧汐留駅（貨物取扱）で、現在は史跡・旧新橋停車場。横浜駅とは現在の桜木町駅のことである。一八七二（明治五）年品川から横浜間を初めて汽車が開通したが、このときの横浜がいまの桜木町である。一九一四年に東海道線の起点東京駅が開業したときに、桜木町に改称した。

山崎は、出航までの二時間ほどを惜しみ、送別演説会の演説者・安藤弁護士（安藤幾）と二人で、鵜沢弁護士（鵜沢総明）の事務所に行き、歓談・食事ののち、急ぎ人力車で戻った。

桟橋では、東京から見送りに来ていた送別演説会の演説者・松本弁護士（松本豊）をはじめ一五人が、出帆に間に合うのかとやきもきするなか、ようやく戻ってきた山崎をせきたてて船に乗り込ませた。船名は日本郵船株式会社の加賀丸。一八九九年に北米航路が欧州航路とともに特定助成航路に指定されたのを機に、一九〇一年に進水した新造船。排水量は六三〇一トン、定員は一等三六名、二等一六名、三等一六八名。山崎は、三等の「暗い狭い隅の棚の中に二人で」居住し、アメリカのシアトルまで一七日間の船旅に出た。

片山潜の『続渡米案内』のなかで青年諸氏の質問に対し「渡米手続きの答案」で答えている。そこには「法律及び医学校は元来金儲けの為めの学校故に月謝免除を受くるは困難なり先づデンバーの法律学校位ひな者なり」(31)とある。私費留学の山崎にとって厳しい船出であった。

山崎の渡米記に沿って、ここまで書いてきたが、山崎は、何故、出航日を一一月一八日としたのであろうか疑問に思う。片山潜の『続渡米案内』によれば、米国に冬に到着するように出帆するは不可なり、学校に入学するには大概九月初旬なる故に八月末に到着するように出帆する必要があるという(六五頁)。学業のために渡米するなら、米国の教育制度・学年暦を勘案するのは当然であろう。そう考えると、山崎の留学・出航の時期は適切ではないということになる。山崎は、判事検事登用試験の及第者が発表される一一月一三日以降に渡米するということで、船の就航日を選び、一一月一八日になったのではないであろうか。弁護士試験の及第者の発表は一二月二〇日で、この時期以降に渡米をのばせば、出航は翌年一月となる。山崎は、判事検事登用試験の結果を待って渡米したのであろう。

山崎の渡航費用については追及しなかった。司法官試補を辞職し、東京へ出て鈴木清次郎と共同生活をし、英学校に通うときには、渡米費用を所持、または算段が付いていたと推測したからである。というのは、山崎が、東京へ出てから、また米国に渡ってから、さらに帰国してからのいずれにも、山崎の行動に規制をかけるような、なんらかの外圧があったという様子がみられないからである。山崎は、「留学生と云つてもカバン一つ貰っただけで[32]」あった、というように、学校での仕事が渡米費用を捻出するためであったとも考えられない。

一〇　山崎は司法官を目指したのか

青地晨は『野次馬列伝』（毎日新聞社、一九七一年）のなかで、「山崎今朝弥——権力を愚弄する」を書いている。山崎を「日本帝国の権力的な暗さ、非近代性、不合理、事大主義などに生理的な反発を感じ、むかつき、嘔吐をもよおした人間である。」そして、日本の帝国主義権力に対して、真正面から戦いを挑んだわけではなく、権力を翻弄し、愚弄するというやり方をとったという。このなかで、山崎が「判検事試験を受けたのは、弁護士が目的ではなく、やはり役人が目的であったとみなければならない」（六六頁）という。さらに、「明治の役人は国民の上に立つ治者で、国民は被治者であった」から、判検事試験に合格したということは立身出世の階段を確実に一歩登ったのである。そして、「山崎は司法官試補を短期間で辞職したが、官界への執着のなさが、つまり今朝弥流なのである」という。

森長森英三郎は『山崎今朝弥』で青地晨『野次馬列伝』のいうようであるかもしれないが、「明治法律学校と判検事試験、弁護士試験はトコロテンのようにつづいている。山崎はどちらともきめたわけではなく、ただそういうことになった、という程度の気持であったともとれる」（四三頁）という。

森長は明治法律学校に入れば「トコロテンのように」判事検事試験が続いているというが、判事検事登用試験に及第するのはトコロテンのように安直ではない。また、青地のいうように、役人が目的で、立身出世の階段を登るためとも考えられない。

今朝弥と同世代である一八七五（明治八）年生まれの民俗学者・柳田国男は、「学生生活と祭」（『定本柳田国男集』第一〇巻・日本の祭、筑摩書房、一九六九年）のなかで、農家の次男・三男で分家ができないものは村の店舗職業などに就き、一方では都会へと進出した（一六六頁）。「近年（『日本の祭』の原書は一九四二年刊）しばしば大学は職業教育では困るといふやうな批判を耳にしたやうだが、日本などは古い頃から、学問は全く一つの職業教育であつた」（一六三頁）。「私（柳田）などの大学時代までは、夜は人力車を曳いて居るといふ若者も確かに居た。牛乳新聞の配達は稀で無く、又人の家に寄食して僅かに通学の時間だけ與へられて居る者などは幾らでもあった。斯ういう青年が忍耐して学校さへ卒業してしまへば、好い地位を以て迎へられるといふ時代が明治年間には可なり永く続いて居たのである」（一六七頁）。

今朝弥は三男で家からは独立しなければならなかった。長男は家督を継ぎ、次男は後年に製糸業を興したが、今朝弥には家産を継ぐ道はなかった。高等小学校を卒業した後に、授業生になり、将来は教員となる算段もあったであろうが、片倉組に入り、この片倉組も辞した。この経過が、今朝弥が家業を継ぐ、ないし家業に協力するということにはならなかったことを示している。

山崎の司法官試補の辞任について、筆者は次のように考えている。

山崎が東京へ出て学問をしたのは自立し生計（経済の糧）を支える職・司法官につくためであった。学業に励み、優待生として授業料の免除を受け、授業外でも討論会に登壇して自己の知識を鍛錬するなど、判事検事登用試験に及第することを目指していたのは明らかである。また、司法官試補を辞職して、直ちに弁護士とならずに米国へ留学したことから、明治法律学校に入学した当初の目的が弁護士であったとは考えられない。

ところが山崎は、難関の試験を経て司法官試補となったが、これを数カ月で辞めた。この辞職は、「経済の糧」としての職（司法官試補）を辞めたということであろう。

一方山崎は、医学をやろうか法律をやろうかと考え、医学は金がかかるので法律をやることにしたというように、社会と関わりの深い、いわゆる人の役に立つ、社会のため（こころの糧）になる職につくことを目指していた。そして、司法官試補となったのであるが、山崎の性質（「僕は問題となり、問題を起こし、誤解を招くことを好むらしい[33]」）とは合わず、山崎の性質の故か、または裁判所の旧弊の故か、あるいは司法の問題（立法の基本がフランス法からドイツ法へと移行、これに対応した新民法、法令、商法の施行、司法現場での新旧の齟齬、司法官の法思想の葛藤など）なのかは明らかではないが、山崎は「こころの糧」を司法官に見出せず、辞めたのであろう。

山崎は、司法官試補を辞めるが、弁護士資格を得ているので、弁護士を開業すれば「経済の糧」を他に求める必要はない。自らの進路と「こころの糧」を新たに探究するため、米国に留学したのであろう。

❖注

(1)森長英三郎『山崎今朝弥』(紀伊國屋書店、一九七二年)三九頁。
(2)同右、四〇頁。
(3)明治法学会編『明治法学』創刊号、一八九九年九月、八八頁。
(4)一松定吉『風雪九十年　前篇』(東京書房、一九六一年)四九〜五〇頁。
(5)『明治大学百年史』第一巻資料編一(明治大学、一九八六年)四二六頁。「生徒調」は明治三三年から三四年まで掲載されている。
(6)河西善太郎「四十年前の明大」(『駿臺』創刊号、一九三九年一二月、一二八頁)河西は卒業した一九〇二年に弁護士試験及第。
(7)猪股淇清「明大在学の頃」(朝日新聞社編『往年の学風』朝日新聞社、一九四〇年)一八二頁。猪股は一九〇六年弁護士試験及第、後に明大教授。
(8)同右、一八五頁。
(9)「回顧座談会」における鵜沢總明の言葉(『駿臺』創刊号、明治大学校友会本部、一九三九年一二月、七八頁)。

(10) 猪股淇清、前掲、一八六〜一八八頁。
(11) 猪股淇清、前掲、一八八頁。
(12) 一松定吉『風雪九十年』東京書房、一九六三年）六〇〜六二頁。
(13) 山崎今朝弥『弁護士大安売』（「9　奇書と文献の案内」一（2）〔三一〇頁〜〕参照）九一〜九二頁。山崎今朝弥『地震・憲兵・火事・巡査』（「9　奇書と文献の案内」二（1）〔三二一頁〜〕参照）二六頁。
(14) 河西善太郎、前掲、一二八頁。
(15) 猪股淇清、前掲、一八三頁。
(16) 布施柑治『ある弁護士の生涯——布施辰治』（岩波書店、一九六三年）一三三頁。
(17) 北島良吉『法窓随筆』（東京書院、一九一六年一〇月）。北島は、明治法律学校明治一八九四年卒業。司法官試補、新潟区裁判所詰（『官報』一八九七年年一二月一〇日）。本書に「辞令を受けてから、普通十四日内に出発する内規」があると書いている（二頁）。
(18) 山崎今朝弥『弁護士大安売』（前掲書）九頁。山崎今朝弥『地震・憲兵・火事・巡査』（前掲書）二九頁。
(19) 天野郁夫は『試験の社会史』（東京大学出版会、一九八三年）二四八〜二四九頁。
(20)「訪問記第四二回　山崎今朝弥氏」（『自由と正義』第四巻第六号、一九五三年六月、二九頁）。
(21) 山崎今朝弥『弁護士大安売』（前掲書）六六〜六七頁。山崎今朝弥『地震・憲兵・火事・巡査』

（前掲書）三三頁。

(22) 今井五介については、河村望ほか編『片倉家・片倉製糸関係資料1』（東京都立大学人文学部社会学研究室、一九九〇年）七頁。米国大使館については、中村正也「明治三五年、渡米前の山崎今朝弥と明治法律学校――山崎の「渡米記」を中心に」（『大学史紀要』第二三号、二〇一七年三月、一二四～一二五頁）。

(23) 原田好郎「山崎今朝弥君を憶う」（『自由と正義』第五巻第一〇号、一九三四年一〇月、二六頁）

(24)「大学発祥の地」記念碑建立委員会編『明治大学の発祥』（明治大学、一九九五年三月）四四頁。

(25)『明治大学百年史』第三巻通史編一（明治大学、一九九二年）四一二頁。

(26)［明治大学講義録　彙報］明治三八年八月。国立国会図書館デジタルコレクション。

(27) マーク・トウェイン作（浜田政二郎訳）『赤毛布外遊記』（岩波書店、一九五一年）上巻三頁訳者序。浜田の解説は、「雑踏のなかでお互い同士を見失うことのないように目標として赤い毛布を身にまとっていた」と述べ、なぜ、赤毛布なのかが了解できるので引用した。

(28) 金森通倫『貯金のすすめ』（文明堂、明治三九年）五九頁。国立国会図書館デジタルコレクション。

(29) 原田好郎、前掲書、二六頁。

(30) 吉村大次郎『北米遊学案内――独立自給』（岡島書店、明治三六年一二月）。四四～四五頁に運航表がある。国立国会図書館デジタルコレクション。

(31) 片山潜『続渡米案内』（渡米協会、一九〇二年）五九頁。国立国会図書館デジタルコレクション。

(32)「訪問記第四二回　山崎今朝弥氏」（『自由と正義』第四巻第六号、一九五三年六月、三〇頁）。

(33) 山崎今朝弥『弁護士大安売』（前掲書）一五〜一六頁。山崎今朝弥『地震・憲兵・火事・巡査』（前掲書）二二三頁。

3　アメリカ時代——ダウンセラ大学とケロッグ博士

山崎今朝弥が横浜を出航したのが一九〇二（明治三五）年一一月、そして、一九〇七年二月に貨客船日本丸にて横浜に着いた。滞米期間は、ちょうど日露戦争期を含む四年と三カ月あまり、年齢でいえば満二五歳から二九歳にかけての時期にあたる。すでに判事検事登用試験と弁護士試験に合格、短期間ではあったが司法官試補を経験し、講義録の出版にかかわり、青春というには遅すぎるにしても、新しい旅立ちの時期であった。渡米のことについては、「訪問記（山崎今朝弥氏）」（『自由と正義』一九五三年六月号）で次のようにあっさりと述べている。「十一月にアメリカへ明治の留学生としてシヤトルに渡つた。留学生と云つてもカバン一つ貰つただけで、あちらでは皿洗いや医学校で看護夫をした。シヤトルからサンフランシスコへ行つたが、別に法律を勉強せず、アメリカは自由な所だから、そこで社会主義者と交際した。ダウンセラ大学で勉強したと云つたが、ダウンセラは地下室のことだ。そこで皿洗いさ。まア当時の渡米熱にうかされて何となくアメリカに行きたかつたのさ」と。「ダウンセラ大学」は、冒頭に掲載した「自伝」に記されていた「ベースメント・ユニバシチー」に同じである。私は「山崎今朝弥の修行時代(1)」のなかで、片山潜の渡米協会などが奨励した「渡米熱」以外に、明治大学校友の山田福三郎が博士の学位を得て帰朝して歓迎会が開催されたこと、成績優秀者に海外留学の制度を設け、第一号の海外留学生として浅野定太郎が選ばれるなど、明治大学内にも「渡米熱」があったことを指摘しておいた。先のインタヴューでも「明治の留学生として」という言葉が山崎により使われているように、私費留学であったにせよ、明治大学から送り出された留学生として将来を嘱望されての船出であったと考えられる。

一　明治大学校友会桑港支部

一九〇二(明治三五)年一一月一八日、加賀丸にてアメリカへと出発した後の山崎の足跡はよくわからない。先の『弁護士大安売』に掲載されている「自伝」には、「久しく海外に遊び、ベースメント・ユニバシチーを出で、欧米各国色々博士に任じ、特に米国伯爵を授けらる」とあるだけで、実際の生活ぶりは伝わってこない。同じ書物には貝塚渋六(堺利彦)の「山崎今朝弥君の死」という文章が掲載されているが、次のような説明をしている。まず、「ベースメント・ユニバシチー」について。堺はいう、「之は博識なる予もツイ気がつかずに居た事で、そんな大学もあるのかなアなど丶好い加減に見過して居たが、謂はれを聞けば何アんの事だ、是れ即ち彼が桑港あたりで皿洗いひ生活を送つた事を意味するのである」と。さらに「米国伯爵」とは何か。堺は解説する、「青島戦役の後、彼は其功に依つて大隈伯と同じく侯爵にならうかと思つたが、矢張りどうも伯爵の方が落付がいゝと考へて、ヤメにしたと云ふほど、それほど彼は伯爵が好きである。其頃予は彼に向つて、若し侯爵になるとすれば、どういふ手続でなるのかと聞いたれば、何アに訳はない、小生儀此度《このたび》侯爵に相成候といふ広告を新聞に出しさへすればそれで可《よ》いのだと答へた」と。「青島戦役」は、もちろん、第一次世界大戦の出来事で、だいぶん時代が下がってしまうが、要するに「伯爵」は「任じた」のであって、「任じられた」のではない(2)。それでも、よくアメリカ生活の内容が伝わってこない。

そこでまず、『明治法学』に掲載されている記事により山崎の消息を探っておきたい。渡米後、最初のニュースは、「在米校友消息」欄(『明治法学』第六八号、一九〇四年三月八日)に掲載されている山崎からの年賀状を兼ねた書簡である。全文はこうである、「基本金寄附を募集した事も、それが予想以上の好況を呈しつゝある事も、そして遂に完全なる大学組織になつた事も、他の後から真似て出来たので無い——当地の新聞紙すらそふ云ふ——事も、予科が新たに開校された事も。神田中学全部を購入して分校とした事も、皆総て承知し、我々も非常に喜んで居る、尚年と共に……と云ふて思ひ出した、謹賀新年、併せて我校が年と共に新に、益々《ますます》隆盛ならんことを祈る」と。住所は、「c/o 317 Mason St., Sanfrancisco, Cal.」とある。「Mason」通りは、現在でもケーブルカーが走っているようなサンフランシスコの中心にある通りである。アメリカ到着後、一年後の正月には、サンフランシスコの中心街にいたことが確認できる。前年の一九〇三年八月、明治法律学校は専門学校令により明治大学と改称、九月には予科が開講した。「当地の新聞紙」というのは、サンフランシスコで発行されていた『日米』や『新世界』のことであろう。さて、『明治法学』は、日露戦争中の第七六号(一九〇四年九月八日)より『明治学報』と改題された。その理由は、この月より法学部の他に、政学部、商学部を創設し、かつ経緯学堂を付設することになり、法学だけに限定する機関誌名を変更する必要があったということである。その『明治学報』第八二号(『明治法学』からの通号、一九〇五年一月八日)の「録事」欄には、「米国桑港支部」と題された次のような記事が掲載されている。「校友にして米国に留学する者近年頓《とみ》に増加し本誌の如き毎号殆んど其記事見ざるは無き程なるが、桑港及び同地附近に在る校友亦《また》随て増加せる」状態になっている。そこでサンフランシスコ・ベイエリアの校友たちが、校友会桑港支部を結成し、事務所をオークランドの小林政治方においたというのである。小林政治は石川県出身、『明治大学校友会名簿』(明治大学校友会、一九〇八年一二月、国立国会図書館デジタルコレクション)によれば、山崎と同じ一九〇一年七月に明治法律学校を卒業、翌年三月五日に明治大学からの「海外留学生」として渡航、四カ年の予定でアメリカ・ドイツに派遣され国際法を研究する予定になっていた。ちなみに、この年にはいま一人の「海外留学生」がいて、岡山県出身の木下準一郎という人物で、一八九八年に卒業、三カ年の予定でアメリカで商法の研究に携わることになっている。木下の出発は小林より少しだけ早い二月二四日であった。(3) サンフランシスコ支部の場所は、「627 San Padlo St, Oakland」である。そして、毎月第一と第三日曜日に集まり、「駿河台時代の大言壮語は夜に入りても尚止まず、隣りの独逸人や向ひの仏人も異口同音に『ジヤプはエライ』（因に、ジヤプは固より日本人に対する侮蔑の呼称なるも、日露開戦以来、此語は異様の意味を帯び来り、寧ろ敬意を含むの観あるこそおかしけれ）」という記事が掲載されている。さらに、渡米してくる校友に対して次のようなサービスを提供することも告知されている。「校友にして渡米せらるゝ向は、予《あらかじ》め其乗船日を小林まで通知し置けば、其着船期日に同氏若くば他の校友諸氏中にて必ず之を出迎へ種々便宜を謀らるべく」、また「本邦校友にして在米国校友に対し発送せらるゝ書信につき、本人の居所不明等の虞《おそれ》あるときは小林まで其旨付記して発送せば、同氏より更に再発送の便を謀らるべき旨」が小林氏から申し出があったと。小林政治も「苦学生」の一人で、後に東部の大学に入学することになるが、この記事を読むと、サンフランシスコを目指してやってくる卒業生が、それなりにいて、その受け入れについても校友会支部において世話をしていたということを知ることができる。

『明治学報』第八七号（一九〇五年五月八日）の「海外通信」欄、「桑港支部幹事某」なる署名の通信「桑港校友の近況及日本人排斥」は、『サンフランシスコ・クロニクル』紙が、日本人排斥を唱え、州議会が全会一致でそれを支持する状態にある。これに対して、日本人たちは、「各地在留の同胞演説会を起し、矯風を唱へ居《おり》候。何分同胞が同胞に語るに止まれは、白人に対し何等の痛痒を感ぜざる理由、其得る処厘毫も価値なきは予輩の保証する処にして、今少し其局に当るべき人を選択して、取るべき手段を講ずるこそ至当と乍蔭語り居候《かげながらかたりおりそうろう》」と伝えている。翌八八号（同年六月八日）の「米国桑港支部通信」は、四月二〇日安部磯雄の率いる早稲田大学野球部を、桑港支部として出迎えたこと、そして「同大学選手歓迎費」について、在米日本人協議会幹事より、校友会支部幹事である小林政治に相談があり、小林は早速、山崎今朝弥に対して校友に応分の寄付をするよう要請し、まとまり次第、支部の名称で寄付する予定であることが報告されている。また、少し興味深い記事としては、大野秋太郎(4)という人物が、早稲田野球部と同じ船でやってきたが、同氏は体重二四貫、身長六尺、容貌魁偉《かいい》、日本人離れをしているが明治法律学校で法律を修め、柔道三段、二七歳にして海軍と早稲田で柔道を教え、大日本武徳会の審判長になり、今回は「米国拳闘界と競技」をするためにやってきたというのである。ところが、山崎今朝弥、小林政治とともに同期卒業とのことで、「種々過去の歴史を語り時の移るを知らざりし」と、時間を忘れて話がはずんだことが記載されている。卒業生名簿をみると、山崎今朝弥は六番目で卒業したのに対して、小林政治と大野秋太郎は、ともに終わりから数えた方が早いような成績で卒業している。明治大学からの「海外留学生」は必ずしも卒業成績だけで選ばれたわけでもないようである。大野秋太郎は、後に山崎が創刊した『法律文学』の執筆者として登場する。

同号には、また四月三〇日付の桑港支部会員の氏名が記載されている。岩田常太郎、大塚善太郎、若山憲雄、田宮準一郎、江黒末次郎、浅野定太郎、木下準一郎、山崎今朝弥、小林政治、間野正雄、吉岡賢秀、辻守太郎、秋山八十右衛門、世良一貫、小野秋太郎、池辺平作の一六名については住所が分かっているものとして紹介されている。他に、藤野重次郎以下、一六名が住所不明として掲げられている。このうち、昨年四月に来訪した秋山八十右衛門は病気のため帰朝することになり、その「業務」を今年の四月に来訪した世良一貫が継いでいることが報告されている。当然のことではあるが、山崎今朝弥も、渡米後はサンフランシスコの日系人コミュニティのなかで生活し、とりわけ明治大学サンフランシスコ支部という三〇名を超える人間関係のなかで、仕事をみつけ助け合いながら「苦学生」としての生活を過ごしたのではないかと思われる。

もう少し、『明治学報』記事を紹介すれば、第八九号（一九〇五年七月八日）には校友会支部幹事である小林政治の「米国近事」が「海外通信」欄に掲載されている。五月末における日露戦争における日本海海戦での日本の勝利についての、サンフランシスコ現地での報告である。「快報入電の時刻は、恰《あたか》も日曜日午前十時過きに候へは、内外新報とも大々的活字を以て号外を発し申候、其後今日に及ふ迄一として新興日本の文明を賞讃せさるもの無之《これなく》候、今桑港に於ける三大新聞の所論を転載せは」云々というような、日本の勝利に興奮する内容になっている。遠く日本を離れて暮らしている渡米学生たちには、アメリカでの苦労が、それだけ愛国心を駆り立てたる要因になったのであろう。『明治法学』（第九三号・九月八日）には、ベルリン滞在中の「法学士」石坂音四郎からのドイツ便りが掲載されている。石坂音四郎（一八七七〜一九一七）は、明治大学の校友ではなく、熊本県出身、一九〇二年に東京帝国大学独法科を首席で卒業、翌年には京都帝国大学の助教授となり、三年間民法研究のためドイツ・フランスに留学した。帰国後の一九〇七年教授に昇格、翌年に法学博士となり一九一五年に東京帝国大学に転身した。ドイツ民法研究の権威となったが満三九歳で死去、『日本民法債権篇』(全五巻)、『民法研究』(全三巻)、『債権法大綱』などの著書を遺している。石坂の通信の内容は、「伯林大学(ベルリン大学)」における講義科目、教員、授業方法などを詳しく報告したものであるが、明治大学の学生や教職員、あるいは教育や研究においても、日露戦争を契機として国際化がすすみ、国際的な学術情報が必要とされてきたということの証拠であろう。

同号にはまた、小林政治の「杉村公使及諸校友」と題された通信も掲載されている。「杉村公使」といわれているのは、杉村虎一のことである。杉村は一八四七(安政四)年、加賀国生まれ、岸本辰雄らと同じく司法省法学校出身、創立期の明治法律学校で教鞭をとったが、外務省に転出、一九〇二年一二月メキシコ兼ペルー駐在弁理公使に就任、翌年一〇月には特命全権公使に昇格した。「今回其筋へ国書捧呈の為め御赴任の途次」にサンフランシスコに立ち寄り、船便を待つために対岸の大学町バークレーに滞在、歓迎会が催されたのである。杉村を囲んだサンフランシスコ校友会の歓迎会は公使の滞在先で行われたが、出席者は、間野、安元、山崎、山本、世良、田宮、糸永、小林というメンバーであったと報告されている。山崎今朝弥もしっかりと出席している。先の支部会員には掲載されていないメンバーは、安元、山本、糸永の三名である。このうち安元については、別に紹介がされている。それによると、安元実徳は、数年前に渡米し、ということは山崎とほぼ同じ時期ということになるが、以来、「専心貯蓄に志し、幾多の困難に遭遇しても而も克己精励」して怠ることなく、バークレーに旅館（Japanese Berkeley Hotel）を開業したということである。「ヂュラン街（Durant Ave.）2113」と紹介されているので、カリフォルニア大学バークレー校のすぐ東隣にあったことになる。「此地もと天然の風景に富み背面一条の禿山、処々に緑松、老樫繁茂し、前面桑港湾を抱きて遥かに極東の天を望み、四季気温温暖にして空気清浄、人家稠密《ちゅうみつ》ならずして、市人朴訥《ぼくとつ》、工業市場にあらざるを以て黒烟焦天の憂なく、真に自然の佳境たる」ところであり、サンフランシスコに仕事場を持つ人たちが毎年、ここに移住してきている。そして、安元が「内外人のために」この地にホテルを経営することは先見の明がある、と誉めている。そして、以後、明治大学校友会支部もここに移すことになった。これは、後にみるように小林政治がサンフランシスコを離れることになっていたからである。また、サクラメントで英語の勉強をしていた若山憲雄（芥材）は、日米新聞社に入社することになり、新世界社にいる大塚善太郎とともに、この地の代表的な日系人コミュニティ・ペーパーの記者二人を校友からだすことになった旨の告知もなされている。先の『明治大学校友会名簿』（一九〇八年版）によれば、若山憲雄は岐阜県出身で一九〇二年に卒業とあるが、一九〇七年に亡くなっている。大塚善太郎は埼玉県出身、一九〇〇年七月に卒業、新世界記者として活躍する。なお、杉村公使は、ペルーに九月二〇日に到着、国書を無事に捧呈し、一一月下旬に再びサンフランシスコに帰ってくる予定であることが報じられている（『明治学報』第九五号、一九〇五年一一月八日）。

さて、校友会サンフランシスコ支部の出入りも活発である。同じ第九五号には、支部幹事であった小林政治がボストンのタフト大学に入学することになって、サンフランシスコを離れたことが記載されている。その送別会が九月一七日、「デーポンド街」の「千代志」においておこなわれた。校友からは、山崎今朝弥、大塚善太郎、田宮準一郎、林貞次郎、若山憲雄が出席した。その他、新聞記者、実業家、貿易商、医師などサンフランシスコ日本人コミュニティの「紳士」十数名が参加したということである。なお、幹事の後任には、日米新聞記者、若山憲雄に決まった。『明治学報』第九九号（一九〇六年二月八日）には「桑港市法と日本人」と題された記事が掲載されている。これは、近年制定されたサンフランシスコ市法によれば、アメリカ市民権をもっていないすべての外国人に対して、レストランにおいては料理とともに提供する酒類の販売を禁止することになったという内容である。ドイツ人やフランス人にとっては大きな影響があるとする一方で、日本人に対しては、「日本人にして日本人に売却するものは此の限りにあらず」の但し書きがあることを紹介している。しかし、これまで日本人で酒店開業を許されたものはなく、この但し書きは日本人には影響はないと報告している。第百号（一九〇六年三月八日）には、一月一〇日発、若山憲雄の「在米校友及日本人」と題された通信が「海外通信」欄に掲載されている。この記事により、一九〇六年正月、山崎からすれば四回目の正月をどのように過ごしていたかを垣間見ることができる。時は一月二日午後六時、ストックトン街にあった帝国ホテルにおいて校友による新年宴会が開催されている。もちろん、山崎今朝弥も出席した。報告はいう、「吾等桑港支部員一同は、此北米富源の地に於て、今上陛下の優渥《ゆうあく》なる聖恩の庇蔭を荷ふ、豈《あに》誰か感戴せざるものあらんや、部員此歓天地喜の椒觥《しょうこう》を挙げん為め、西暦一千九百〇六年一月二日午後六時を期し、スタクトン街帝国ホテルに於て新年宴会を開く、幹事主催の下に大に歓楽を極め、陛下の万歳を三唱し奉り、併せて桑港支部万歳と共に永く此の洪恩徳沢を海外に浴せんことを祈りて帰る、時は既に午後十二時を過ぐ」と。六時から十二時過ぎまで宴会をおこなっていたということであるから、「大に歓楽を極め」たことは間違いない。「天皇陛下万歳」三唱などに山崎らが、どれだけ真剣であったかは推測する他ないが、愛国心にあふれた会合であったことの雰囲気は伝わってくる。出席者は、岩田常太郎、大塚善太郎、若山憲雄、田宮準一郎、林貞次郎、山崎今朝弥、山本周吉、世良一貫、安元実徳、久富保一、下瀬孝の一一名であった。このような大学支部会は、早稲田、慶応、中央大学などの出身者のあいだにもあったらしく、明治大学サンフランシスコ支部はそれらに遜色なく、毎年、春秋に二回の総会を開催しているとのことである。なお、サンフランシスコ支部会則などは制定せず、明治大学校友会会則に準じることとし、「常に在米校友全体の利害休戚を繋《つな》いで緩急其宜《よろ》きに処することに決議」したとの活動方針も確認されている。このように、支部会は、相互扶助的、懇親会的な性格が強かったと考えられるが、公式的には、「我在留幾万の同胞に対し、『権利伸張』『体面維持』『福利増進』等に関し、移民発展（留学生も含む）の実を収めんと欲し、諸般の事項を提げ、此が擁護の為討議考究すること」と謳っている。一八九九（明治三二）年に定められた明治法律学校の「校友規則」によれば、校友は、「名誉校員並びに講師」「本校を卒業したる者」「本校の承認を経たる者」の三者から成り（第一条)、第三条により次のような三つの「特権」が与えられていた。すなわち、「随意聴講ヲ為スコト」「法律、行政、又ハ経済ニ関スル学理上ノ質問ヲ為スコト」「本校出版ノ書籍ハ実費ヲ以テ頒与ヲ受クルコト」である。そして、校友会には建議権があり、「校友ハ本校ヲ翼賛シ校友会ノ決議ヲ経《へ》、其名義ヲ以テ本校ニ対シ建議ヲ為スコトヲ得」(第四条)と規定されていた。その校友会には別に「校友会規則」があり、「明治法律学校ヲ翼賛《よくさん》シ会員相互ノ親交ヲ図ル」ことを目的として設置され(第三条)、学校内に置かれ、理事五名、評議員三〇名により運営された(第四条、第六条)。支部については、「便宜各地方」に設置することが認められていて、「明治法律学校々友会(地名)支部」と名乗ることが義務付けられていた(第五条)。そして、各支部におかれた幹事若干名が、支部会に関する諸般の事務処理をおこなうことになっていた(第六条、第一〇条)。また、支部に関する規定は「本則ニ基キ支部ニ於テ議決シ理事ノ承認ヲ経ベシ」(第一四条)と定められていたので、先の報告にあったような「会則」を定めるかどうかというような議論があったのであろう。(5)

同じ若山の通信のなかには、山崎に関する次のような情報もある。これは「校友上陸」と題された文章で、全文を引用する、「元弁護士岩瀬孝氏は客臘《かくろう》無事上陸す、校友山崎今朝弥氏支部代表者として、桑港埠頭に氏を迎え、当夜小川亭に於て歓迎会を開催し、朋《とも》遠方より来る、亦楽しからず哉《や》と、酒を酌みて大に歌ふ、校友の親愛益々湧くが如し、因《ちなみ》に記す、当夜、校友田宮氏の日米雑種児どゞ逸《いつ》及び山崎氏のダンシングなどは頗る滑稽にして天晴の余興たりと云ふべし」と。

これによると、山崎は校友支部会のなかで、それなりに楽しくやっていたことを窺わせる。校友の職業についても紹介がなされていて、「純粋な留学生」「労働受〔請〕負業者」「新聞記者」「会社員」「学事余暇家内労働者」と分類されている。山崎が、どの分類に入るかははっきりしないが、おそらく、最後の「学事余暇家内労働者」でなかったかと推測される。また、次のような「版権条約」をめぐる記事も掲載されている。それによると、日米間に締結された版権条約は、日本人の版権を保障するものであるが、実際には「日本字を読まざる米人」に有利で、「英字を解する日本人」にとっては不利になっている。そして、その一例として、「我桑港支部の校友某」としか記していないが、「一昨年来彼れの版権を得んと欲し、東奔西走、而も之をえざりしことありたればなり」ということを紹介している。そして、若山は、「若しカリフオルニヤ州庁にして、果して日本人を目して市民権無しと称し、将来版権を付与せざることあらん乎、日米版権条約締結後の在留同胞は、版権を加州に求めす共《とも》、之を日本政府に求むるを以て得策とすべきなり」と主張している。ここでの、「校友某」を山崎と断定することはできないが、森長英三郎の著書には、長男、堅吉の回想として、「法律を勉強しながら、英語の辞書を編さんするために沢山の原稿ができていたが、サンフランシスコの大震災で、みんな焼いてしまった」ということが紹介されている。また別に、「法曹の片影」(『法律新聞』一九〇九年九月二五日号)には、愛読書として、「桑港の大火で焼失した時迄は第一条より千百四十六条迄悉《ことごと》く暗記した正価金十五銭の民法正文」云々と答えている。これらから推測すれば、「英語の辞書」というよりは、民法典の英語訳をつくり、出版しようとしていたのではないか、とも考えられる。もっとも、これは推測の推測である。

『明治学報』第一〇一号（一九〇六年四月八日）に「日本人と米国大学」、第一〇二号（同年五月八日）に「エール大学と時事問題」が掲載されている。いずれも杉井説造が執筆したものである。一九〇八年版『明治大学校友会名簿』には、広島県出身で一九〇三年七月に卒業とある。この時の杉井の肩書きは「在エール大学法科大学院」、また「合名会社杉井組代表社員弁護士」となっている。第九六号（一九〇五年一二月八日）に掲載されている「新渡米観」によれば、この時点でエール大学大学院に一年在籍しているということである。まず、「新渡米観」から紹介すれば、アメリカの大学に留学する場合に注意すべき点を紹介している。第一には会話のこと、第二には携帯荷物のこと、これらについては具体的に触れていて興味深いのであるが省略する。そして、第三の修学地についてであるが、杉井は、法律学、政治学や経済学を勉強しようとする者は東部に行くべきであると勧告する。要するに、東部にはいい大学があるということである。そして、エール大学とハーバード大学の一学年から三学年までの「法科」のカリキュラムを紹介している。第四には入学資格について、試験が原則であるが、「ＬＬＢ（Bachelor of Laws）」または「ＢＣＬ（Bachelor of Civil Law）」、すなわち法学士の称号を持つものは大学院に無試験で入学することができるから、「吾々は非常に便宜なり」とコメントしている。ただし、校長の証明書が必要であると付け加えている。第五には、学費について言及する。エール大学の場合、月謝一五〇ドル、食費一七五ドル、室料と電気代、ストーブ代で一二〇ドル、洗濯代二五ドル、合計四七〇ドルになる。ところが、これは授業が開かれている九カ月分の費用で、一年分となれば六〇〇ドルから七〇〇ドルくらいになる。寄宿生の場合がこれで、外泊下宿者の場合、下宿代は一週間九ドルが相場であり、普通の生活をしようとすれば一年間に一千ドルを要することになる。もっとも、「経済的生活」をする方法もあるので、それは後日紹介しようといっている。

いま、同じエール大学で学んだ片山潜の『学生渡米案内』[6]を参照して、この金額がどの程度のものであるかを確認しておきたい。たとえば、ハウスワーク（家事労働）の場合、一週間での賃金は通常で五ドル、八、九ドル稼ぐためには余程苦労をしなければならないとある。ハウスワークから洗濯業になれば、月、三五ドルから四〇ドルを稼ぐことができるけれど、労働がきつく一〇人に一人も勤まらない状況とのことである。また、これもハウスワークである程度覚えて、それからホテルなどで見習いとなりコックとなれば、給料は、食事付きで月二五ドルから八〇ドル、熟練すれば、一二〇から一三〇ドルを稼ぐことができる、とある。このような数字を知ると、杉井のいう、エール大学での寄宿生活費が六〇〇ドルから七〇〇ドルという金額は、かなり大きな数字にみえる。ついでにいえば、大学での専攻について、片山潜は、政治学、経済学あるいは文学を希望するものが多いが、学位をとって帰国してもあまり役に立たないという。とりわけ法律学は、弁護士などの資格をとるためには、帰国後に国内試験を受けなければならないから、明治法律学校などの私立学校で勉強した方が「便利」であるといっている。それならば、何を学ぶのがよいかといえば、まずは医学を学んで医者になることを片山は薦めている。その他では、農学のような科学技術に関する学問を学べば、日本に帰っても通用するから、この方面に修学することがよいとしている。杉井や山崎の場合は、すでに弁護士としての資格を明治法律学校に学んで取得しているので、アメリカでの勉強の仕方も自然と違ったものになったのであろう。

さて、杉井の「日本人と米国大学」にかえれば、先の「新渡米観」の最後に言及していた「経済的生活」について述べている。ここでは、エール大学に通学する「苦学生」の「自活方法」を例にとる。まず、日本では、高官や弁護士、大学教授になれば、食客や事務員を置くことが多いが、アメリカにはそんな風習がないことを頭に入れておく必要があると指摘する。したがって、「苦学生」は、「富家」「旅館」「学生会食所」において「ウェイター」として働くものが多い。「此職業は最も容易にして且時間を要せす、食事前後一時間半も勤労すれは足る」としている。しかし、これはでは収入の補助にすぎず自活はできない。それで、夏季休業の三カ月間に労働して新学期の学資にする必要がある。ニューヨークのハドソン川の「遊船」で働くもの、料理人、給仕人、避暑地での「玉転ばしの番人」となるもの、それぞれの仕事をする。しかし、杉井は、「最も善良にして強固なる方法」としては、渡米の一～二年間はアメリカ西部で「専心勤労」して、貯蓄をして東部の大学に入るのがよいとする。なぜならば、西部海岸には「勤労の便」が多く、かつ賃金は高いので貯蓄ができやすい、また生活費も東部の半額くらいですむ。意志を強固にもつことであり、「魔窟《まくつ》」の誘惑に打ち勝たなければならないとしている。そして、エール大学の現況を報告する。それによれば、一九〇五年末の学生総数は三八一八人で、留学生はわずか八七人、日本人留学生は、カナダからの学生と並んで一番多く二五人という状況である。その多くは「経済科」に在籍している。かつて校友会サンフランシスコ支部にいた木下準一郎もエール大学で経済科大学院に在籍していると報告している。さて、「法科」は、一七〇一年の創立当初から存在し、現在の学生数は二七九人、うち大学院生は一四人である。日本人は二人で、いずれも大学院に所属しているが、一人は学校には登校していない。「本科（学部）」の学生は、一日平均四時間から五時間の講義を受けなければならない。大学院の方は、一週一二時間以上、一五時間までの研究活動をしなければならない。そして、授業は「筆記」する授業方法ではなく、「質疑体」でおこなわれている、つまり、一方的に教授が口述して学生がノートをとるというような方法ではなく、質疑応答形式でおこなわれていると紹介している。

続く「エール大学と時事問題」では卒業論文について言及している。論文は、問題八題のなかから一題を選択して提出するのであるが、いずれも「時事重要問題」を課している。たとえば、「ポーツマスの平和を論す」や「支那人排斥行為を論す」という課題である。杉井は、アメリカの大学においては、「活きたるこの種の問題」を取り上げ、理論を活用するところに素晴しさがあるとして紹介しているのであるが、同時に、この排斥問題について言及してアメリカ人の態度を批判している。杉井によれば、アメリカ人が中国人を排斥する理由は、「耶蘇《やそ》教に非《あらざ》る東洋人は下等なり」という観念からきているもので、同じ東洋人である日本人が傍観してはならない問題である。現に、カリフォルニア州では、同じ理由で、日本人と朝鮮人に対する排斥がおこなわれているではないか。東洋人はアメリカ市民権を得ることができず、従って帰化権もあたえられていない。「実に吾人は米国に於て帰化権、市民権なき動物」である。「米国果して文明の教義に則《のっと》れるものと云ふへき乎」と。この時期、これまでも紹介してきたように、カリフォルニア州における日本人排斥の問題は、在米の日本人にとっては大きな問題であった。中国人が排斥された後、あらたに西海岸にやってきた日本人労働者たちが、低賃金で労働することによって、アメリカ人労働者たちの雇用をおびやかしている。あるいは、英語も話せず、同胞が集まって生活することによってアメリカ生活に「同化」できない国民として、日本人を排斥する動きが西海岸において顕著になってきたのである。最後に杉井は、「法科大学生の集会結社」について報告している。杉井は、学生が政治に関心を寄せて集会を開たり、結社をつくることを禁じている日本の現状を批判する。そして、エール大学には、いくつかの学生団体が公認されていて、会員の親睦をはかる以上に、「国家公論」を発表する機関として機能している。なかには、「秘密協会」という団体もあり、これは大学が公認しているばかりではなくて、「国家官権」も認可しているような団体で、「治外法権」をもって議論が外部に漏れないようにして議論をしている団体もある。さらに、学問を公表する自由の重要さも説いている。杉井はいう、「法律学者は人道正義を基礎とせる文明各国の国際先例に鑒《かんが》みて、自己の研究したる意見を公表し、論難するの自由を有するや言を俟《ま》たす、而して其の偶々時の政治に反対し若くは一致せさる事あるは洵《まこと》に已《や》むを得さる事に属す。一歩進んで悪政を攻撃非難して善政に復帰せしむる事を勉むるは、寧《むし》ろ斯道研究の主要目的にして学問を活用するものなり」と。言論の自由、学問の自由というものは、当時の日本では十分に保障されたものではなかった。大学における研究と言論の自由さ、と同時にアジア人に対する排斥、杉井が経験したものを、山崎今朝弥はサンフランシスコにいて、より直接的に感じていたことであろう。さて、杉井のその後についてはよくわからない。一九〇九年版『明治大学校友会名簿』には、帝国帆船保険会社専務取締役との肩書が記されているので、学者の道へは進まなかったのであろう。

二　サンフランシスコ大地震

一九〇六(明治三九)年四月一八日、早朝五時一三分、マグニチュード七・八の大地震がサンフランシスコを襲った。震源はサンフランシスコ近郊を通るサンアンドレアス断層にあった。サンフランシスコ市内では、耐震強度を備えていない建物の多くが倒壊し、とりわけマーケット通りの南側では液状化により家屋が崩壊し何百人、おそらくは何千人もが死亡した。少なくても五〇カ所で火の手があがり、水道管が破裂したために十分な消化活動ができず、軍がダイナマイトを用いて建物を爆破して延焼を防ごうとしたが、火災は四日間にわたって燃え続けた。当時のサンフランシスコ市の人口は約四〇万人、死者は公式には約五〇〇人とされているが、その後の研

図1　炎上するサンフランシスコ市街
出所：Joyce Jansen, *San Francisco's Cable Cars : Riding the Rope Thorough Past and Present,* woodford Press, San Francisco, 1999, p.77.

究では三〇〇〇人以上、家を失った人は二二万五〇〇〇人にのぼったといわれる。被害総額は当時のお金で五億ドルと計算されている。サンフランシスコ大地震は、天災であるばかりでなく、タイタニック号の沈没がそうであるように、一九世紀以来、ゴールド・ラッシュで栄えた美しい町を一瞬にして廃墟と化した、文化的・歴史的な事件でもあった。

当時、サンフランシスコにいて山崎とも面識のあった幸徳秋水は、四月二一日付けの手紙で次の様に報告している。「大火延焼三昼夜にして止まず、桑港の目貫《めぬき》の場所なるマーケット・ストリートを中心として市街の大部分は全く焦土に帰せり」「家を失ふて野外に宿する者、三十万と号せり、全市余《あま》す所の食物は官府の為めに徴発されて私に買ふことを得ず」「市中電燈なく、瓦斯《ガス》なく、且つ室内に一切の燈火及び燃火を禁ず、夜間は暗中に在らざる可らず、戒厳令は布かれて若し室内に火を用ゆる者あれば、直ちに兵士に射殺されんとす、明巣《あきす》覗ひ、カツパライ、火事場泥棒の殺さるゝ者算《さん》なし」と。幸徳は、このような惨状のただなかにあって、「火よ、快なる哉、彼の向ふ所、神なく、富なく、何等の権力なし」として、「無政府共産」社会の実現を頭に描くのであるが、それは少し別の夢のことになる。(7) 火災により焦土と化した地域は、マーケット通りとヴァンネス街に挟まれた三角地帯とマーケット通りの南の地域、シティホールから金融地区まで、文字通りサンフランシスコの中心部を壊滅させた。山崎今朝弥の住所として示されていたメイソン通りも、この地域のなかにあった。先に引用した、『法律新聞』の「愛読書」アンケートに対する回答に「民法正文」をあげ、「桑港の大火で焼失した」とコメントしていたように、山崎は大地震で焼き出されて住居を失った。そのことについてはまた後で触れるとして、『明治学報』(第一〇三号、一九〇六年六月八日)には、「桑港震災と校友」と題された告知が掲載されている。「米国桑港に於ける過般の大震災に付、同地在住校友諸氏の安否如何は何人も深く気遣へる所なりしが、同桑日米新聞社の若山芥山氏より記者に寄せし近信には、震後の惨状を写せし数葉の絵葉書に其惨状を略述して偖曰《さて》く、校友皆々無事!!! 併し荷物はゼロ!!!」と。たぶん、仕事の関係もあり、ダウンタウンに住むことが多かった校友たちは、皆々火災で焼き出されてしまっていた。秋になって、第一〇七号(一〇月八日)には、火災の影響で、支部を帝国領事館(1274 O'Farrell St.)に転居することが告げられている。と同時に、山崎今朝弥の動向について「修学のためシンシナチに」向かったこと、また、田宮準一郎もワシントン州へ修学のため向かったことを報じている。シンシナティは、シカゴの東南、オハイオ州南西端に位置し、ケンタッキー州との州境になっているオハイオ川に面する都市である。ついで『明治学報』は、第一〇八号（一一月八日）で「桑港の排日事件」、年が明けて、第一一〇号（一九〇七年二月八日）で「米国排日問題の其後」を掲載し、サンフランシスコ市教育局が日本人学童を公立小学校から排除する方針を出したことの経緯と日本人たちの抗議の様子について掲載している。第一一四号（同年五月八日）には桑港支部からの通信として、「山崎帰朝」のニュースを掲載している。「支部員弁護士山崎今朝弥氏は久しく当米国に在りて、法律政治経済等の研究中なりしが業成りて、去る二月二十六日横浜着の日本丸に塔し、帰朝せられたり」と。そして、日米新聞記者の若山憲雄も病気静養のため帰朝、支部幹事は上林貞次郎が就任することになった旨を伝えている。サンフランシスコの校友たちの出入りにも激しいものがある。

さて、大地震前後の山崎今朝弥の消息について伝えるものは少ない。S.Horie（堀江）から山崎宛の英文の手紙が数通だけ残されている。堀江はミシガン大学の便箋を使用し、証拠法などを勉強しているので、おそらく五大湖地域、デトロイトの西アナーバーにある名門ミシガン大学で法律を学んでいた山崎の友人であったと考えられる。一通は震災前の三月一二日付のもので、今月五日付の山崎からの長い手紙を受け取ったこと、病気が良くなって安心していること、山崎が少女に夢中になっていること（your indulgence in the sweetness of the girl）などについて言及している。また、追伸ではパーカー夫人の君への気持ちがどうなのか非常に関心がある、などと思わせぶりなことを書いている。次の手紙は、震災直前の四月一五日付で、こちらに来る決心はできたのか、大学入学（matriculation）の件についての決心を早く聞きたい、というような文章があるので、堀江はミシガン大学に来るように催促していたものと推測できる。そして、震災直後の一九日付で無事の手紙を山崎が出した返事が、その二二日付の来信として残されている。また、六月一二日付の手紙には、日本では英語が話せる法曹の必要性が緊急にたかまっているので、どんなにお金がかかっても大学の授業をとるように薦めている。ただ、封書の宛先からすれば、この時、山崎はシンシナティのP・F・パーカー宅にいたことになっている。シンシナティから直線距離にして北に四〇〇km足らずのところにミシガン大学はあった。

震災時の山崎の消息を知ることのできる、五月二一日付、パーカー夫人と山崎に宛てられた差出人不明のもう一通の手紙が残されている。宛先の住所は「961 Clay St. Oakland」となっているので、山崎は震災後、パーカー夫人とオークランドに避難していたものと推測できる。そして、六月上旬にはシンシナティに行ったことになる。内容は、葉書で無事を知って嬉しいということ、パーカー氏も二人に会えば喜ぶであろうこと、パーカー夫人も最愛の人（the dearest）の傍で安心であろうこと、それでもパーカー氏は二人に会うまでは不安でいること、などが述べられている。また、パーカー夫人に会えなくて寂しいが、それはあなたの親切なふるまい（care）に頼っていた兄弟たち（brothers）にとってもそうであるといっている。それから、山崎に呼びかけて、

「山崎さん、あなたは素晴らしかった市の悲惨さについて、また広場や公園の避難民たちの苦しみについて、あるいは家を失った人たちの魂について心を痛めている多くの人々と出会うことになるでしょう。ここに、あなたの責任義務があるのです。あなたは幸運にも、愛する先生、友人と東部へと行くことになるでしょう。しかし、戒厳令のなかで町をさ迷い、煉瓦の瓦礫に横たわっている若き同胞たちのことを考えなさい。何千人はすでに町を離れましたが、まだ何千人の人たちが絶望した荒野に留まっていて、いまでも水も火もない生活をし、暗い見通しのない未来にむけて何をすべきかもわからない状態なのです。だから、あなたはこれらの貧しい兄弟たちのことを語ることができ、また教会の人々やパーカー夫妻の友人たちに同情を寄せることができるのです。同胞たちは、かつてのように働いて学びたい、にもかかわらず雇い人も同じように被害を受けています。そうして、貧しい若い兄弟たちはすべて、仕事を失いました。そして生活することも勉強することもできなくなりました。どうか、これらの貧しい兄弟たちのために全力を尽くしなさい。我われは、アメリカの友人たちがもたらしてくれるものすべてに、注意深く、感謝の気持ちを込めて受け入れ、管理するようにします。そうすれば、とりわけ、ここにいるあなたの友人たちの助けになるでしょう。あなたの知っている永井（Nagai）氏が救済委員会にいます。そして、彼がこれらのことの責任者です。私も全力を尽くします。パーカー夫妻によろしく」。

以上のような内容である。文面からすれば、差出人やパーカー夫人たちは教会活動に関係し、山崎たちはパーカー夫人たちから英会話でも習っていたように思われる。ともかく、この手紙によって、地震から一カ月経った山崎の様子を知る手がかりにはなる。

サンフランシスコ大震災は、山崎今朝弥から生活の場をまったく奪ってしまったことは間違いない。おそらくそれ以上に、山崎から東部の大学へ入学して勉学する意欲をも奪ってしまったと思われる。文明の破壊と多くの人たちの死のなかで、山崎がたどり着いた地点は肉体的にも精神的にも健康な「生」の営みというようなものであったと推測できる。

三　バトル・クリーク療養所と『粗食養生論』

実のところ、山崎がシンシナティからミシガン大学に向かわず、同じミシガン州のバトル・クリーク療養所へいった理由はよくわからない。山崎は、後年、次のように書いている、「桑港地震と云ふ不思議の縁でケロッグ博士のバトルクリーキ神医大学を出て、明治四十年に帰朝後、一時博士を祖述《そじゅつ》し、粗食養生、薬物有害を高唱したが、後感ずる処もなく一躍直ちに天下の平弁護士となつた」(8)と。また同じ『弁護士大安売』に収録されている「神様と私」には、渡米前に同居をしていた鈴木清次郎（美山）のことに触れ、彼が著した『健全の原理』は、ケッログ博士の論敵であるクリスチャン・サイエンスの教祖「ミセスエデー」の日本化であると指摘したうえで、次のように論評している。「ミセスのサイエンス派は其名に反して非科学的、神秘的、精神療法である、博士（注・ケッログ博士）の神医学派も其名に反するが故に科学的、自然的、水治療法である。私が彼に行かず是を究めたは此故である。併し聖書的のドグマに拘泥せらる丶必要なき我々が、二者に脈絡相貫通する一致点ある事を認むるは蓋《けだ》し難《かた》きにあらず」[9]と。大正初期、個人の「生」への関心が高まるなかで発売された米国哲学博士・鈴木美山『健全の原理』（健全哲学館大学出版部、一九一四年一二月）は、短期間に版を重ねたことで知られている。序文によれば、人類の求めるべきものは「正しき生活」であり、健全哲学は病気の治癒だけを目的とするものではなく、「理想の天国」を地上に建設することであり、そのために「疾病の撲滅」「貧乏の駆逐」「煩悶の解決」など、あらゆる人生の不幸を取り除くことを研究対象とすると論じている。ただ説くところは意外に単純で、「今日丈けは怒らず、恐れず正直に、職務に励み、人に親切」というものである。この著作のなかには「ミセスエデー」の名前は登場しないが、メリー・ベーカー・エディ（Mary Baker Fddy, 1821-1910）は一八七五年に出版した *Science and Health with Key to the Scriptures*（邦訳『科学と健康——付聖書の鍵』一九七六年）の著者として知られ、すべての病気の原因は心的なものであり、心のなかの虚偽や幻想に起因するものであり、病気を克服するためには神の存在を知覚しなければならないと唱えた。一八七九年にクリスチャン・サイエンス（Christian Science）を設立、マサチューセッツ州の工場労働者を組織化した。一八九二年にボストンに中心となる第一科学者キリスト協会を設立、また一九〇八年には教会とは無関係とされているが日刊紙『クリスチャン・サイエンス・モニター』を創刊したことでも知られている。[10]

山崎今朝弥が看護夫として働いたバトル・クリーク療養所（Battle Creek Sanitarium）は、ミシ

図2　バトル・クリーク療養所
出所：Laura Hamilton Waxman, *W. K. Kellogg*, Lerner Publications, Mineapolis, 2007. p.17.

ガン州のバトル・クリークに、一八六六年九月に開設された。セヴンスデイ・アドヴェンチスト教会（Seventh-day Adventist Church）の唱える健康法則にもとづいて、西部健康改善施設（Western Health Reform Institute）として開業した。一八七六年、ジョン・ハーヴェイ・ケロッグ（John Harvey Kellogg, 1852-1943）が所長となり、弟のウィル・キース・ケロッグが助けた。一八七八年新しい施設がつくられたが、一九〇二年の火事で焼け落ちた。翌年、再建され拡張された。後のことになるが、アメリカ陸軍が、この施設を買い取り、パーシー・ジョーンズ・陸軍病院と名づけ、第二次大戦中の負傷兵の治療にあたったことでも知られている。

ジョン・ハーヴェイ・ケロッグは、ニューヨークのタイローン（Tyrone）で生まれた。バトル・クリークの公立学校で学び、ミシガン州立ノーマルスクール（一九五九年より東ミシガン大学となる）に通った。一八七五年、ニューヨーク大学医学校（at Bellevue Hospital）で学位をとったという経歴の持ち主である。ケロッグは療養所時代には、患者に対して様々な治療法を試みた。なかでもダイエット療法や浣腸療法が有名である。低脂肪・高蛋白の食べ物である穀類や繊維質の多い食品、とりわけナッツ類を薦めた。また、日常的に新鮮な空気を吸うこと、運動、衛生法の大切さを説いた。ケロッグ博士はベジタリアンの推奨者として知られているが、それ以上に、弟と開発したコーンフレイク・シリアルの発明者として知られる。ケッログ社のシリアルは、現在ではアメリカ人の朝食には欠かせないものになっている。また、アークライトを利用した頭皮脱毛治療、紫外線ランプ歯科治療、熱気風呂、フットマッサージ器など、現代の健康器具へと通じるものも多く発明した。その活躍は、アンソニー・ホプキンス主演で「ケロッグ博士」として映画化されている。また、その原作となったコラゲッサン・ボイルによる同名小説も新潮文庫で読むことができる。そのサニタリウムの光景は次のように描き出されている。

バトルクリーク・サナトリウムの典型的な月曜の夜。ここは正しい思考、菜食主義、自己改善の砦、禁酒と服装改革の要塞、したがって必然的に、世界唯一の最高に健康な場所である。（略）

三十一年間ここを主宰してきたケロッグ博士は、親しみをこめてサナと呼ばれるこの場所を、グレイアムブレッドと水による治療を特色とする再臨派の一寄宿舎から、アメリカ全土に知れ渡る現在の「健康の本尊」に改革した――いまやその名は、波逆巻く広大な大西洋を越え、ロンドン、パリ、ハイデルベルク、さらにはその彼方までとどろく。二千八百人の患者が、毎年ここの門をくぐり、二十人の常勤医師を含む千人の職員、三百人の看護婦と入浴介護人が患者の世話をする。六階建ての建物には、フットボール場の半分の広さはある輝くロビー、四百の部屋、千人収容の治療施設、エレベーター、冷暖房、屋内プール、あらゆる種類の治療慰安や健全娯楽が完備され、サナは、治療産業の必須条件そのもの――豪華ホテルと病院と湯治場が一つになったものだ。

そして興行主、総監督、すべての後ろで統括する天才が、ジョン・ハーヴィー・ケロッグだった。食餌《しょくじ》制限と簡素生活を説き、太りすぎの主婦や消化不良の実業家を啓発と回復の道へと導く。重症患者――巌患者、瀕死の病人、精神病者、身障者――これは断わることにしていた。サナの患者は一定の階級にかたよる傾向にあり、実際、誰一人として、そこらの庶民や平民、あるいは本当に危険な病にかかるような不名誉な輩《やから》と差向いで食事をする気は毛頭なかった。そう、皆が皆、見るため、見られるために、サナに来た。有名人、金持、富豪と同席するため、前向きに考え、賢く食べ、過保護と節制と休息を長期間忠実に繰り返すうちに苦悩を軽減するために来たのである。(11)

ボイルは多少のカリカチャアを加えて、このサニタリウムのことを描いているが、山崎今朝弥は、ここで行われたコンサート案内のチラシなどを持ち帰っていて、治療の他に与えられていた娯楽の様子なども窺うことができる。ところで、山崎今朝弥が、あのケロッグ社のシリアルと関係があったとわかると、少し興味も増してくるが、その療養所で、ケロッグ博士に手紙を書いて、博士の著書である『生命の奇跡（*The Miracle of Life*）』の翻訳の許可を申し込んでいる。ケッログ博士からは直ちに返事がきて、*The Living Temple*が、あなたが目的とする翻訳には適切であるので、それをプレゼントする旨が書かれていた。一九〇六年一一月一九日のことである。それが「博士を祖述」した『粗食養生論』の刊行になった。この出版のことについては、後年、山崎は次のように書いている。「私の処女出版であり初原稿料稼ぎであつた『粗食養生論』の小著も、幸徳が当時白柳秀湖君、安成貞雄君等の居つた本屋（多分今の星島商相が後に社長になつたことのある隆文館と思ふ）に紹介してくれたのである[12]」と。

「幸徳」は、もちろん幸徳秋水のことで、滞在中のサンフランシスコで知り合いになった。その幸徳秋水はサンフランシスコの日系新聞『日米』（一九〇六年三月一五日、『平民主義』所収）に「菜食の研究」を寄稿して、在米同胞に対して「主として肉食、菜食孰《いず》れを取るや」と質問を発している。幸徳の述べるところによれば、一昨年頃にトルストイの*First Step*という冊子[13]を読んだ時に、「盛んに肉食の不仁なること排斥し、人間の道徳上向上のファアスト、ステップは克己にある、克己のファアスト、ステップは肉食を廃するに在る」という議論に心を動かされたというのである。しかし、トルストイの主張の根底にあるものは、「屠殺は不仁也、克己は美徳也」という道徳的なもので、健康上あるいは生理上の根拠が示されていないと幸徳は批判する。そこで、幸徳は「ヴエヂテリアニズム（vegetarianism）」に注目する。当時、幸徳自身が「仮に菜食主義と訳す」とコメントしているほどであるから、「菜食主義」という言葉は今ほどに定着していなかったと考えられる。そして、「エリー・メッチニコッフ教授」に言及する。彼の説くところによれば、「人間の病気は大部は自分で起こすので、其原因は胃腸から来るのだ、彼等は自分では気が付かないが、常に悪い食物を食つては中毒して居る、食物の腐敗と醱酵《はっこう》とで、絶えず恐るべき有毒の細菌を培養しつつあるのだ、此毒物の種類に依《よっ》ては即時に死に致すこともある」(14)と。そして、野菜が肉類よりも腐敗がすすまないことは、素人でもわかることである、といって菜食を擁護する。加えて、幸徳は「自由競争という経済組織」の批判にむかう。この制度のもとでは、「商業」は消費者のことを考えないで、自分の利益だけを考えている。そして自分の利益のためにはどのような不正も行われている。今日、世界の「肉市場」においては、病気の牛や死んだ牛の肉が販売されてないところは無いといわれている。缶詰の牛肉などには、多くの馬肉が混じっているといわれていることは、日本でもアメリカでも同じことである。そして、「米国に於ける廉価な料理店の原料たる肉類が、極めて粗悪、有害の物たるは殆んど公然の秘密である、果して然らば、吾人は毎日毒物を食ふて自ら生命を縮めつつある者ではないか」と主張している。

「エリー・メッチニコッフ教授」は、ロシア生まれの微生物学者、動物学者であるイリヤ・メチニコフ（Ilya Ilyich Mechnikov, 1845-1916）のことで、血球細胞のなかに免役機構があることを主張し、一九〇八年にはノーベル生理学・医学賞を受賞している。晩年には老化の原因に関する研究をおこない、幸徳秋水が紹介したように、大腸内の細菌が作り出す腐敗物質こそが老化の原因であると主張した。また、ヨーグルトが長寿に有効であるとも唱え、ヨーグルトの普及をおこなったことでも知られている。日本でも訳書『不老長寿論』（一九一二年一〇月）が大隈重信の大日本文明協会から刊行された。ともかく、山崎のケロッグ博士への心酔の背後に、一九世紀末から二〇世紀初頭にかけて、健康と食物についての世界的な関心がたかまっていたことを理解しておく必要がある。とりわけ肉食を中心にしてきたアメリカにおいては、その現象は著しいものがあった。

ケロッグ博士の著書*The Living Temple*は、一九〇三年にミシガン州バトル・クリークにあるgood health publishing companyから刊行された。内容は二〇のセクション（章）に分けられた五六八頁の著作である。*The Living Temple*は直訳すれば「生きている寺院」となって分かりにくいが、ケロッグ博士によれば〝Temple〟という語は心理学的に用いていて、人間を神の意思に合一する「霊的寺院（a spiritual temple）」として把握されるときに用いると説明されている。山崎の文章のなかに「身体は『生命の神の宮』である」（一三頁）との表現があるが、この理解に相当するものであろう。山崎の『粗食養生論』（隆文館、一九〇七年一二月）は、構成のうえでもケロッグ博士の*The Living Temple*の最初の六つのセクションを要約したものになっている。つまり、第一章「生命の神秘」はthe mystery of life、第二章「身体の神秘」はa general view of the temple、第三章「身体の修繕」はthe maintenance of the temple、第四章「消化の奇蹟」はthe miracle of digestion、第五章「食物の変化」はthe transfiguration of food、第六章「食物殺人論」は一部がdietetic sins、に対応している。あくまでも要約された文章ではあるが、双方の文章に含まれている人名や引用文などを照合すれば容易に判断できる。ただ『粗食養生論』の第七章「新式小笠原流」は、食肉を論じている第七番目のセクションshall we slay to eatに直接的には相当していない。この章については後に言及することになろう。

『粗食養生論』の内容について少しだけ触れておこう。第一章の「生命の神秘」は*The Living Temple*のほぼ要約、「生命とは抑も何であるか」という問いから始まり、「生命の根源」は人間であれ、他の動物であれ、植物であれ全く同一のものである。そして、「生命」のもつ「神秘力」は「神」に支配されているものである。第二章では身体の組成（酸素・炭素、等々）の成分表に言及し、全知全能の「神」こそが「生命」を造り出したと説く。そして、身体の各細胞、各機関は、神経組織や血液によって連携し、また各細胞は特有の物質を造り出し、血液中に流し込み、他の細胞と感応することによって成長していくとする。この二つの章は、「神」という存在を前提にして「生命」の神秘性と合理性を説く、ケッログ博士の主張に忠実である。ところが、第三「身体の修繕」の冒頭は「左甚五郎の造営した神殿」云々というように、少しずつ直訳調から外れていく。建造物においても完成した瞬間から「腐朽」と「頽廃」と「銹触《しゅうしょく》」が始まるように、人間の身体においても「敗壊」が刻々と起こってくる。その原因は「酸化作用」である。具体的な数字で示すと、人間の身体は、「水分十貫百五十匁、膠質一貫八百匁、脂肪質一貫四百七十匁、燐酸石灰五百六十匁、繊維素四百十五匁、蛋白質四百十匁、炭酸石灰十匁強、食塩二十五匁弱、其他酸化石灰三十匁、硫酸曹達十二匁強」から成っていて、一日、水分、炭酸ガス、灰分（カルシウム）、窒素などを肺より二百四十匁、皮膚より百五十一匁強、糞より四十匁弱、尿より三百四十匁弱、排出している。身体を維持するためには、これだけのものを食べ物から摂取しなければならない。ところが、身体は「生命の神の宮」であって、その宮殿を朽ちないようにするだけではなく、「生命」の働きとなる精力を益々盛んにすることが必要である。したがって、「食物も精力の塊、即ち日光の塊」でなくてはならない。植物が日光の精力を集め、動物はそれを消費する。澱粉、蛋白、塩質、脂肪、糖質などの栄養素は植物性の食べ物のなかに含まれている。しかし、植物であれば何でもよいかといえばそうではない。草木の茎や葉や根には、固い繊維がたくさんあって、消化に悪いことは動物の肉と変わりがない。最適な食べ物は「すべての粒状の穀物、果実、木実類」とするのが最近の発見である。

第四章「消化の奇蹟」は文字通り消化作用についての概説、第五章「食物の変化」においては、食べ物がどのような内蔵の働きによって人体へと変化するのかを口・歯、胃、腸、肝臓などの働きを通して具体的に説明している。「何人も万物の創造者が、万物を創造した如く、食物から、人を作つたのだと云ふ説明に満足するに非ざれば、生涯満足の説明を得ないだらう」、つまり、食べ物が人間の身体をつくっていることは、神が万物を創造したことを信じるのと同じように真実である、と。第六章「食物殺人論」では、人間の病気はすべて食物から発していて、食物で直すことができるとの前提にたって、人間が食べるべき食物と日本人の食生活について論じている。もちろん、後者は原著には記載されていない事がらであるから、山崎の独自の主張ということになる。端的にいう、「人間の食ふべき食物は、穀物、果実、木実で、食ふべからざる食物は、草、肉である」と。この意味で山崎、つまりケッログ博士の主張は、野菜中心のいわゆる「菜食主義」ではなく、「穀食主義」であると説明している。[15]そして、「肉食主義」による堕落をくい止めるのは、学校、寺院、教会、つまり宗教、教育、倫理、道徳ではなく、「台所」であると山崎は主張する。そこから、山崎の主張は、「日本人は、日本人の体質に適する食物を食ふべきである」と跳躍し、「米」を中心とする日本人の日常的な食事を再評価する。「粗食養生と云ふ心は、粗食も猶ほ且つ養生に成ると云ふのではない、粗食ならざれば、養生にならずと云ふにある、粗食とは勿論旨《うま》くない食物と云ふ意味ではなく、古来あるふれたる普通の食物と云ふ意味である、穀食の事である、飯と汁との事である」[16]と。さらに単純化して、「寒い時には暖い物、暑いときには冷たい物、春は春の物、夏は夏の物、山では山のもの、原では原の物を食へ、格安の物は此の原則にあてはまり、各高ものには、害物である」[17]と。ここまでくれば、山崎の主張は、「西洋人より祖先の方が賢いと思へ」と、ケロッグ博士の説を越えてしまう。もちろん、山崎は、あくまでも科学的分析にこだわり、日本人の食物についての栄養分析表を掲げて、その根拠を示そうとしている。この章の終わりには飲料、嗜好品に言及し、「酒、煙草、茶、珈琲等はみな、有害にして無益である」と断言している。とりわけ酒については、「予も多数の友人があつて、飲酒家も多いが、皆な馬鹿か、盗賊であつて、例外は一人もない[18]」と切り捨てている。

第七章は「新式小笠原流」と題されていて、食物の調理法について言及する。この章も山崎独自の考え方がはいっている。まず、衛生的な調理をするためには「台所改革」が必要で、「油類、酢類、薬味類、砂糖類」を台所から無くさなければならないと説く。その代わりとして「世界一の味噌や醤油」があるではないか、山崎はそういう。それから、食べ方の流儀にはいり、「食物は、急いで食ふべからず」とか、量については体質や仕事によるとか、食事中に飲み物をとるのはよくないとか、回数は一日に二回がよいとか、間食は国を亡ぼすとか、水は食事の時以外は「どしどし飲むがいい」とか、説いている。

山崎今朝弥が『粗食養生論』で主張した食物による健康法は、自らが体験し見聞したアメリカでの最先端の学説であり、また実践法であった。ケロッグ博士の主張は、さらに新鮮な空気や日光浴などにも言い及ぶのであるが、山崎の小著ではそこまで触れることはできなかった[19]。まして、ケッログ社の「シリアル」として世界的企業に発展していくビジネスの世界などは山崎にとっては無縁な世界であった。帰国後の人権派弁護士としての、あるいは雑誌道楽者としての山崎今朝弥という人物にとって、四年を越えるアメリカ生活が何であったのか。サンフランシスコ大震災とバトル・クリーク療養所での体験が、「奇人」山崎の誕生に拍車をかけたことは間違いないが、私としてはケロッグ社のコーンフレークを日本で普及させて、大金持ちとなった山崎今朝弥を期待したかった気がどこかでする。しかし、社会活動家として、山崎今朝弥は金には縁の無い生涯を送ったことだけは事実である。

❖注

(1)『大学史紀要』(第一三号、二〇〇九年三月)掲載。

(2) 山崎今朝弥『弁護士大安売』(「9　奇書と文献の案内」一(2)〔三一〇頁〜〕参照)二九七頁。

(3) 以上は、『明治法学』(第六七号、一九〇四年二月八日)、同(第六八号・同年三月八日)からの情報である。

(4) 大野秋太郎については、『明治大学校友会名簿』(一九〇八年一二月、国立国会図書館デジタルコレクション)に千葉県出身、山崎等と同じく一九〇一年七月に明治法律学校を卒業し、アメリカに留学したという以外には情報がない。

(5) 以上は、『明治大学百年史』(第一巻、史料編、一九八六年三月)四七三〜四七五頁参照。

(6) 片山潜『学生渡米案内』(労働新聞社、一九〇一年八月)参照。

(7) 幸徳秋水「桑港平民社無事」(『光』一九〇六年五月二〇日号)。

(8)『弁護士大安売』(前掲書)六七頁。

(9) 同右、大正初期に書かれたこの文章は、雑誌『健全之哲学』(第五巻第八号)よりの転載と注記されているが、発行年等は不明である。
(10) 山崎今朝弥『粗食養生論』(「9　奇書と文献の案内」一 (1)〔三〇五頁〜〕参照)では、「バクトルタリーキの食養院」(第七章、一〇八頁)と表記している。訳語としては「食養院」のニュアンスが正確であるように思われるが、訳語としては定着していないので「療養所」としておく。
(11) コラゲッサン・ボイル(柳瀬尚紀訳)『ケロッグ博士』(新潮文庫、一九九六年九月)一一一〜一一三頁。
(12) 山崎今朝弥「実説大逆事件三代記」(『真相』一九四六年一一月号)。
(13) トルストイ「第一段階」(一八九二)は原久一郎訳で『トルストイ全集』(第32巻、大日本雄弁会講談社、一九五三年四月)に収録されている。解題によれば、エッチ・ウィリアムス『食物の倫理』に刺激されて書いた広い意味での菜食主義を提唱、とある。
(14)『幸徳秋水全集』(第六巻、明治文献、一九六八年一一月)六八頁。
(15) 幸徳秋水も、菜食主義について「菜食といへば、直ぐ大根、牛蒡《ごぼう》、葱《たまねぎ》なぞを想像するのだが、彼等の食ふのは主に果実と穀物で、蔬菜ではないのだ」と紹介し、「ヴェヂテリアン」ではなく「フルータリアン(果食者)」という言葉が用いられることがあると紹介している(「菜食主義」『家庭雑誌』一九〇六年六月号、同右、八八頁)。
(16)『粗食養生論』(前掲書)七四頁。
(17) 同右、七六頁。
(18) 同右、九三頁。アルコールの害毒については、*The Living Temple* の第一九セクション

「Drugs Which Enslave and Kill」で、「アルコールの悪魔的衝撃」として指摘している。

(19) 山崎は『粗食養生論』の続編として、『精神作用と食物及び無病息災法』を刊行しようと考えていたようであるが、それは実現しなかった（同右、一一七頁）。

Ⅱ

叛逆と人権——弁護士・社会運動

気の利いた地震なら、余震でも今頃は引っ込む時節に、まだ地震々々とビクツカせるのには抑々訳がある。

今は凡大正十三年の三月過ぎであらふか、此原稿は、新年一月号に載せるべく其筋の命により激震の余震前、去年十一月中旬中、其大部分を書いたのだ。其れが突然博文館の印刷能力とかの問題で、一月発行が三月発行となり、原稿だけは一と月延期の十二月中旬限りとなつた。元来頭脳明白、至極単純、他に何物も混入しない僕には、直に手を代へ品を変へ、若は題を改へて、全然別個の原稿を製造することは、到底不能でもあり不服でもあり、厭でもあり損でもあつた。そこで、腐つた個所を切取り、不足の部分を継ぎ足し、漸く今茲に去年の十二月中旬、中古の此のバラックに取掛かつたのである。木の香りが無いのは当然であるが、でも尚前人未到の地を跋渉した新材が多少はあらふと思ふ。

序に題も初めは、『地震、軍人、火事、巡査』とし、後には軍人を軍隊、官憲、戒厳、鮮人に、巡査を警官、自警、兇漢にして見たが、最後に語呂と遠慮から、『地震、流言、火事、暴徒』とした。地震は日本の国宝で、火事は江戸の名物とあるから、之れだけは代へる訳には行かなかつた。

「地震・流言・火事・暴徒」(『地震・憲兵・火事・巡査』より)

4 社会派弁護士としての活動

一 社会派弁護士の誕生

弁護士という職業を知らない人はいないだろう。しかし、職業としての弁護士の活動が弁護士法という法律に根拠をおいていることを知っている人は意外に少ないかもしれない。現在の弁護士法は一九四九（昭和二四）に制定された。その第一条には、「弁護士は、基本的人権を擁護し、社会正義を実現すること」を「使命」とし、その使命にもとづいて「誠実にその職務を行い、社会秩序の維持及び法律制度の改善に努力」すること、と規定されている。もちろん戦後憲法の人権規定を反映させていることはいうまでもない。「職務」としては、当事者その他の関係人の依頼または官公署の委嘱によって、訴訟事件、非訴訟事件及び審査請求、異議申立て、再審査請求等行政庁に対する不服申立て事件に関する行為、その他一般の法律事務を行うこととされる（第二条）。「資格」は、法科大学院の課程を修了し、司法試験に合格、その後の司法修習を修了していることが一般的とされるが、それ以外に法務大臣の認定を受けて資格を得る道もある。戦前の弁護士法は、一八九三(明治二六)年に定められた。それ以前には司法職務定制度(太政官布告)により代言人制度が設けられていた。当初は資格を必要とされず誰でもが代言人になることができた。一八七六(明治九)年に代言人規則が定められて試験制度が導入され、司法卿による免許を必要とするようになった。ただし民事関係の訴訟に限られていた。一八八〇年、ボアソナードを中心にして作成された近代的な刑法や治罪法(後の刑事訴訟法)が公布され、これを機会にして刑事関係の訴訟へも代言人が付くことが許された。さらに大日本帝国憲法のもとで裁判所構成法が制定され、治罪法にかわる刑事訴訟法が一八九〇年に公布され、これにもとづいて新たに弁護士法が制定されることになったわけである。この弁護士法は、一九三六(昭和一一)年四月から施行される新しい弁護士法に改正されるまで存続した。

さて、戦前の弁護士法には「使命」の規定はなく、第一条に「職務」に関する規定がおかれ、弁護士は当事者の委任を受け、あるいは裁判所の命令に従って通常裁判所において法律に定められた職務を行うこと、また特別裁判所においても職務を行うことを妨げないことと規定していた。第二条以下では「資格」が規定されていて、「日本臣民ニシテ民法上ノ能力ヲ有スル成年以上ノ男子タルコト」とされている。つまり、この規定において女性が弁護士となることはできなかった。ちなみに、女性に弁護士となる道が開かれるのは一九三三年の弁護士法の改正からである。明治大学出身の中田正子らが最初の女性弁護士となった。また「試験ニ及第」することも弁護士になるための要件とされたが、この試験は同年に司法省令による「弁護士試験規則」により厳格に定められた。この試験制度は一九二三年から「高等試験（高等文官試験）司法科」に代わり、判事・検事と同一の資格試験に統一された。さて、弁護士法によれば、弁護士は地方裁判所ごとに弁護士会を設立することが求められ、これに加入しなければ職務を行うことはできないとされた（第二四条）。かつ、第一九条では「弁護士会ハ所属地方裁判所検事正ノ監督ヲ受ク」と規定されて、「検事正」の監督のもとにおかれた。このようにして、弁護士は、国家官僚である判事や検事に比して一段と低い地位に置かれ、かつ組織的な独立性は二重、三重に縛られた。ちなみに設立当初の東京弁護士会の会員数は四〇七名、大阪弁護士会は一一三名であった。

戦前、「官尊民卑」意識が強いなかで、また弁護士がおかれた差別的な司法的仕組みのなかで、各私立の法律学校はまがりなりにも在野法曹としての地位を確立することを目指してきた。とりわけフランス法学を基礎にして設立された明治法律学校は、「権利」「自由」の普及、また国家や政府からの「独立」と「自治」を主張して、数多くの人権派弁護士を誕生させたところに特色があった。一九〇一年に卒業した山崎今朝弥、翌年の布施辰治、その翌年の平出修や吉田三市郎などはその代表的な人物である。一九二一年七月の神戸、三菱・川崎造船所での労働争議において、軍隊が出動し労働者一名が警官に刺殺されるという事件が起こった。東京弁護士会の有志は、神戸人権蹂躙問題調査会を組織し、八月一〇日の夜行列車で神戸へ向かった。全部で一四名、布施辰治、山崎今朝弥、上村進、松谷与二郎、三輪荘寿、宮崎龍介、宮島次郎などのメンバーであった。調査団は日本劇場や大阪・天王寺公会堂において演説会を開催し、一五日に帰京し報告書を発表した。「警察官の抜剣を以て騒擾を誘発」したこと、責任は知事にあることを糾弾した。九月七日には、布施、山崎、上村らは、この件について平沼騏一郎検事総長に面談している。この事件を契機にして自由法曹団が設立されることになった。山崎今朝弥の発言によれば、一九二一年八月二〇日、日比谷公園の松本楼に六、七〇人が集まって発会式が行われたとのことである。この名称を主張したのは、牧野充安弁護士であった(1)。

それ以前、足尾鉱毒事件においては、花井卓蔵(一八九〇年代言人試験合格、英吉利法律学校卒業)、今村力三郎(一八八八年代言人試験合格、専修学校卒業)、横田千之助(一八九二年代言人試験合格、東京法学院卒)らが人権擁護のための弁護にあたった。また、日露戦争に対して週刊『平民新聞』によって「非戦論」を唱えて、新聞紙条例違反に問われた、堺利彦や幸徳秋水らの社会主義者の裁判に対しても花井や今村等が弁護活動をおこなった。彼等は日清戦争後に起こってきた社会問題と社会運動に対して、社会的弱者の救済と言論・思想擁護の立場から法廷に立った。その意味において社会派弁護士とよぶことができよう。また、一九〇八年に刑法が全面的に改正され、個人主義的、自由主義的な刑法から社会防衛論の考えを含む新刑法へと代えられていくなかで、あくまでも国家や政府による強制から個人の言論・思想の自由を護ろうとしたという意味では人権派弁護士とよぶこともできる。一九一〇(明治四三)年一二月一〇日から二九日まで公判が開始され、翌年一月一八日に二四名に対して死刑判決が下された「大逆事件」においては、幸徳秋水の唱える「無政府共産主義」という思想あるいは信条が問題とされたが、花井、今村、平出、吉田ら一一名が弁護人として名前を連ねた。

布施辰治は、一九〇六年に起きた東京市電値上反対騒擾事件において弁護人になっている。「大逆事件」においては管野須賀子の弁護を申し出たが、団長格であった磯部四郎から断られたエピソードが残されている。布施が、トルストイの影響を受けて、左翼の社会運動家たちの弁護活動を積極的におこなうようになるのは、一九二〇年の「自己革命宣言」以後のことである。山崎は、幸徳秋水らの社会主義者たちと交わり、「大逆事件」においては危うく被告となりかけた、少なくとも山崎は後年までそのように自認していた。その意味で、森長英三郎が山崎を「最初の社会主義弁護士」とよぶことに異論はないであろう。ただ、弁護士としては、布施辰治が法廷に真摯に向き合って、弁論による説得を信頼していたのとは違って、山崎今朝弥は、警察、検事局、裁判所などを権力機構の一端とみて、言論が不自由な中での正面突破を試みるのではなくて、常に言葉のレトリックによる迂回に心がけ、しかも事の本質を抉り出す戦術を生み出したといえる。自らも弁護士であった森長英三郎は、布施と山崎について次のように記している。「布施には生涯、理くつの上ではともかく、実際には、裁判所を一応は信頼していたのではないかと思われるふしがあった。自分が説得すればわかって貰えると思っていたということである。そうでなければ法廷で、あの長時間の熱弁はふるえないであろう。この点、山崎は裁判所の本質を見抜いていたから、その弁論は短かく、むしろ裁判所を愚弄する方にいった、という感じがする。好んで不法警察官を告訴、告発したり、民事訴訟を提起したのも、その結果を期待するものではなくして、検事局や裁判所という場所へ、彼らを引きずり出し、からかうことによって攻撃したものである。その攻撃の帰するところは、天皇制国家への抵抗であったのである」[2]と。さらにいう、「弁護士という職業はつねに時代の立役者になることはない。山崎は弁護士であるよりも社会主義者であるといわれたが、それでも時代の主役にはならなかった。みずからわき役であることに甘んじていた。組織をつくっても影の参謀となることで満足していた」[3]と。山崎自身は、あるアンケートに「（法律家）としては、常に法律界の異端者、弁護士界の反逆者でありたい。（社会運動者）としては、何事にも黙々と賛成する相談役でありたい。どっちにも味方となれる喧嘩の仲介役でありたい、如何なる屁理屈にでも感心出来る苦情の聞き役でありたい」と答えている[4]。

自由法曹団にもどれば、設立された一九二一（大正一〇）年の秋には石川島造船争議、翌年の野田醤油争議、一九二三年の京都奥村電気争議、一九二五年富士瓦斯《ガス》川崎工場争議、香川県吹石農民組合事件などにかかわり、団としての活動を続けた。とりわけ、吹石事件では、団員であった弁護士・若林三郎の窃盗教唆被告事件に対して一四九名の弁護団を組織した。しかし、昭和にはいって無産政党運動が分裂、また労働運動や農民運動も左右に分裂するなかで、自由法曹団も統一的な活動ができなくなり、サロン的な色彩が強くなった。一九二八年四月、大山郁夫、間島僴、布施辰治、牧野充安らによって解放運動犠牲者救援会が設立され、布施辰治が法律部長になった。非合法の共産党に対する弾圧事件である、三・一五事件や四・一六事件では、自由法曹団左派により解放運動犠牲者救援弁護士団が結成され、弁護にあたった。しかし、この弁護士団による法廷闘争が治安維持法の「目的遂行行為」にあたるとして、多くの弁護士が検挙されるに至った。布施辰治は、一九三三（昭和八）年九月に検挙され、一九三九年六月懲役二年の判決が確定し千葉刑務所に入獄した。他方、山崎今朝弥は解放運動犠牲者救援会に参加し会計監査を担当したが、どちらかというと無産政党運動にかかわり、一九二六年一二月の社会民衆党の発起人、一九二八年一二月日本大衆党の相談役、一九三一年七月全国労農大衆党の本部員、翌年七月社会大衆党の顧問などを歴任している。敗戦後の一九四五年一一月自由法曹団は再建され、布施辰治や山崎今朝弥らは顧問となった。布施は、戦後のプラカード事件、愛光堂事件、日本タイプ事件、三鷹事件、松川事件、メーデー事件などにかかわり、山崎も三鷹事件や松川事件の弁護人となった(5)。

二　幸徳秋水と「分派」問題

山崎今朝弥がアメリカから帰国するのは一九〇七（明治四〇）年一月、その年五月に東京弁護士会に入会し、弁護士活動を開始する。帰国直後の山崎は、京橋区新富町の平民社を訪ねている。新しい平民社の創立人は、石川三四郎、西川光次郎、竹内兼七、幸徳秋水、堺利彦の五人で、分裂状態にあった『光』と『新紀元』のグループを統合するかたちで結成された。日刊『平民新聞』の創刊は同年一月一五日、創刊号の巻頭に掲げられた「宣言」には、創刊の目的は、「社会主義的思想」を広く普及させること、また世界の「社会主義的運動」を応援すること、この二つを謳っている。一九〇七年三月五日（第四〇）号に掲載されている幸徳秋水「大久保より」には、山崎の訪問の様子を次のように伝えている。四日付の記述であるから、山崎が平民社を訪ねたのは三月三日、日曜日ということになる。

昨日の朝、突然大変な名刺を持込だものがある、斯ういふのだ。（図版省略）
山崎とは去年桑港で分れ、東部《イースト》へ行つた友人だ、平生《ひごろ》から滑稽諧謔機鋒鋭利世間を愚弄して居る男だつたが、マサカに是ほどでも無かつたから、可愛《かあい》さうに気でも違つて帰朝したのかと思つて、通して見ると相変らずオバーシヤツのスクールボーイ姿で直ぐ炬燵《こたつ》に潜り込む、オイ百万弗《ドル》出来たら少し分けてくれと言へば、世襲財産だから手を付るわけに行ぬとケロリとして居る。
面白い男だ、法螺《ほら》も吹くなら是位吹くが善い、マスター位で肩で風切つて居るハイカラ連を吹飛ばし得て痛快至極ぢやないか。

この記述から、山崎と幸徳がサンフランシスコで出会ったのは大地震前の一九〇五年のこと、その頃からサンフランシスコにおいても「滑稽《こっけい》」「諧謔《かいぎゃく》」「機鋒《きほう》」「鋭利《えいり》」で「世間を愚弄して居る男」として知られていたことがわかる。この年一二月に刊行した山崎の処女作『粗食養生論』の出版を幸徳が斡旋したことについては前に触れた。他方、山崎の方は、後年、この時の幸徳について次のようなことを書いている。「日本から来た新聞記者の幸徳君にはアメリカで初めて会ひ、僕がまだ社会主義の風ぼうをも知らず、只《ただ》面白い痛快なものだと思つてる最中に殺されて終《しま》ひ、従つて幸徳の何物であつたかを知らずに別れたのだから、其の偉らさを其後に知つた今でも尚幸徳を友人位にしか思ひ出されないが、新帰朝者米国伯爵、色々博士の僕を将来有為の人物として明治四十年頃の平民新聞社、即ち当時の社会主義者間に大いに紹介してくれたのは幸徳であつた」と。(6) その後の幸徳秋水から山崎今朝弥に宛てた書簡は、次の三通が残されている。(7) 幸徳秋水は、前年の一一月に高知県中村町に帰郷、赤旗事件を機に七月に上京の途に就く。他方の山崎は、前年一〇月『法律文学』を創刊したが失敗、赤字をかかえて一一月下旬に上諏訪に転居していた。したがって、書簡はすべて幸徳の中村町から信州上諏訪の山崎の住所に宛てられものである。

(一) 明治四一年三月八日付

君の所謂《いわゆる》社会主義は如何《いか》なる程度の者か知らぬが、兎《と》に角《かく》ソーシヤリストと名乗つて出たのは非常に嬉しい、願くは今一歩進んでAnarchist Communistと名乗るやうになつて貰ひたい、○西川、片山は何故に分裂したのか知らぬが、僕はモウアノ連中は恐ろしくて近づけない、〔ドンナ陥穽に落されるか知れない、〇殊に僕は議会や選挙に絶望し居る革命党だ、彼等は依然議会や選挙で〔普通選挙にしても腐敗は同じでポリチシアンの食ひ物になるだけだ〕、社会主義が行へると信して居る〕気楽な連中だ、全く政策意見が違ふから合同は到底困難だ、君もよく考へて見てくれ玉へ、〇君は大阪の平民新聞は毎号見て居るかね。

（二）明治四一年三月一七日付

信州はまだ寒からふ、早く東京へ出る事だ、君の手紙は面白かつた、興味を持て読んだ、親切は有り難かつた、熱心は嬉しかつた、君が冷静に西川、片山の弁護が出来るのは、君が事情をよく知らないからだ、君は彼等が僕等に対する悪口雑言を残らず読んだかね、僕はとにかくアノ連中は恐《こ》わくて近寄れない。

君は毎度、時世と場合、敵情と敵勢を持出すが、……〔以下削除〕……だ。到底僕等と彼等との一致は見出せない、君もアメリカくんだりまで出て来た人間ぢやないか、よく考へて見てくれ給へ。

(三) 明治四一年五月六日　信濃上諏訪町　中村局印

御申越の書物は The Conquest of Bread by Kropotkin が一番良いと思ふ、英版で五円七十銭、米版で二円ホどで丸善へ注文すれバ取寄てくれる、○選挙や議会で革命が出来るなど丶思ふは大きな間違ひだ、選挙は富くじで議会は賭博さ、革命とは現組織の顛覆を意味するもので選挙や議会は其顛覆すべきもの丶一だ、能く考へて見てくれ玉へ、君も米国まで行た人に似合ぬじやないか、普通選挙の米国の腐敗を見玉へ、○西川のエライのは僕も知て居る、又或程度まで考への同じのも知て居る、併《しか》し少くとも僕に対しては誠実な友ではない、社会新聞第二十五号を見玉へ。

これらの書簡は、いわゆる社会主義運動についての「分派」問題に関連したものである。幸徳秋水がアメリカから帰国するのは、山崎の帰国に先立つこと半年余り、一九〇六年六月二三日であった。六月二八日の神田錦旗館での日本社会党による歓迎演説会のタイトルは「世界革命運動の潮流」というものであった。幸徳はいう、「諸君、過去一年有余の入獄と旅行とは、予の主義理想に何等の変化をも与へざりき、予は依然として呉下の旧阿蒙《あもう》也、依然として社会主義者也」(8)と。しかし、その理想を実現する手段方策は時代とともに変化するものであり、欧米においては「議会政策」から労働者による「総同盟罷工」へと移りつつある、と。さらに翌年二月の日本社会党第二大会にむけて、幸徳は「余が思想の変化」（日刊『平民新聞』一九〇七年二月五日号）を書いて、欧米での潮流として認識するばかりでなく、日本の社会主義運動においても方針の転換が必要であると主張した、「余《よ》は正直に告白する、余が社会主義運動の手段方針に関する意見は、一昨年の入獄当時より少しく変じ、更に昨年の旅行に於て大に変じ、今や数年以前を顧みれば、我ながら殆《ほとん》ど別人の感がある」と。そして、「彼の普通選挙や議会政策では真個《しんこ》の社会的革命を成《なし》遂げることは到底出来ぬ、社会主義の目的を達するには、一に団結せる労働者の直接行動（ヂレクト、アクション）に依《よ》るの外はない」と断言する。幸徳の主張は、「社会主義」実現のための手段・方針の変化だけではなく、それまで社会主義の「始祖」とされてきたマルクス・エンゲルスの思想からクロポトキンの思想への傾斜をも示すものであった。

先の文章のなかで、山崎は幸徳と知り合いになった頃は、「まだ社会主義の風ぼうをも知らず、只面白い痛快なものだと思つてる」時期であったと回想しているが、書簡（一）の冒頭には、「君の所謂社会主義は如何なる程度の者か知らぬが、兎に角ソーシヤリストと名乗つて出たのは非常に嬉しい、願くは今一歩進んでAnarchist Communistと名乗るやうになつて貰ひたい」とあるように、少なくとも山崎は幸徳に対しては「ソーシヤリスト」（社会主義者）であると名乗り出ていた。それに対して幸徳は、山崎は幸徳に対しては、「今一歩進んで」、「Anarchist Communist」（無政府共産主義者）となることを要望している。当時の「Anarchist Communist」は、クロポトキンの思想の信奉者であることを表している。したがって書簡（三）において、「無政府共産主義」の思想を知る最適な書籍として、クロポトキンの著書 *The Conquest of Bread*（1892）を紹介しているのである。この著書は、幸徳が帰省中に翻訳していたものであって、翌年の一九〇九年一月に幸徳の名前をださずに平民社訳『麵麭の略取』のタイトルで秘密出版された。

一九〇七年二月一七日、日本社会党第二大会における幸徳秋水による「直接行動論」の提唱は、これまでの「議会政策論」（普通選挙を実現し、議会で多数を占めることによって合法的に「社会主義」を実現しようという考え方）を根本的に否定するものであった。ここに、「議会政策論」に固執する片山潜・田添鉄二らと「直接行動論」を主張する幸徳秋水・大杉栄らの対立が深まっていくことになる。「直接行動論」は、労働者によるゼネラル・ストライキ（総同盟罷工）によって生産・交通機関等を麻痺させ、労働者による自主的管理によって社会革命を実現しようという考え方であるが、労働組合運動も治安警察法によって規制されている日本の現状では非合法的手段をも容認するという考えを含んでいた。政府は、二月二二日、日本社会党の結党を禁止し、四月一四日には日刊『平民新聞』も廃刊へと追い込んだ。六月には、片山潜・西川光次郎を中心にして『週刊社会新聞』が、日刊『平民新聞』を継承し「社会主義中央機関紙」として創刊された。また大阪では森近運平によって『大阪平民新聞』（書簡（一）の末尾にある「大阪の平民新聞」がこれである）がほぼ同時期に創刊される。やがて、前者が「議会政策論」派、後者が「直接行動論」派の機関紙となっていき、八月三一日に前者が「社会主義同志会」を設立、他方、「直接行動論」派は九月六日に「金曜会」を結成し、組織的にも分裂していく。その後、「議会政策論」派のなかで、赤羽一の思想、行動をめぐって[9]西川光次郎等と片山とが対立、一九〇八年二月二六日、「社会主義同志会」席上で片山潜が除名されることになる。片山潜は『週刊社会新聞』を引き続き刊行し、西川らは三月一五日に『東京社会新聞』を創刊する。

この間、「分派」問題について、片山潜は「社会主義鄙見（上・下）」を『週刊社会新聞』（第一五・一六号、一九〇八年九月八日・九月一五日）に掲載し、堺利彦と幸徳秋水は連名で、『大阪平民新聞』の後継紙である『日本平民新聞』（第一一号・同年一一月五日）に「社会新聞と小生等との関係」を掲載して、それぞれの立場を弁明した。さらに『週刊社会新聞』第二五号・一九〇七年一一月一七日）には、西川光次郎「幸徳堺両氏に答へ併《あわ》せて其の弁明を求む」、田添鉄二「社会党・無政府党分裂の経過」、片山潜「自然の結果」が掲載されて対立は決定的なものとなった。もちろん、「議会政策論」派のなかでも立場はそれぞれ違っていて、片山潜のように、「吾人は社会主義協会時代より万国社会党の立場を以つて我邦に斯《この》主義を宣伝し来れり」と、第二インターナショナルの立場にたって正当化するものもあれば、西川光次郎のように、「平民社会計報告」「老車夫問題」「社会新聞に対する悪口雑言」「幸徳氏送別会での片山の演説」「収賄の風説に就て（電車会社）」などに言及し、人身攻撃に及んでいるものもある。書簡（三）の末尾にある「社会新聞第二十五号を見玉へ」という文言は、まさしく西川による攻撃に対する幸徳の怒りである。

ところで、「分派」問題に関連する山崎の主張は、三つの書簡からある程度、窺うことができる。書簡（一）における幸徳秋水の文面、「全く政策意見が違ふから合同は到底困難だ、君もよく考へて見てくれ玉へ」」、あるいは書簡（二）における「君が冷静に西川、片山の弁護が出来るのは、君が事情をよく知らないからだ」」、あるいは「君は毎度、時世と場合、敵情と敵勢を持出すが」云々という文言、これらをヒントにして推測すれば、山崎は「分派」問題において、あくまでも「直接行動論」派と「議会政策論」派の「合同」を提唱していたこと、そのためには西川光次郎や片山潜の主張にも一理があることを理解すること、それに、「時世と場合」「敵情と敵勢」」、つまり圧倒的な権力をもつ政府による社会主義者弾圧の強化と社会主義勢力の弱体化を大状況的に判断することの必要性、そのような主張をしていたと考えられる。幸徳秋水は、「正義」と「直情」により犠牲をともなう正面からの「革命」を求め、山崎は無駄な衝突を避けて、側面からの批判と抵抗を「諧謔」のなかに求めた。日本の社会主義運動は、理論の純粋化を求めて批判と分裂を繰り返し、犠牲の美学を求めたかもしれないが、弱い力を結集させることにはことごとく失敗してきた。そのことを振り返れば、山崎今朝弥の「合同」や「統一戦線」の考え方は、常に再評価されるべき思想であると私は考えている。

三　三つの大逆事件

山崎今朝弥は、敗戦直後の雑誌『真相』（一九四六年一一月号）に「実説大逆事件三代記」を掲載している。ここで「三代」というのは、明治・大正・昭和の三代にわたる天皇に対する大逆事件という意味である。大逆事件は、一九〇八（明治四一）年一〇月に施行された刑法第七三条に規定されている大逆罪（皇室危害罪）に該当する事件である。[10] 刑法第七三条は、「天皇、大皇太后、皇太后、皇后、皇太子又ハ皇太孫ニ対シ危害ヲ加ヘ又ハ加ヘントシタル者ハ死刑ニ処ス」との規定で、第七四条の不敬罪等の規定とともに「皇室」を特別に保護するための規定であった。その法的な淵源は帝国憲法に定められた天皇の特別な地位にあった。すなわち第一条で「大日本帝国ハ万世一系ノ天皇之ヲ統治ス」とされ、「国ノ元首」として「統治権ヲ総攬」する存在であり（第四条）、立法、行政、司法の長であるばかりでなく、「陸海軍ヲ統帥」する大元帥の地位にあり、しかも「神聖ニシテ侵ス」ことができない現人神としての存在であった。

山崎が「三代」の大逆事件として取り上げたのは、自身が直接、間接に関係した三つの大逆事件である。一番目は、一九一〇年五月に検挙が開始され翌年一月一八日に二四名に対する死刑判決（二名は有期刑）、一二名がほぼ一週間後の一月二四日と二五日に東京監獄において死刑執行された幸徳秋水らの明治天皇に対する「大逆予備陰謀罪」、二番目には一九二三年九月の関東大震災のさなかに逮捕され、一九二六年三月二五日に死刑宣告がなされた朴烈・金子文子による大正天皇と皇太子に対する「大逆陰謀相談罪」、三番目は、一九二三年一二月二七日難波大助による昭和天皇（皇太子）に対する「大逆狙撃罪」であり、同日に「現行即時逮捕」、翌年一一月一三日死刑判決、翌々日の一五日死刑執行された。もちろん、山崎による「大逆予備陰謀罪」「大逆陰謀相談罪」「大逆狙撃罪」という表記は山崎の造語であって刑事犯罪上のカテゴリーではないが、よく事件内容を言い表している。いまでこそ、大逆事件は多くの人の知るところとなっているが、戦前、大逆事件に対する言説は厳しく規制され、大逆事件に言及すること自体が不敬罪の対象となった。山崎は、敗戦後の言論の自由を得て、いわば闇の中にあった、これらの大逆事件をいち早く明るみに出したのである。実をいえば、戦前に大逆事件は、もう一つ一九三二（昭和七）年一月八日に起きた李奉昌事件があり、警視庁前において昭和天皇の鹵簿（馬車）を目がけて爆弾を投げつけた事件がある。死刑判決は同年一〇月一日、死刑執行は同月一〇日に市ヶ谷刑務所において行われた。この事件についての山崎の言及はない。もちろん、一九四五年の日本の敗戦により、新しい憲法が制定され天皇の地位が劇的に変更されることになり、一九四七年に不敬罪とともに大逆罪は刑法から削除されることになった。しかし、刑法そのものが変更されたわけではない。一九〇八年に施行された刑法が、部分的な改正を行いながら現在も生きているのである。

ここで、大逆事件に対する司法的手続きについて説明しておきたい。もちろん、政治上そして憲法上も特別の地位が与えられていた「皇室」に対する犯罪に対しては、司法手続上も一般の刑事事件とは異なる特別の手続きが定められていた。大逆事件は、裁判所構成法により大審院の特別権限に属するものとされ「第一審ニシテ終審」である特別法廷において審理された。その訴訟手続きは、刑事訴訟法により特別に規定されており、一八九〇（明治二三）年一〇月に公布された法律では、「第七編・大審院ノ特別権限ニ属スル訴訟手続」として第三一〇条以下に定められている。それによれば、検事総長が捜査の最高責任者となり、捜査により大逆事件として起訴すべきものと認定された場合に、検事総長は大審院長に予審判事の任命を請求する。予審は、大審院長により任命された予審判事が担当し、事件の取調べを行い、起訴するかどうかを判断する。つまり、予審判事は、被告人を勾引、勾留して訊問をおこなうほか、検証、捜索、物権差押、証人尋問、鑑定等の作業を行う。予審判事は、これ以上の捜査、取調等が必要でないと判断すると、「訴訟記録」としてまとめ、自分の「意見」を付して大審院長に提出する。そして大審院において、検事総長の意見を聞いて、事件を公判に付すかどうかを決定することになる。ここで公判に付すことが決定されれば、初めて大審院に「特別法廷」が設置されることになり、裁判が開始される。

この刑事訴訟法は一九二二（大正一一）年五月に改正され、翌年一月から施行された。新しい刑事訴訟法においては、予審について「被告事件ヲ公判ニ付スヘキカ否ヲ決スル為必要ナル事項ヲ取調フルヲ以テ其ノ目的トス」（第二九五条）と明記された。そして、「大審院ノ特別権限ニ属スル訴訟手続」は第四編の第四七五条以下に規定された。検事総長が捜査にあたること、「特別権限ニ属スル罪アリト思料スルトキ」は大審院に予審請求を行うこと、大審院長より予審を命じられた判事は、取調べを終えた時に「意見書」を添え、「書類及証拠物」を大審院に送付すること、大審院においては、検事総長の「意見」を聴いて次のような決定を行うこと、（一）公判に付すべきものと認めた場合には公判開始の決定を行うこと、（二）下級裁判所の管轄に属するものと認めた場合には、管轄権をもつ裁判所に事件を移送すること、(三)免訴または公訴棄却の決定を行うこと、とされた(第四八三条)。このように文言は整備されたが、基本的な訴訟の流れに変化はない。

公判については、旧刑事訴訟法では第四編の第一七六条以下で規定されている。ここでは、特別裁判についての規定があるわけではなく、一般的な規定が定められているだけであるが、いま、幸徳秋水等の大逆事件を例にとれば、冒頭、被告についての人定尋問から始まり、検事総長による公訴事実についての冒頭陳述が行われる。続いて、裁判長による被告や証人についての訊問があり、供述や証拠調べ等が行われる。その後で検事による論告、弁護士による弁論、そして裁判長による判決の言渡しというように進む。判決後には裁判所書記による「公判始末書」と称する公判記録が作成される。「公判始末書」については第二〇八条に規定があり、次の事項を記載することが義務付けられている。①公ニ弁論ヲ為シタルコト又ハ公開ヲ禁シタルコト及ヒ其事由、②被告人ノ訊問及ヒ其供述、③証人、鑑定人ノ供述及ヒ宣誓ヲ為シタルコト、若シ宣誓ヲ為ササルトキハ其事由、④証拠物件、⑤弁論中異議ノ申立アリタルコト、其申立ニ付キ検事其他訴訟関係人ノ意見及ヒ裁判所ノ裁判、⑥弁論ノ順序及ヒ被告人ヲシテ最終ニ供述セシメラツコト、である。さらに第二〇九条には、その他として裁判所名、年月日、裁判長名や陪席判事名、検事名、裁判所書記名を記載すること、第二一〇条では、判決言渡しより三日以内に「整理」し、裁判長と裁判所書記官の署名捺印が必要なこと、第二一一条には、「判決」と「公判始末書」の原本は、

「訴訟記録」に添付して、その裁判所に保存することが義務付けられている。

大正期に改正された新刑事訴訟法では、「公判始末書」に関する事項は、第一編「総則」、第六章「書類」に規定があり、「公判期日ニ於ケル訴訟手続ニ付テハ公判調書ヲ作ルヘシ」(第六〇条)とされ、「公判調書」には「一切ノ訴訟手続」を記載することが必要であるとされる。全体で一三項目にわたっているが、最初の六項目だけを列挙すれば、①公判を為したる裁判所、②判事、検事及び裁判所書記の官氏名と被告人、代理人、弁護人、補佐人及び通事の氏名、③被告人が出頭しない時はその趣旨、④公開を禁止した時はその趣旨と理由、⑤被告事件の陳述、公判開廷中に口頭での起訴があった場合にはその要旨、⑥弁論の要旨、等々である。そして、公判開廷の日より五日以内に「整理」し、裁判長と裁判所書記官の署名捺印が必要とされた。四つの大逆事件のうち、最初の幸徳秋水等の事件だけが、旧刑事訴訟法で裁かれ、残りの三つは新刑事訴訟法によって裁かれたことになる。ただ、「幸徳事件」についての「公判始末書」は現存せず、後に述べるように「朴烈・金子文子事件」についてのみ、「公判調書」が確認されている。

ここで山崎が言及した三つの大逆事件にもどりたい。一つ目の大逆事件は、宮下太吉による信州明科での爆弾製造あるいは巣鴨平民社での「一一月謀議」とされるものによる明治天皇に対する暗殺計画、さらに内山愚童等による皇太子暗殺計画があったとするもので、幸徳秋水が首謀者とされ、「無政府共産主義」という信念が動機とされた。山崎は、サンフランシスコにおいて幸徳秋水と出会い、帰国後も平民社を訪問し社会主義者たちとの交際があったので、この事件との接点をもつことになった。幸徳秋水との交際に加えて、死刑になった宮下や新村忠雄などとの交際から、危うく大逆事件に連座するところであった。山崎は次のように書いている。「新村忠雄が紀州大石誠之助の処からの帰りに、私の諏訪の事務所に二、三泊して明科に帰つたのは、赤羽〔一〕が諏訪の事務所にゴロゴロしてゐる時だつた」「新村が帰つた後の口裏《くちうら》やその時の話し振りから判断想像すると、当時新村の逆謀はすでに成り、新村は赤羽の参加を勧誘に来たが、赤羽はその企図には反対しないが参加は厭だと拒絶し、新村は仕方なく明科へ帰り、宮下太吉と爆弾製造に取掛かつたものの如くであつた」「当時甲府市遊郭大門前化物屋敷に事務所があつて、明治四十三年中に甲州人の宮下太吉は二度私を訪問したが、二度共生憎《あいにく》留守で私は幸ひ会へなかつた」と。新村忠雄が山崎の上諏訪の事務所を訪れるのは一九〇八（明治四一）年六月三〇日、これは『高原文学』（創刊号）に掲載されている新村の文章により確認できる。続いて、山崎遺族からの寄贈資料には、一九〇九年一〇月一〇日〔?〕消印と逮捕間近の翌年二月七日付の二通のハガキが含まれている。前者には「先日は突然参上いたしおせわになりました」、後者には「秋水幽月〔管野須賀子〕も大変よくなつて来まして……只今松本のそばへ来ました、あす赤羽一兄を訪つねる考へです」などと書かれている。こうしてみると、山崎の「自伝」に登場する「逆賊西郷」や「明科」のなかに、この事件が暗喩されていることは容易にみてとることができる。

爆弾製造が発覚し、爆発物取締罰則違反による宮下・新村らの逮捕が五月二五日、事件はやがて幸徳秋水を首謀者とする大逆事件へと拡大され、幸徳が湯河原で逮捕されるのが六月一日、山崎は、甲府検事局で新村、宮下、赤羽らとの関係について「執拗」な取調べを受けたと記している。八月に上京し「銀座大通裏」に事務所を構えるが、「隣家へ交番所」ができて厳しい監視下におかれた。事件は和歌山県新宮、岡山県、熊本県、大阪・神戸へと拡散し、二六人目の内山愚童に対する予審請求（起訴）が一〇月一八日、予審終結が一一月一日、同月九日に公判開始の決定が発表され、この時初めて幸徳秋水ら二六名の逮捕が大逆罪によるものであることが公表された。公判開始決定をまって、被告らは外部との通信や面会が許され、また弁護人との接見も可能になるというのが、当時の刑事訴訟法上の手続きであった。山崎は、当初は弁護士として幸徳秋水と新村忠雄の弁護だけはやろう、やるべきだと思っていたものの、「一日偶《たまたま》六法全書を見ると刑法第七十三条には危害を加へんとしたる者は死刑に処すとある」「若しあの時新村が僕に一言何か話したら如何。逆謀を告げらるるに会うふも敢て之れを拒まず[11]」と認定されると、共同謀議に加わったことになることに思い至る。「官僚裁判の危険を絶対全面的に信用する」自分としては、「杞憂《きゆう》」を生み、また依頼する被告もいなかったこともあって、また「天下第一最高峰」の花井卓蔵と今村力三郎が弁護を引き受けることを知って、「元気なく弁護する事を止め、何かとオヂケて傍聴にも行かなかつた」と弁明している。そして、死刑判決を聞いた時は、予期していたこともあって大して驚かなかったが、「死刑執行の号外を見た時はゾツとして、思はず知らずイツか掌《てのひら》が首に廻つてゐた」と書き遺している。昭和期にはいり、解放社版「幸徳伝次郎全集」の刊行に踏み切るのであるが、それが山崎の「罪亡し」であったことは、後の「8『幸徳伝次郎全集』の探索」（二七〇頁〜参照）で言及する。

第二の大逆事件は、時期的には関東大震災直後に逮捕された朴烈・金子文子事件であるが、大逆事件としての裁判は後のことになるので、ここでは裁判の順番として難波大助による大逆事件を先に取り上げよう。この事件について、山崎は「難波大助（虎ノ門）事件の真相」と題して、続編を『真相』に二回にわたって連載している。初回にあたる「実説大逆事件三代記」では、この事件との「因縁」について触れている。事件翌年の春か夏の頃、鉛筆で書かれた弁護以来のハガキが届いた。一カ月と経たぬうちに今度は無署名の手紙が届いた。数日後、友人と名乗る若い男が訪ねてきて、大助は山崎を知っていて弁護を希望している旨を言い残していった。山崎は「幸徳事件」のこともあり、弁護人を引き受ける決心をしたが、当時「第一次共産党事件[12]」が係争中であり、堺利彦らの意見をいれて辞退し、同じ自由法曹団の松谷与二郎弁護士に依頼した。ただ、官選として、すでに花井卓蔵・今村力三郎・岩田宙造が決定されていて、私選で松谷が弁護人になると官選の三名は辞めなければならず、松谷も官選として引き受けることになった。山崎は、「あの時あの場合、種々諸々の困難を克服して強引に弁護士になれたのは松谷君なればこそで、誰にも真似の出来る芸当ではなかつた」と書いている。松谷自身も「私が大助の弁護を引受けるまでには、いろいろと複雑した経路があつた」云々として、その詳細を書き残している。そのなかには、横田秀雄大審院長に宛てた抗議文が紹介されていて、「拘禁中の被告人に対し外部との交通を遮断し、面会及信書の往復を禁じ腹心の弁護士を官選し、傍聴を禁止し陰密の間に裁判を確定せしむることを得べく、斯《か》くては刑事裁判の一大危機にして小生として絶対に承服し能はざる処」[13]というような文言もある。

難波大助の「虎ノ門事件」に関する裁判資料は、現在では『アナーキズム』(続現代史資料)や『虎ノ門事件』(全三冊、専修大学今村法律研究室編)に収録されている調書類で見ることができる。また、事件概要についても松谷与二郎の著書、田中時彦や森長英三郎らの論考によって知ることができる。いずれも「9　奇書と文献の案内」(三〇四頁〜)に掲載しておいたので参照していただきたい。それらが公表されていない時期における山崎の回想は、当時すでに知られていた今村力三郎『芻言』(一九二六年私家版)と松谷与二郎の『思想犯罪篇』に収録されている「難波大助大逆事件」を手掛かりにして、難波大助と自分との接点に着目している。「私の判断では、難波の思想が左傾して社会主義的になつたのが大正九年九月四谷鮫ケ橋貧民窟に間借生活した頃から、テロリストの出てくるを当然と考へたのが大正十年三月「改造」の河上博士断片を読んでから、自分が大逆者たらんと決心したのが大正十年四月幸徳等大逆事件の判決文を読んでから」と理解して、難波が聴講したであろう、自身が関係した日本社会主義同盟や平民大学での講演会に言及している。さらに「大震災ドサクサ紛れの労働者、主義者、朝鮮人に対する支配階級の残忍極まる大量虐殺」が動機の一つになったとして、亀戸事件、大杉栄等の虐殺事件、朝鮮人虐殺事件に言及する。山崎は次のようにいう、「兎に角当時を追想すると、血の気の多い情熱の純粋な若者だつたら、難波大助君たらずとも誰でもが卑怯者でない限り、正直の沙汰で狂気の行動に出でないのが不思議の位であつた。現に五十近くの老境に達し、血も熱も失せた上、人一倍卑怯であつた私ですら、痛憤止み難く、当時の情勢上随分遠慮はしたが、色々の策動をしたり新聞雑誌の註文や問合せに対して雑多の小論を文したり、葉書返答を出したりした」と。それらの文章が、『地震憲兵火事巡査』になり、『甘粕は三人殺して仮出獄 久さん未遂で無期の懲役』として再刊行されたことはいうまでもない。

四　朴烈・金子文子事件の法廷弁論

朴烈、金子文子との出会いについて、山崎は次のようにいっている。「朴烈君はその昔、弁護面会の時、二三度訪問して私を知つてるといつたが、私は不逞社「太い鮮人」の他、朴君個人に就ては記憶がなかつた。で、朴君とは弁護したので初めて関係ができたのだといへる。その弁護も妻君の金子文子さんを弁護する序《つい》でに弁護するようになつたのだ」と。金子文子の弁護は、「社会主義おでん屋」として知られていた岩崎善右衛門からの依頼であった。文子は有楽町山カン横町にあった岩崎の「おでん屋」で働いていたことがあり、その関係からであった。依頼された時には、新井要太郎と田坂貞雄が官選として決定していた。そして、友人である田坂からは、二人は虚無主義者で死刑を免れたり弁護士を付けたりすることを望んでいないということであった。ただ、岩崎が本人の希望であるので是非というので、本人の意思を確認するために面会に

図１　朴烈・金子文子事件の裁判資料「特別事件主要調書」（4冊分）

いった。「三、四度面会に行き、その都度朴烈君にも会ひ、協議の結果二人を弁護する事になつた」と記されている。山崎はもう一人、高尾平兵衛社会葬の事務所として借り、刑事事件を得意とする上村進を相棒にして、「官選と共に四人で弁護した」と書いているが、どういうわけか布施辰治等の名前が欠落させられている。

「朴烈・金子文子事件」の概要についても布施辰治や森長英三郎らの論考で述べられているし、また裁判資料として「特別事件主要調書」（全五冊）と朴烈と金子文子についての「身神状態鑑定書」が、前掲の『アナーキズム』（続現代史資料）に活字に起こされて収録されている。裁判資料は、おそらく弁護人に配布されたものであり、明治大学史資料センターにも山崎遺族から原本が寄贈されている。したがって、ここではそれらの資料には収録されていない最高裁判所所蔵の公判記録(14)から山崎ら弁護人の活動に焦点を合わせて紹介したい。ここで公判記録というのは、先に説明したように刑事訴訟法上で規定されている「公判調書」のことである。

さて、第一回公判についての「公判調書」は、次のように記載されている。なお読点は分かり易くするため引用者が付した。「被告人　朴烈事《こと》朴準植、同　金子文子」「右両名ノ刑法第七十三条ノ罪並爆発物取締罰則違反事件ニ付大正十五年二月二十六日午前九時大審院第一特別刑事部法廷ニ於テ」「裁判長判事　牧野菊之助、判事　柳川勝二、判事　板倉松太郎、判事　島田鉄吉、判事　遠藤武治、補充判事　中尾芳助」「検事　小山松吉、検事　小原直」「裁判所書記　戸沢五十三、裁判所書記　内村文彦」「列席ノ上公判開廷ス」「被告人両名ハ出廷シ身体ノ拘束ヲ受ケス」「弁護人　新井要太郎、田坂貞雄、山崎今朝弥、上村進、中村高一、晋直鉱、出廷ス」と規定通りの出廷者についての記録がまずある。ただ、この公式記録には出てこない法廷内外の様子を、たとえば『東京朝日新聞』(二月二七日夕刊)は次のように伝えている。当日は警察官一五〇名と憲兵約三〇名が警護にあたり、午前二時半には一朝鮮人が正面玄関に飛び込んできた。一般傍聴券一四〇枚は朝七時には配布がおわり、厳しい身体検査が行われた。午前八時四〇分、まず文子が入廷する。「薄桃色のシヤツに白色の上衣、黒じゆす〔繻子〕のはかま〔袴〕といふ朝鮮服をつけ、後に垂れた髪を二個の飾ぐしでとめた美々しい姿」で、手にはチェーホフの短編集をもっての登場であった。朴烈は一〇分遅れて入廷し、「上衣は白絹に薄紫のしゃ〔紗〕をまとひ、それに鼠色服のズボン、腰には二羽の飛び交ふ鶴を刺しゅう〔繍〕した角帯をしめ、靴、冠等いづれも礼装付属の品々で美しく飾つた上にしゃ〔紗〕扇を携へ」た出で立ちであった。この服装については布施辰治が朴烈の要求として当局と交渉した結果、実現したものであった。布施によると朴烈の要求は、自分は被告として法廷にたつのではなく、裁判官が日本の天皇を代表して法衣をまとって法廷にたつのであるから、朝鮮民族を代表して「朝鮮の王冠を戴き、王衣を纏《まと》ふ」ことを許してもらいたいというのであった。[15]

さて、「公判調書」にもどると、裁判長からの人定尋問から審理が開始された。「裁判長ハ被告朴準植へ」「問　氏名ハ如何」「答　パツクヤール」、「問　ソレハ朝鮮語テアロウ、漢字テハ何ト書クカ」「答　朴烈ト書ク」、「問　朴準植ト云フノカ本名テナキカ」「答　両方共ニ本名テアル」、「問　年令ハ如何」「答　記憶シテ居ラヌ」と続いていく。続いて「裁判長ハ金子文子ニ」、同じく「問　氏名ハ」「答　金子文子」、「問　年令ハ」「答　御役人用ハ二十五才ト為テ居ルモ自分ハ二十三才ト思フ併《しか》シ之モ確カノ所ハ判ラス」、「問　身分ハ」「答　平民」……「問　出生地ハ」「答　横浜ト云フコトテアル」と進んで、裁判長が次のように切り出している。以下は、読み易くするため平仮名表記とし、読点を付すことにしたい。「裁判長は合議の上本件の審理は、安寧秩序を害する虞《おそれ》ありと認むるを以て、対審の公開を停《とど》むる旨、並《ならびに》此決定は続行期日に於ても其の効力を有する旨、決定を言渡し」「一般傍聴人に退廷を命し、特別に傍聴を許可したる者を入廷せしむる為、一時休憩したり、此時特に許可せられたる傍聴人入廷したり」と。ここで、これも記録として必要なことであろう、次のような状況説明が付されている。「同日午前九時四十分、前同一法廷に於て、前同一の判事、検事、裁判所書記列席、弁論を続行す」「本件の審理は公開せす」「被告人両名出廷し身体の拘束を受けす」「前同一の弁護人並に弁護人布施辰治出廷す」と。布施弁護士は、遅れてやってきてこの時から審理に加わったということになる。

まず、布施弁護人が起って、この公開禁止の決定に対して異議を唱えている。民族問題や国際問題への影響が大きいので、「一般の人に知らしめ民心の不安を除去」するために公開が必要であるというのが主たる理由であった。上村弁護人も賛同しているが、裁判長は「異議の申立ては理由なき」という一言で却下している。山崎弁護人もこの件について発言し、公開禁止の理由が一般の人に事実を知らさないということを理由とするならば、公判以前の訊問のようなやり方をすればいいので、「其方法によるときは普通の公判廷に於けるよりも能く事実の真想〔相〕を知ること得へし」と皮肉を飛ばしている。そして、「特別傍聴」も禁止したらどうかと、異議を唱えている。これも裁判長により「却下」の言い渡し。続いて、小山検事が事件についての公訴事実を読み上げた。これは省略する。続いて、被告人・朴準植は「所謂裁判に対する俺の態度」（大正一四年一二月二一日付）を読み上げた。以下、裁判長による検事の公訴事実についての訊問が正午から一時間の休憩を挟んで続けられるが、これも省略。金子文子に対しても裁判長から公訴事実についての訊問が行われた。金子は「大体に於て相違ありませぬ」と答えている。ただ、金子は金翰、金重漢に爆弾入手を頼んだことについては、朴が自分に相談なく行なったことで、自分は知らなかったと予審調書での記録を覆している。証拠調等のことは、ここでは省略するが、第一日の終わりに証拠調べについて弁護人の意見を聞いている。山崎からは、「鑑定人杉田直樹を召喚し（一）鑑定したるは現在なるか行為当時のことなるか（二）被告両名の各鑑定書の結論の文字を異にする理由如何（三）金子文子の鑑定書中事実の記載に相違せる所あり此等の点に付説明せしむる為訊問を求むる旨」が申請されたとある。しかし、ここでも裁判長は合議の上、「すべて不必要」との理由で却下してしまった。

　第二回目の公判は二月二七日、弁護人として新井、田坂、布施、山崎、上村、晋、中村が出席している。午前中は、小原検事により罪状についての論告がなされた。冒頭、「虎ノ門事件」に言及し、「曩《さき》に大正十三年秋、難波大助に対する刑法第七十三条の罪に付当院の審判を受けたるは世人の記憶に猶《なお》新なる所にして、当時国民を挙けて我国歴史上の一大汚点として痛恨察する能《あた》はさるものありし処」云々と始まっている。途中は省略して、その最後の部分だけを摘出しておけば、「本件に於ける被告両名の地位より之を云はば被告朴は主にして文子は従たり、思想に於て朴は文子に比し数日の長たると共に矯激《きょうげき》の度に於て優《まさ》り、其大逆の企図も文子より時期に於て早く、且つ深きは前に陳へたる所の如し、之に反し文子か本件犯罪を犯すに至りたるは全く朴と同棲後のことに属し、中途より朴の大逆に賛同するに至りしのみならす、金翰又は金重漢に対する交渉は朴専ら之れに当りしものなるを以て、朴に比し犯情軽きの疑あるも、抑《そもそ》も我　皇室は開《かい》闢《びゃく》以来二千百有余年、我国家民人の上に君臨統治し給ひ常に我国民尊崇の中心と成らせ給ふ所にして、之に対して大逆を企つるが如きは独《ひと》り法の許さざる所なるのみならず、国民的信念に於て容認する能はさる所にして、情状酌量の余地なきを以て、被告両名に対しては須《すべか》らく刑法第七十三条に依り、死刑に処せられんことを希望す」ということになる。一時休憩の後一〇時四〇分より再開する。弁護人の弁論に移る前に、朴準植が発言を求め、認められた。朴はいう、「前刻、小原は俺達へ死刑を要求した、野郎の謂つたことに対し一言する、汝等は死を以て俺達を脅迫して居るが、俺達は死を怖るるものでない、吾人の真に怖れるべきは魂であることを思はねばならぬ、魂の怖るべきものなること汝等に示す」云々、その口調にも注目しておきたい。また弁護士に向けては次のようにいっている、「僕達の為めに君等が弁護をすることは差控《さしひか》へて呉れる様に切望する、僕達はアラユル権力を否定するのであるから従て裁判の権威なるものも認めない、如何なる権利も争ふ必要がないのであり、そう云ふ僕達の為めに弁護をすることは滑稽であり、又彼等を正当化するオ芝居であるからである」云々と。午前中は新井弁護人の弁論がおこなわれたがこれは省略する。

休憩後、午後一時から布施の弁論が始まった。布施は、まず、「本件の弁護人として検事が対象となしたる犯罪、其捜査、裁判所の判断を求めんとする公訴事実は元より、検事局の捜査の態度、裁判所の審理の態度等を対象として之れに厳正なる批判を加へんと欲す」と述べる。そして、論点の第一は事件の経過についてである。布施は三種類の予審請求書があることを問題にし、

「検事局の捜査は無能」であり、「検事の考察は無定見」であると批判する。つまり、「此の両人に対する起訴状は其処に積み在る記録中に三枚存し、孰《いず》れも罪名を異にせり、即ち大正十二年十月二十日付予審請求書に依れば此両人と共に所謂不逞社同志十五名が治安警察法を擬《ぎ》せられたる秘密結社の事実なり、罪アリト断ぜらるるも禁錮一年の罪案なり、其次に存在せる起訴状は大正十三年二月十五日付を以て予審を請求せられたる爆発物取締罰則違反と云ふ罪名に依り、此の両人と未だ予審の終結決定を見ざる金重漢等が爆発物の輸入を企たと云ふ罪案なり、次に存在するは大正十四年七月十七日付を以て予審を請求せられたる、此の両人に対する刑法第七十三条の罪あることを内容とせる起訴状なり」と。事実は一つであるはずなのに、どうして三種類の起訴状が存在するのかと。これに対しては検事が口を挟み、「初の内は所謂大言壮語と思ひ、真に此の虚無思想の実現或は権力階級に対する反抗が刑法第七十三条の法益を害するものと考へさりしも、段々其事実が確実となり来りたるを以て特別公判に付するに至りたるとの事なり」と弁明している。

布施の第二の論点は、この事件の背景には一九二三年九月一日の関東大震災における「朝鮮人虐殺事件」がある。そして、朴烈らの逮捕は、この事件を正当化するためにおこなわれたのではないかというものである。日本国家としてこの虐殺事件にたいする弁明を世界に対しておこない、また最高に権威ある裁判所である大審院においても立場を明確にする必要がある、こう布施は要望する。第三の論点としては、両被告を長期にわたって拘束した検事と裁判所の態度を問題にする。布施はいう、「私は大正十二年十月確か二十四日と記憶する、此の事件に付、被告等が接見禁止となりたる以来、特別裁判の公判開始決定後一ヶ月を経て、牧野裁判長の接見禁止を解かる る迄は、其間実に二ヶ年の永き之れを裁判所として、検事として如何に観らるるや」と。そして、「私は或は夫等《それら》のものが事件の進展に添ふべき供述を抽出したるにあらざるかと思ふ」と。長期にわたる拘束が、大逆罪を造り出したのではないかと、布施は批判するのである。第四の論点として刑法第七三条についての解釈論を展開する。第七三条に規定する「加ヘントシタル」に陰謀や予備を含むと検事は解釈するが、陰謀や予備を罰する場合には、内乱罪や外患罪のように各本条に規定があるのであり、第七三条にはその文言がない以上は、陰謀や予備は含まれていないと解釈すべきである、このように布施は主張する。

第三回公判は二月二八日、この日は田坂、中村、晋弁護人の弁論が行われた。続いて三月一日に第四回公判が開かれ、上村弁護人の午前、午後にわたる弁論があり、最後に山崎の弁論がなされた。山崎は、証拠申請した鑑定人の招致が却下されたことを遺憾とし、両被告に対する鑑定が、事件当時のものか現在のものであるかが判然としていない。また、文子の叔父あたる金子元栄なるものが生存しているとされているが、すでに亡くなっている。鑑定書により両被告には「責任感（責任能力）」があると判断されているが、この鑑定書には誤謬がり、証拠能力がない、このように山崎は主張する。鑑定書の杜撰《ずさん》さについては、前の上村弁護人も指摘していたので、それを受けてのことであろう。弁論の最後をまかされた山崎は、他の弁護人の弁論のフォローをする役割を負わされることになった。上村弁護人は、朴の潜在意識のなかに「民族主義」があり、安重根の例をだして「民族主義」のために闘う者には死の覚悟があり、「朴に対しては死刑を相当と考ふ」と論じたのに対して、山崎は「其の点は私も同様に考へる」と述べたと記録されている。ついで、山崎は「刑法第七十三条の加へんとしたるの解釈に付、私は田崎弁護人の述べた処に賛成する」と述べている。前日の弁論で田坂は、刑法第七十三条の「加ヘントシタル」の解釈に言及し、通説は陰謀、予備を含むとするも、陰謀の陰謀、予備の予備は含まないとすのが常識であり、そうすると「実害の程度」が問題となるが、それを確定することは困難である。したがって、この規定は「前項の罪を犯す目的をもってその予備又ハ陰謀をなしたるものは死刑に処す」の意味に他ならない。つまり、布施の見解と違って陰謀、予備を構成要件として認めたということであり、山崎もそれに賛成した。田坂は、そのうえで検事が主張する四つの爆弾入手計画は「予備」にあたるものではないし、両被告の陰謀についても、両被告は予審調書のなかで「相談」したと「自白」しているが、これは「一の寝物語り」であり、「陰謀」には当たらないとする。したがって、田坂は、大逆罪ではなく爆発物取締罰則第三条に該当させるのが適当と主張している。山崎も「自白」に関しては、本件は「必要共同正犯」であり、それぞれの「自白」は証拠としての「自白」にはならないし、また「陰謀」についても被告の「自供」のみで判断されている。「然《しか》れ共《ども》之は甚た危険である、第一大津事件第二幸徳事件第三難波事件に付ても各間違があつた様に聞て居る、此の点は裁判所に於ても充分御考慮を煩《わずらわ》され度《た》ひ」と、自供のみによる「陰謀」

は証拠にならないとの注文をつけている。ただ、爆発物取締罰則の適用については、山崎は反対している。

中村弁護人の弁論にも、山崎はコメントしている。中村は、「被告人両名の気分を尊重して、死刑に処するの外に方法なかるへしと思ふ」と述べて、酷刑を望むとしたが、その結果を考えると「慄然」とするものがあり、どうして検事は爆発物取締罰則違反に止めなかったと当局を非難した。これに対して山崎は、死刑は本人を対象にするものであるが、「誰れも心の中では何とかして助けてやりたいと考へぬ者はなかろうと思ふ」であろう。当然、朴は死刑による「朝鮮人に感激を与ふる宣伝の効果」というものを考えているであろう。その後、公判記録には「国家の上より観て宣伝に乗り其効果を発生せしむべきものであるかどうかと思ふ」と記されている。おそらく死刑による民族意識の高揚を考慮して、死刑判決の後の恩赦を示唆した発言と考えられるが、書記の記録だけでは真意が分かりにくい。最後に布施の弁論に言及している。この部分は引用する。「布施弁護人は日韓併合に関する我国官民の態度に付論じたるが、私も震災当時の鮮人虐殺事件並に震災当時鮮人に対する流言蜚語に付、現に東京弁護士会館に張出された張紙の文詞（此時弁護人は震災当時東京弁護士会館に張出されたりと称する張紙の文詞写を朗読せり）等より推し、総督政治にも必ず此の態度あることと思ふ、而して之を放置せば本件の如き事件は之に止《とどま》らざることと思ふ、兎に角本件に付ては判決の結果から見て吾々の手本になる様な判決をして貰ひたし」と。山崎が東京弁護士会館に貼りだされたとする「掲示」は、『地震憲兵火事巡査』に収録されている。内容は、「(一)過般の大震災に際して鮮人の暴行盛に宣伝せられ、或は殺傷、放火、強盗、強姦、毒薬投入等の事実を目撃し、若くは之を受けたる者多数ありしに拘らず、(二)責任ある某方面に於ては早軽にも其事実なしと放言せるため、(三)国家の為め犠牲的に奮起せる自警団其の他の者より、鮮人に対してなしたる殺傷は、単なる流言蜚語に惑はされたる行為なりと観察せらるる恐有之《これあり》(中略)(六)依つて鮮人の暴行事実を調査し、以て憂慮すべき暗雲を一掃する事と致候に付き、御見聞せられたる事実を乍御手数御報告相成度候」[16]というものであった。終わりの個所は、「お手数ながら、ご報告あいなりたく候」と読む。

山崎の弁論が終わると裁判長から、被告の金子文子と朴準植に最終の陳述が求められた。金子文子は次のように発言している。弁護人に対する意見にもなっているので、引用する。

私は少し云はせて貰ひます、私は弁護人諸君に云ひます

上村氏は、親の愛の事に付て、私の父も母も私を愛して居つたが周囲の事情の為めに愛することが出来なかつたと云はれましたが、私は考へます、愛し得ない場合に愛するのが真の愛であろうと、愛し得る場合に愛するのは誰でも出来る、私は左様なものは求めたくない、私の母は此の事件に付て証人として訊問せられた際、文子のことに付ては何も申ことはありませぬ、只あの子には重々《じゅうじゅう》悪くて済まぬと思て居りますとは謂つて居りますが、直く其後で只今私の居る宿沢治作方は之迄にないよい家であるから文子の事が宿沢の家に障《さわ》らねばよい

私の思想のことに付何処かで講演をして見たいと思て居りましたが、今度の公判廷へ出て其

次にお役人方へ云ひます、私が監獄へ入れられてから今日迄足懸け四年になりますが、其間

あつたが、私はどうとも考て居りませぬ

次に検事さんから私に、監獄から出られる様になつたらどうするかとお尋ねになつたことが

ると云はれたが私共の間には上村氏の云はれる程の事はなかつたことを一言して置く

要するに弁護人諸君は私を煽《おだ》てた様である、夫れから上村弁護人は私共両人が恋愛関係であ

の御飯も呉れなかつたのに、今に成て過去の境遇の事など云ふのは私を愚弄するものである、

と謂ふて手加減をして貰はうとは思はぬ、又私が苦学をして食事にも窮した時、社会は一椀

どして貰ひたくない、私は他の事をして充分生て行けたのである、私の境遇は斯《こ》ふであつた

欲しくない、私は寧ろ中村氏の様に謂つて貰ふ方がまし、私の過去の境遇の事に付て同情な

に諸君は之を云はれた、私の思想は私の体験から来て居るのである、境遇に付て彼是《かれこれ》謂つて

又私は弁護人諸君に対し私の過去に於けることは可成《なるべく》一点の弁護も欲しないと謂つて置たの

二年間の生は皆の者が私にのし掛つて来て虐待したのです、私は復讐しなければなりませぬ、

次に田坂弁護人は進化論に付て云ひましたことも間違て居ます、誰が何と謂つても此の二十

たが、何れも御批難其ものが間違て居ると思ひます

次に田坂弁護人は私の思想に対しアナキズムに付又上村弁護人はニヒリズムに付云はれまし

がと案しておりますと謂て居るではありませんか、

講演に往《い》つた様な気持かします

被告朴準植は「何も云ふことはありませぬ」とだけ述べて審理は終了した。第五回の公判は、少し間を置いて三月二五日午前九時開始、同じ大審院第一特別刑事部法廷において、弁護人としては、新井要太郎、中村高一、山崎今朝弥、上村進、晋直鉱、出席のもとに牧野菊之助裁判長より判決が言い渡された。もちろん、大逆罪による死刑の判決であった。「公判調書（第五回）」の判決文の直ぐ後には、大正一五年四月五日付の小山松吉検事総長名による「特典ヲ以テ死刑囚朴準植ヲ無期懲役ニ減刑セラル」、同「特典ヲ以テ死刑囚金子文子ヲ無期懲役ニ減刑セラル」の特赦状が記録されている。

さて、「実説大逆事件三代記」を中心にして、山崎今朝弥と三つの大逆事件についてみてきたが、この論考には、戦後、言論の自由をえたなかで、戦前、闇に葬られてきた大逆事件を明るみに出すという意図とともに、天皇制についての自分の見解を示しておきたいという気持ちがあったことも事実である。山崎は三つの大逆事件に共通するものがあると指摘する。それは「卑俗低級無哲理」であろうが、「復讐しなければならない」という心情である。「どうせ死ぬのだから、一ばん華々しい、人の目に著《つ》き口の端に上る最高責任者を狙へ」という無鉄砲さである。幸徳事件が赤旗事件の復讐であり、虎ノ門事件も幸徳事件に対する復讐、朴烈・金子文子事件では、復讐については軽く述べているだけであるが、「もし九月のドサクサを見た後だつたら、全く難波と同じで或は朝鮮人虐殺に付ては其れ以上であつたに相違ない」と。大逆事件をなくするためには天皇を最高責任者とする天皇制なくすればよいということになる。しかし、山崎は天皇制の廃止には賛成しない。その理由として、「老年共通の保守、消極、温健、同情、平穏を愛好」すること、秩序の混乱をまねくこと、面倒くさいこと、惜しい気持ち、天皇に気の毒であること、私の好みに反すること、を挙げている。のみならず、郷里に帰れば墓参りをし、茶話をする、そのように東京へ出たら、「一寸寄つて会つたり拝んだり、花や庭をみたり散歩したり、を楽しみに宮城や皇室を保存したいとさへ思つてる」と。そのためには、天皇の政治関与を切断して、儀礼的大権をも極度に縮小すること、それが必要であると主張している。日本国憲法が公布されるのは、この文章を書いた直後の一一月三日、「象徴認可」すら問題であるのに、「元首裁可」に変更しようとするのは「とんでもないことである」と結んでいる。

❖注

(1) 自由法曹団編『自由法曹団物語』(日本評論社、一九七六年一〇月) 一一〇頁。
(2) 森長英三郎『山崎今朝弥』(「9 奇書と文献の案内」二 (3)〔三二四頁~〕参照) 一〇頁。
(3) 同右、一一頁。
(4)『地震憲兵火事巡査』(「9 奇書と文献の案内」一 (3)〔三一七頁~〕参照) 後半一頁。

（5）森長英三郎『日本弁護士列伝』社会思想社、一九八四年六月、六九〜七一頁参照。
（6）山崎今朝弥「堺利彦論」（『人物評論』一九一九年三月号）。
（7）『幸徳秋水全集』（明治文献、第九巻、一九六九年一二月）収録。なお、戦前の解放社版『幸徳伝次郎全集』には、（1）（2）の書簡が収められている。（1）の〔 〕内は解放社で削除された箇所を補っている。また（2）は解放社版がそのまま収録されている。
（8）『光』一九〇六年七月五日号。
（9）赤羽一（巖穴、一八七五〜一九一二）は山崎と交際があり、「実説大逆事件三代記」（『真相』一九四六年一一月号）で次のように紹介している。「私のメリケン友達の一人に『嗚呼わが祖国』（『嗚呼祖国』一九〇二年刊）の秘密出版一書を置土産に日本を脱走、米国に出奔した巖穴赤羽一という新聞記者があり、この人も幸徳と前後して帰国した（帰国は一九〇五年五月頃とされている）。思想的には当時の所謂直接行動派テロ傾向のアナキストで、往来する交際関係は自然幸徳派の者が多かつたが、失敗ばかりしてゐて余り貧乏だつたのか、幸徳が病身で営養静休を必要とし、又相当の友人が多くてその静休営養が出来た事が諒解出来なかつたのか、或は性格的であつたのか、幸徳とは合はず幸徳の生活を贅沢だと不平をツブヤキ続け余り依り付かなかつた。赤羽は後に『農民の福音』を秘密出版し、出版法違反で捉へられ、公判廷では日本革命万歳三唱の皮切りをして入獄牢死した」「赤坂に法律事務所を設けた時も『忽ち田舎に逃亡し』て生地、信州諏訪に事務所を持つた時も、永い間私の事務所にゴロゴロしてゐた」と。なお、赤羽から山崎宛の書簡については拙稿「山崎今朝弥の修行時代」(『大学史紀要』二〇〇九年三月)で紹介している。
(10) 一八八二(明治一五)年一月から施行された日本で最初の近代的刑法においても第一一六条で大逆罪が規定された。これらについては、山泉進編著『大逆事件の言説空間』(論創社、二〇〇七年九月)「序説」を参照のこと。
(11) 山崎今朝弥「危険人物の弁解にあらず」(『地震憲兵火事巡査』(前掲書)収録)一三頁。
(12) 森長英三郎「第一共産党事件」『新編史談裁判』(二)日本評論社、一九八四年六月。
(13) 松谷与二郎『思想犯罪篇』天人社、一九三一年一月、九九頁。
(14) これは再審準備会が再審請求のために復刻したもので『朴烈・金子文子裁判記録』(黒色戦線社、一九七七年九月)として刊行されている。
(15) 布施辰治他『運命の勝利者朴烈』(世紀書房、一九四六年一二月)四五〜四六頁。
(16)『地震憲兵火事巡査』(前掲書)一二頁。

5　大審院における言論擁護の弁論

一　上告専門弁護士

山崎今朝弥は、大正・昭和期の法曹界における稀代の奇才・社会主義弁護士として知られている。弁護士として活動した期間は、米国から帰国した明治四〇（一九〇七）年五月に東京弁護士会に登録して以来、昭和二九（一九五四）年七月二九日に七八歳で死去するまで、四五年余りに及ぶ。その弁護士活動の特徴の一つとして、上告専門弁護士をセールスポイントにしていた点が挙げられる。山崎は、大正二（一九一三）年、我が国初の合同弁護士事務所である東京法律事務所を開設して、上告部の主任となったが、森長英三郎氏によれば、その後も上告を得意として、「明晰な頭脳で高い率で破毀判決をかちとり名声を」得て[1]、「破毀率は群を抜いていた」[2]と言う。根本孔衛氏もまた、山崎は「上告事件を得意とし、みずから上告専門弁護士と名乗り、事務所を上告専門所と称した。事実を解剖し、論理を分析し、心理をえぐるに長じた、山崎の綿密な頭脳が、判決を分解し、その欠陥を指摘する上告事件にむかわせたのであろう」[3]と指摘している。

山崎自身によれば、もっぱら上告に携わるようになったのは、「性相研究の結果ではなく、経済研究の結果」、すなわち経済的理由からだったようだが、「なるほど破毀の愉快はまた格別である」[4]とも述べているから、控訴審判決の法適用・解釈の欠点を突いて破棄を勝ち取るという上告審弁護の醍醐味が、性格的にも適していたのであろう。山崎は、さらに、上告事件の弁護について、次のように述べている。[5]

現今上告事件を特別に集める者(悪ければ取扱う者)に、高木〔益太郎〕さん、牧野〔賤男〕さん、沢田〔勲〕、中村〔了詮〕、亀山〔要〕、猪股〔淇清〕諸君、東京法律事務所に私、その他十数名ありてなかなかの盛況である。しかしてこの機運を作った者は、私は私であると確信する……従来上告事件は場所関係より東京の弁護士に、友人関係より知己の弁護士にのみ依頼したのである。依頼さるる弁護士の上告の技倆と成績とを吟味して、少々ながら、知らぬ弁護士にまたは東京の弁護士が上告事件を託するに至ったは近来の事である。しかしてこの機運は誰も作らぬ、しかし私。場所が行為を支配するに非ず。類が類を以て集まるにも非ず。ただその技倆と成績とに依り、東京の同職特に先輩より上告事件調査の委託を受くる者、私の外に人がある。しかし民刑共に、は他人の名を知らない……私は普通弁護士としては第二流は愚か、第三流も先ずすこぶる危いと明見し、上告弁護士としてなら日本では世界一にもなり兼ねまじく杞憂があると予断した。これが即ち私が上告専門を畢生の事業として考案した所以であります。ついては私は先ず第一に天下の義人をして上告は凡て必ず上告専門家に遣らせて見ようという癖を作らせ、一方には上告専門家をしてその研究兼営業団体を作らせて見たい。敢えて問う、天下に憂国慨世の士はなき乎。

以上のように、山崎は、自らが上告専門弁護士の先駆けであり、その技量と実績を備えていると自負している。森長英三郎・根本孔衛の両氏もこの点を高く評価しているのだが、実際にどのくらいの件数の上告事件を担当し、また破毀率は高かったのだろうか。大正期の刑事事件に絞って、『大審院刑事判決録』(大正一〇年以前)および『大審院刑事判例集』(大正一一年以降)に掲載された、山崎が被告人の弁護を担当した事件を調べてみると、[6]山崎が担当した刑事上告事件で判例集に掲載されている事件数は、七〇件に及ぶことが判明した。時期的には、大正三年が一〇件、大正四・五年が九件と、大正前半期に多く、大正後半期にかけて次第に減少していく。七〇件中、上告棄却が五一件、原審破毀(一部を含む)が一九件(約二七%)であるから、後述のように破毀の内容を精査する必要があるとはいえ、破毀率が高かったことは間違いなさそうである。事件種類別で見ると、新聞紙法違反が七件と最も多く(別に出版法違反が一件ある)、次いで衆議院議員選挙違反六件、賍物故売五件、賭博四件、瀆職・森林法違反・治安警察法違反など三件と続いている。

二　新聞紙規制法制の展開

ここでは、とくに、言論の自由に対する弾圧立法である新聞紙法および出版法違反事件に注目して、山崎の上告専門弁護士としての活動の特徴を探ってみたいのだが、具体的事件の検討に入る前に、新聞紙法および出版法の性格とその沿革を概観しておく[7]。

明治政府が、言論活動の規制に踏み出したのは、明治六（一八七三）年一〇月一九日の「新聞紙発行条目」（太政官布告第三五二号）によってである。同条目では、新聞紙の発行は許可制（第九条）であり、国体誹謗などが掲載禁止事項（第一二〜一五条）とされたが、新律綱領・改定律例による事後処罰（第一八条）にとどまり、発行禁止などの行政処分は科されなかった。しかし、明治七（一八七四）年入ると、民選議院設立運動が活性化して中央の有力新聞の多くが反体制的な民権派の政論を掲載し始めたため、明治政府は本格的に言論活動の規制に乗り出した。明治八（一八七五）年六月二八日に「讒謗律」（太政官布告第一一〇号）と「新聞紙条例」（太政官布告第一一一号）が、次いで九月三日には「出版条例」（太政官布告第一三五号）が発せられた。明治政府は、新聞紙（のち新聞紙以外の定期刊行物を含む）と書籍とを区別して、二元的な取締法体制をとったのである。明治八年「新聞紙条例」では、発行許可権が文部省から内務省に移管された（第一条）ほか、持主・社主・編輯人・印刷人・筆者ら責任者について詳細な規定（第二〜七条）が設けられ、さらに、掲載禁止事項が列挙されて、規定毎に体刑を含む厳罰（第八〜一六条）や、発行手続違反の場合に限ってとはいえ発売頒布禁停止などの行政処分（第一〇条）も定められた。翌九（一八七六）年七月五日には、「已ニ准允ヲ受ケタル新聞紙雑誌雑報ノ国安ヲ妨害スト認メラルル者ハ内務省ニ於テ其発行ヲ禁止又ハ停止スヘシ」（太政官布告第九八号）として、国安妨害に対して発行禁止・停止処分が、さらに一三（一八八〇）年一〇月一二日、新たに風俗壊乱が行政処分の対象として付加された（太政官布告第四五号）。こうした言論規制法制の展開には、近代的刑法典が前提とする事後的な刑事制裁中心の言論規制を否定して、行政規制へ移行する動きが明確に見出される。

次いで、明治一六（一八八三）年四月一六日の「新聞紙条例」（太政官布告第一二号）では、治安妨害と風俗壊乱が内務卿による発行禁停止処分の対象とされ（第一四条）、保証金制度の導入（第八条）、身代り新聞に対する防止措置（第一七条）、さらに、従来の掲載禁止事項に加えて、「朝憲ヲ紊乱セントスルノ論説」（第三七条）と「猥褻ノ文書図画」（第三九条）が追加され、外務・陸海軍卿による記事差止め規定も新設された（第三四条）。明治二〇（一八八七）年一二月二九日「新聞紙条例」（勅令第七五号）では、許可制が届出制に改められ、地方長官の発行停止権・身代り新聞防止措置が廃止されたものの、内務大臣の発行禁停止権（第一九条）、保証金制度（第八条）、陸海軍大臣による記事差止権（第二二条）、掲載禁止事項が詳細に定められた。この明治二〇年「新聞紙条例」は、同年一二月改正（勅令第七六号）の「出版条例」（出版手続きなどに大きな変更点はないが、出版禁止事項は、一六年と二〇年改正の新聞紙条例に合わせて、治安妨害・風俗壊乱の出版物に対する内務大臣の発売頒布禁止行政処分規定が取入れられるなど拡大強化され、罰則も格段に強化された）とともに、憲法発布と帝国議会開設に先立って「既成事実として出版取締法規を確立する意図のもとに制定された」（奥平康弘）ものと厳しく批判されているが、その基本的な性格は、明治三〇（一八九七）年三月一九日新聞紙条例中改正を経て、明治四二（一九〇九）年五月六日「新聞紙法」（法律第四一号）へと、引き継がれていった。

書籍出版の取り締まりについては、明治二六（一八九三）年四月一四日「出版法」（法律第一五号）が公布された。その内容は、納本期限が発行一〇日前から三日前に（第三条）、仮差押の権限が検査官から検事に変更された（第二九条）ほかは明治二〇年「出版条例」と大差なく、事前の出版届出と納本の義務付け、安寧秩序妨害・風俗壊乱出版物に対する内務大臣の発売頒布禁止の行政処分（第一九条）のほか、外交・軍事など官庁機密事項の無許可出版の禁止（第一八条）、政体変壊・国憲紊乱《びんらん》ならびに風俗壊乱の出版に対する著作者・発行者・印刷者など関係者の刑事処分（第二六・二七条）などが定められていた。その後、日清・日露戦争後に台頭した社会主義や無政府主義の取り締まりを意図して制定された明治四二年「新聞紙法」も、出版法とほぼ同様の内容であり、内務大臣に種々の発売頒布禁止と差押権限を認めたうえ、検事および陸海軍大臣および外務大臣に、各管轄事項に関して、報道自体を禁止する権限（記事掲載差止命令権）を認めた（第二七条）。この明治二六年「出版法」および明治四二年「新聞紙法」は、大正・昭和戦前期を通じて、言論の自由を規制弾圧する法として機能し、昭和二〇（一九四五）年九月二七日付のGHQ覚書「新聞及び言論の自由への追加措置に関する覚書」によって効力停止となるまで存続したのである（昭和二四年五月二四日法律第九五号により正式に廃止）。

三　山崎担当の新聞紙法および出版法事件

それでは、大正期の大審院において山崎が弁護を担当した新聞紙法違反事件七件と、出版法違反事件一件についての検討に入ろう。

【事例一】「新聞紙法違犯ノ件」（大正三年（れ）第一八九七号事件、大正三年九月二五日大審院第一刑事部判決、第一審京都区裁・第二審京都地裁）[8]

上告棄却。被告人は丸野秀丈ほか一名、弁護人は尾崎保・阿保浅次郎・佐々木藤市郎・山崎今朝弥・田坂貞雄・吉田三市郎の六名。

この事件は、京都日出新聞が、京都地裁検事局が保管し未公表であった検事正宛て「追告発書」および「御伺書」と題した文書を、同検事局の許可を受けず掲載したことが、新聞紙法第二〇・三六条に違反するとして起訴された事案である。判旨第一点では、個人が作成した文書であっても「官署等ノ保管ニ係ル以上ハ」第二〇条の「文書」に該当するとして、尾崎弁護士の主張を退け、判旨第二点では、原判決は右文書の掲載が題名のみであったのか内容に及んだのかを明瞭に判示していないから事実理由不備の失当ありとの山崎らの上告理由に対して、大審院は、原判決が文書の内容を掲載発行したという事実を判示した趣旨は明瞭であり、また、被告人は、新聞紙全体であれ一部であれ、第九条一号の編輯人以外で「実際編輯ヲ担当シタル者」に該当するとの判断を示した。

【事例一二】「新聞紙法違犯及詐欺ノ件」（大正四年（れ）第二一五一号事件、大正四年一〇月六日大審院第三刑事部判決、第一審東京区裁・第二審東京地裁）(9)

原判決破棄自判・懲役二月。被告人は藤田貞二、弁護人は吉田三市郎・山崎今朝弥・佐々木藤市郎・角岡知良・田坂貞雄・阿保浅次郎・戸水寛人の七名。

この事件は、東京新聞が無稽の記事を掲載した号外を届出外の場所で普通の号外と偽って各購買者に販売した行為が、新聞紙法第三〇条・第四条一項六号および刑法上の詐欺罪に当たるとして起訴された事案である。大審院は原判決を破棄したが、これは原判決が明治四一年刑法第五四条一項により、一個の行為で数個の罪名に触れる場合に最も重い刑によって処断すべきことを怠った点について判断を示したにすぎず、新聞紙法の適用を争った山崎らの上告理由については、その悉くが退けられている。上告趣旨第二点では、原判決では新聞の印刷・売渡を発行と解したのか不明確であると批判したが、大審院は、新聞紙法に言う発行とは「印刷物ヲ発売又ハ頒布スル行為」を指すと述べ、届出の発行所の外で発行したものと認めたのは不法ではないと判示した。

【事例三】「新聞紙法違反及警察犯処罰令違反ノ件」（大正九年（れ）第一二一二号事件、大正九年七月五日大審院第二刑事部判決、第一審横浜区裁・第二審横浜地裁）(10)

一部原判決破毀東京地裁移送、一部上告棄却。被告人は住谷燥次郎、弁護人は山崎今朝弥。

この事件は、横浜労働新聞が新聞紙法および警察犯処罰例第二条一二号違反に問われた事案であり、大審院が原判決を破毀して東京地裁へ移送を命じたのは、警察犯処罰例第二条一二号の交通妨害行為の事実認定についてであり、新聞紙法違反についての上告は棄却されている。新聞紙法違反について、山崎は、横浜労働新聞は出版法所定の届出を為したものであるのに、これに新聞紙法の各条を適用した原判決には擬律錯誤の不法があると主張した。

原判決ハ本件新聞ハ勿論出版法ニ従ヒ出版法所定ノ届出ヲナシ出版シタルモノナルモ時事ニ関スル事項ヲ掲載シタルモノナルカ故出版法に依ルヘキニアラス新聞紙法ニ依ルヘキモノナリトノ理由ニ基キ本件ヲ新聞紙法違反ニ問ヒタルモノナリ然レトモ時事ニ関スル事項ヲ掲載スルモノ必スシモ新聞紙法ニ依拠スヘキ新聞雑誌ト云フヲ得サルカ故ニ原判決ハ此点ニ於テ擬律錯誤ノ不法アリ（大正八年十月十八日大審院第三刑事部先刻同年（れ）第一八四九号判決参照）……既ニ出版法所定ノ届出ヲ了シタルモノニアリテハ必ス出版法ニ於テ之ヲ規律スヘク新聞紙法ノ制裁規定ヲ以テ之レニ臨ムコトヲ得サルモノトス

これに対して、大審院は、新聞紙法第一条に定める要件を満たす著作物は、新聞紙法に言う新聞紙に該当し、専ら学術技芸統計広告の類を記載する雑誌については例外的に新聞紙法でなく出版法第二条の規定に従って発行できるにすぎないのであって、横浜労働新聞は、時事問題を掲載しているがゆえに新聞紙法の規定に従うべきことに疑問の余地はなく、たとえ出版法所定の届出により発行したものであっても、そのために新聞紙法の羈束を免脱することはできないと判示した。

【事例四】「出版法違反ノ件」（大正一〇年（れ）第九四六号事件、大正一〇年六月二四日大審院第一刑事部判決、第一審東京区裁・第二審東京地裁[11]）。

一部上告棄却、一部原審破毀横浜地裁移送。被告人は原沢武之助、弁護人は山崎今朝弥。

この事件は、被告人が、出版法第三条に規定されている届出をなさずに「暁民会ノ主義綱領ヲ記載セル文書」を出版したとして、同法第二二条（五円以上五十円以下の罰金）などの罪に問われた事案である。山崎は、出版法第九条（「書簡、通信、報告、社則、塾則、引札、諸芸ノ番付諸種ノ用紙、証書ノ類及写真ハ第三条、第六条、第七条、第八条ニ拠ルヲ要セス」）に該当する右文書に判示法条を適用して処断した原判決には擬律錯誤の不法があると主張したのに対し、大審院はこの主張を認め、右文書が同法第三条の「文書図画」の出版に該当するか否かについて判定を欠いているとして事実理由の不備を認め、この部分について原判決を破棄し、横浜地裁に移送した。

【事例五】「新聞紙法違反ノ件」（大正一〇年（れ）第九四八号事件、大正一〇年七月九日大審院第三刑事部判決、第一審東京区裁・第二審東京地裁）(12)

上告棄却。被告人は岩佐作太郎、弁護人は山崎今朝弥。

この事件は、雑誌新社会評論（元月刊新社会）の発行人兼編輯人が、その就任前に、内務大臣から新聞紙法第二三条（安寧秩序または風俗紊乱）により発売頒布を禁止された月刊新社会第六巻三号を、就任後に、事情を知りながら、同雑誌第六巻一・二・四・七号と合本して発売したことで、同法第三八条前段に問擬された事案である。山崎は、新聞紙法第三八条前段は、二三条の禁止命令を受けた「当時ノ発行人編輯人カ……其新聞紙其モノヲ発売頒布シタル場合ノ処罰規定」であるから、後任者には及ばない旨主張したが、大審院は「右禁止ノ原因トナリタル記事ヲ再ヒ新聞紙ニ掲載若クハ転載シタル場合ヲ指称」し、後任者も前任者を「承継シテ該命令ヲ遵守スル義務アルモノト解スルヲ相当」とすると判示した。

【事例六】「新聞紙法違反被告事件」（大正一一年（れ）第九九号事件、大正一一年四月四日大審院第一刑事部判決、第一審呉区裁・第二審広島地裁）(13)

原判決破棄自判、無罪。被告人は丹悦太・小川孫六、弁護人は山崎今朝弥。

この事件は、小川孫六が大正一〇年七月二五日に呉で「民権新聞」第一号を発行したが、その第一面に新人会の丹悦太署名の論文「自由？　死？」を掲載したところ、その内容が新聞紙法第四一条に定める安寧秩序を紊すべき事項に当たるとして起訴された事案である。第一審の呉区裁判所判決（大正一〇年一一月一八日）および第二審の広島地方裁判所判決（同年一二月二六日）でともに有罪とされ、小川は発行人兼編輯人として各三十円、丹は著者として五十円の罰金刑に処せられたため、上告に及んだ。山崎は、無料での弁護を快諾したと言う。判決文から知られる山崎弁護士の上告趣意書の要旨は、次のとおりである。

第一原判決カ安寧秩序トシテ判示シタル被告等署名発行ノ本件記事ハ自由？　死？　ト題シ第一段ニ現代社会ノ幸福ハ所謂「ブルジョアジー」ノミ享クル所ニシテ無産者ハ毫モ顧ラレサル事ヲ論シ其ノ例トシテ言論ノ自由ハ憲法ニ於テハ保障セラルル所ナルモ事実ニ於テハ保証金ナキ「プロレタリア」ハ一新聞ヲモ発行スルヲ得サル事ヲ挙ケ第二段ニ社会運動者カ常ニ不法ノ圧迫干渉ヲ受クル事総テノ法律規則カ特権階級ニ有利ニシテ無産者ノ保護ニ缺クル所アル事罰則ノ適用モ亦「ブルジョアジー」ニハ比較的寛大ナルコトヲ説キ末段ニ於テ現在ノ特権階級ハ跋扈跳梁専恣横暴ヲ極ムルカ故彼等ハ全力ヲ尽シテ無産者ノ為暁鐘ヲ撞カントスルモノナリトノ趣旨ヲ述ヘタルニ過キスシテ事実ヲ事実トシテ掲ケ些ノ誇張ナク又虚飾ナク文詞用語モ亦頗ル冷静ニシテ平凡奇矯ニ失セス激越ニ渉ラス十数年来万人ノ文章演説ニ上リ都鄙到ル処ニ行ハレタル常套ノ論議ナルヲ以テ毫末モ社会ノ平静ヲ紊リ共同ノ生活ヲ乱スモノニ非ス原審カ之ヲ安寧秩序ノ紊乱ナリトシ新聞紙法第四一条ニ問擬シタルハ違法ニシ

テ被告ノ所為ハ罪トナラ［ス］

大審院は、この上告理由を全面的に容認し、当該記事は「我等ハ全力ヲ発揮シテ無産者ノ為民衆ノ為暁鐘ヲ撞カントスルモノナリ」との結論を掲げて「民衆ノ覚醒ヲ促カシ暗ニ自己ノ利益ヲ保護スルノ策ヲ講スヘキコトヲ諷シタルニ過」ぎず「現社会ニ対シ不穏ノ挙ニ出ツヘキコトヲ以テ挑発又ハ煽動シタルモノニ非サル」が故に、当該記事は「未タ以テ社会ノ安寧秩序ヲ紊ルノ程度ニ達セサルモノトス」と判示し、原判決を破毀して両被告人に無罪を言い渡した。(14)

【事例七】「新聞紙法違反被告事件」（大正一二年（れ）第一八二〇号事件、大正一三年二月六日大審院第三刑事部判決、第一審大阪区裁・第二審大阪地裁）(15)

上告棄却。被告人名は記載なし、弁護人は山崎今朝弥・藤倉元信。

この事件は、労農新聞第三号掲載の「労農階級ノ国家――未来ノ水平社ト労農社会党」が、新聞紙法第四二条の朝憲紊乱に当たるかが問擬された事案である。山崎・藤倉両弁護士は、同法第四二条の「朝憲ヲ紊乱セントスル事項」とは、当該記事が「国家ノ政事的生活ノ根本組織ニ対シ或事実上ノ手段ヲ以テ換言スレハ不法不合理ナル手段ヲ以テ之ヲ破壊セントスル内容ヲ有スル場合ヲ指スモノニシテ過去及現在ニ於ケル政事組織ノ変化ヲ歴史的ニ批評シ将来ノ変化ヲ論議判断スルニ止リ実在セル政事的生活ノ根本組織其ノモノニ対シ事実上ノ手段ヲ以テ之ヲ破壊スヘキ具体的内容ヲ有セサルモノナルニ於テハ未タ以テ同条ノ所謂朝憲ヲ紊乱セントスル事項ヲ掲載シタルモノト謂フコトヲ得」ないと主張したが、これに対して大審院は、朝憲紊乱事項とは「国家組織ノ大綱ヲ破壊セントスル記事」を指し、不法不合理な手段方法について具体的に挙示する必要はなく、当該記事は「我邦現時ノ国家ノ組織統治権ノ所在ニ紛更ヲ加ヘンコトヲ慫慂シタルモノナルコト疑ナキ所」であるから朝憲紊乱事項に該当すると判示した。[16]

【事例八】「新聞紙法違反被告事件」(大正一五年(れ)第一五一四号事件、大正一五年一一月一〇日大審院第四刑事部判決、第一審今市区裁・第二審松江地裁)[17]

上告棄却。被告人名は記載なし、弁護人は山崎今朝弥。

この事件は、新聞紙奔流の発行人兼編輯人である被告人が、不実の印刷人変更届書を管轄地方官庁に提出し、また同紙上に不実の発行所住所を記載したことにより、新聞紙法第五・三〇条違反の罪に問われた事案である。山崎は、新聞紙法に言う「印刷人トハ該新聞ノ印刷人トシテ責任ヲ負フヘキモノヲ指称シ事実上印刷ヲ為スチ否トヲ問フモノニアラス従テ仮令事実上印刷ヲ為スト雖モ其ハ単ニ機械的ニ印刷ヲ為スニ止マリ印刷人トシテ責任ヲ負ハサルニ於テハ同法ニ所謂印刷人ト謂フコトヲ得」ないと主張したが、大審院は、新聞紙法の印刷人とは、出版法の印刷者と同様に、「新聞紙ノ印刷ヲ担当スル者ヲ指称スルモノ」であり、自ら機械的作業を行う必要はないが、「印刷行為ヲ担当スル者」でなければならないから、被告人が不実の印刷人変更届をなしたことは疑いないと判示した[18]。

四　上告事件弁護の特徴

山崎は、上告審における弁論の秘訣を、次のように語っている[19]。

私は漸くこの頃、ある上告理由は決して逃す事の出来ぬ理由を体得し、これを高言する事を憚らぬ確信を得るに至り、実に愉快に堪え申さず候。初めは例の通り学説の暗記、判例の引合い、記録の棒引等遣り申し候。しかしこの定跡の損害は、試験問題に出ぬ処を勉強し、受任にならぬ事件の研究をした損位の損害にて敢えて後悔は仕らず候。かく申し上げ候とても決して慢心には仕らず、仕れず、破毀か棄却か判らぬ事沢山これあり、破毀になると申しても随分棄却となり、棄却になると申したのがかえって破毀となる場合あり、時々廃業したくなる事も間々これあり候。ただ提出すべきはずの理由は遺憾なくこれを提出し、またこれのみ心懸けおり候。該博深遠の法理を論じ糞を千載に垂るる如きは別にその人あり、吾人凡人の到底企及し得べき事にこれなく候。

右の文章も、他と同じく、韜晦に満ちていて文意を正確に把握することは難しいが、「ただ提出すべきはずの理由は遺憾なくこれを提出し、またこれのみ心懸けおり候」と言うのだから、弁護士として控訴審判決を子細に分析し上告審での争点を模索するという自負が見てとれる。前章で掲げた八件の新聞紙法および出版法違反事件を見ると、上告理由において、核心的な有罪理由である、被告人掲載の記事内容が、安寧秩序紊乱あるいは朝憲紊乱にあたるかどうかを、正面から争った事案は【事例六】【事例七】の二件である。

【事例六】は、丹悦太の論文「自由？　死？」が安寧秩序紊乱に当たるかが争われ、山崎の弁護が功を奏し、被告人が無罪となって結着したのだが、事はこれで終わらず、山崎の上告趣意書の文言が問題とされ、弁護士懲戒裁判へと発展していく事態となった。[20] 前掲した判決文の上告趣旨には、肝心な箇所が抜け落ちているので、大正一一年二月二〇日付で山崎が大審院第一刑事部に提出した上告趣意書（第一点）の原文を、掲げておこう。[21]

原判決が安寧秩序紊乱として判示したる被告署名の本件の記事に、判示の如く「自由？　死？」と題し、第一段に現代社会の幸福は所謂「ブルジョアジー」のみ享くる所にして無産者は毫も顧られざる事を論し、其例として言論の自由は憲法に於ては保証さるゝ処なるも事実に於ては保証金なき「プロレタリア」は一新聞だに発行するを得ざる事を挙げ、第二段に、社会運動者が常に不法の圧迫干渉を受くる事、総ての法律規則が特権階級に有利にして無産者の保護に欠くる所ある事、罰則の適用も亦「ブルジョアジー」には比較的関大たる事を説き、末段に於て、現在の特権階級は跋扈跳梁専恣横暴を極むるが故、我等は全力を尽して無産者の為め暁鐘を撞かんとするものなりとの趣旨を述べたるに過ぎずして、事実全く其通り、少しの誇張も虚飾もなく、文詞用語も亦頗る冷静平凡、奇矯に失せず激越に渉らず、十数年来万人均しく、文章に演説に、都鄙到る処に言ひ古され、語り尽されたる、有触れたる論議なれば、毫末も社会の平静を紊り共同の生活を乱すものにあらず、若し之れをしも強ひて安寧の秩序を破壊するものなりせば、日毎日常の新聞雑誌は悉く秩序紊乱となり、之れを不問に付する全国の司法官は、原審判事山浦武四郎殿、江木清平殿、西豊芳二郎殿三名を除くの外、皆偉大なる低能児の化石なりと謂はざるを得ず、天下断じて豈此の如き理あらんや。然らば原審が奮然と意を決して之れを安寧秩序紊乱と目し、新聞紙法第四十一条に問擬したるは不法も亦甚だしきもの、真に呆きれて物が言へずと云はざるを得ず。原判決は畢竟破毀を免れず被告等は到底無罪を免れず。(第二・三点は省略)

問題となったのは、判決文では削除された、「全国の司法官は……皆偉大なる低能児の化石なりと謂はざるを得ず」「真に呆きれて物が言へずと云はざるを得ず」という箇所であり、東京控訴院に設けられた懲戒裁判所(牧野菊之助裁判長)は、大正一一年六月一二日、「甚しく不謹慎な言辞を弄し」ており、東京弁護士会則第三九条の品位保持に違反するとして、山崎に停職四カ月を命じる判決を下した。山崎は、懲戒問題を引き起こすような文言を意図的に用いたと述べている。いかにも「諧謔の人」山崎らしい戦法だが、懲戒裁判所の判決を不服として控訴しながら、結局は争うことなく、まもなく控訴を取り下げたのも、諦観と言うか小心と言うか、いかにも山崎らしい身の処し方ではある。

【事例七】は、新聞紙法第四二条の「朝憲ヲ紊乱セントスル事項」について、山崎は、当該記事が「国家ノ政事的生活ノ根本組織ニ対シ或事実上ノ手段……不法不合理ナル手段ヲ以テ之ヲ破壊セントスル内容ヲ有スル場合ヲ指スモノ」と主張したが、大審院は、破壊の不法不合理な手段方法について具体的に挙示する必要はなく、「我邦現時ノ国家ノ組織統治権ノ所在ニ紛更ヲ加ヘンコトヲ慫慂シタル」記事であれば、朝憲紊乱事項に当たるとした。この「朝憲紊乱」の概念は、当該事件より約五年前の大正九（一九二〇）年に起こった森戸辰男事件（森戸が学術雑誌『経済学研究』創刊号に発表した論文「クロポトキンの社会思想の研究」が「朝憲紊乱」に当たるかが争われた事件）おいて注目を集め、同年一〇月二二日大審院は、森戸論文は「我国民をして建国の言莫と光輝ある歴史とを無視し茲に国憲の変更と国法の廃滅とを企図し我国体に違背し全然統治の関係を離脱し放縦自恣の生活を遂行せしめんことを宣伝鼓吹するものにして……縦令実現の方法として過激の手段を執ることを避け平静穏和の手段に依るべき旨を慫慂したりとするも、所論の主義主張にして既に我国家の存立を危殆ならしむるの虞ある以上、右論文は新聞紙法第四十二条に所謂朝憲を紊乱せんとする事項に該当するものとす」と述べ、上告棄却の判決を下した。[22]【事例七】の大審院判決は、「朝憲紊乱」概念を、森戸事件判決よりも更に広く、現状の国家組織・統治権の所在に変更を加えることを「慫慂」するだけで十分だとしている。山崎の弁護は、「不法不合理」な具体的手段の明示が必要だと言うのだが、これは、森戸事件における第一審の東京地裁判決（大正九年一月三〇日）の判旨と同様の論理であり、山崎の判例研究の反映であろう。もっとも、「朝憲紊乱」概念を最初に定義したのは、明治二四年九月二四日の大審院判決（新聞紙条例違犯事件）であり、「帝国憲法の正条を変更す可し又は之を削除す可しと論述したる文章は即ち朝憲を紊乱せんとするの論説」であると判示している[23]。大審院の「朝憲紊乱」概念は、その時々で変遷しつつ、ご都合主義的に運用されたのだが、明治二四年判決は『大審院刑事判決録』に掲載されなかったため、判例を克明に調査する山崎でも、調べが及ばなかったようである。

山崎の上告審弁護の手法としては、この二例は例外的であり、その他の六件では、一見すれば些末とも思える条文文言の定義・解釈を取り上げるという戦法が取られている。「該博深遠の法理を論じ糞を千載に垂るる如きは別にその人あり」、自分は大技でなく小技で破棄判決を勝ち取ろうと言うのである。山崎は、【事例一】では新聞紙法第二〇条の「文書」、【事例二】では新聞紙法第三〇条の「発行」、【事例三】では出版法と新聞紙法の適用対象、【事例四】では出版法第三条の「文書図画」、【事例五】では新聞紙法第三八条の「発行人編輯人」、【事例八】では新聞紙法第五条の「印刷人」の意味に焦点を当て、控訴審判決の些細な欠点を見逃さず、「事実理由の不備」あるいは「擬律錯誤の不法」を抉り出そうとしていたことが看取される。

以上のような弁護の特徴が、民事事件に関しても同様に見出されるかは、今後の課題としなければならない。

❖注

(1) 森長英三郎「解題」(山崎今朝弥著・森長英三郎編『地震・憲兵・火事・巡査』岩波文庫、一九八二年)二九八頁。山崎の弁護士活動の全体像については、森長英三郎『山崎今朝弥』(紀伊國屋新書、一九七二年)参照。

(2) 森長英三郎「編者まえがき」(前掲『地震・憲兵・火事・巡査』)九頁。

(3) 根本孔衛「山崎今朝弥」(自由法曹団編『自由法曹団物語(戦前編)』日本評論社、一九七六年)三三〇頁。

(4) 山崎今朝弥「自分の性質を白状す」(前掲『地震・憲兵・火事・巡査』)二三頁。

(5) 山崎今朝弥「敢えて天下憂国の士に訴う」(前掲『地震・憲兵・火事・巡査』)七一―七二頁。

(6) 村上一博「弁護士山崎今朝弥の上告担当事件(刑事)」(『法史学研究会会報』二一号、二〇一八年三月)二一八―二二五頁。

(7) 以下の記述については、榛村専一『新聞・著作・出版法』(日本評論社、一九三一年)、榛村専一『新聞法制論』(日本評論社、一九三三年)、金子喜三『新聞法制研究』(芦書房、一九六六年)、奥平康弘「検閲制度」『講座日本近代法発達史――資本主義と法の発展』第一一巻(勁草書房、一九六七年)、奥平康弘「日本出版警察法制の歴史的研究序説」一―七『法律時報』三九巻四―一〇号

（一九六七年四〜一〇月）、奥平康弘監修『言論統制文献資料集成』第一巻（日本図書センター、一九九一年）、川口由彦『日本近代法制史』（新世社、一九九八年）など、参照

(8)『大審院刑事判決録』第二〇輯二八巻一七三一頁以下、社会問題資料研究会編『新聞紙法並出版法違反事件判例集（上）［社会問題資料叢書第一輯］』（東洋文化社、一九八〇年）三二九頁以下。

(9)『大審院刑事判決録』第二一輯二四巻一四四六頁以下、前掲『新聞紙法並出版法違反事件判例集（上）』四一五頁以下。

(10)『大審院刑事判決録』第二六輯五〇二頁、社会問題資料研究会編『新聞紙法並出版法違反事件判例集（下）［社会問題資料叢書第一輯］』（東洋文化社、一九八〇年）五七三頁以下。

(11)『大審院刑事判決録』第二七輯一六巻五四八頁以下、前掲『新聞紙法並出版法違反事件判例集（下）』九二五頁以下。

(12)『大審院刑事判決録』二七輯五八一頁以下、前掲『新聞紙法並出版法違反事件判例集（下）』五八〇頁以下。

(13)『大審院刑事判例集』一巻二〇五頁以下、前掲『新聞紙法並出版法違反事件判例集（下）』五八三頁以下。

(14)裁判長判事は横田秀雄、判事は水本豹吉・平野猷太郎・藤波元雄・相原祐弥である。

(15)『大審院刑事判例集』三巻六〇頁以下、前掲『新聞紙法並出版法違反事件判例集（下）』六三二頁以下。

(16) 裁判長判事は磯谷幸次郎、判事は山香二郎吉・鬼澤蔵之助・江崎定次郎である。

(17) 『大審院刑事判例集』第五巻五一一頁以下、前掲『新聞紙法並出版法違反事件判例集（下）』六七三頁以下。

(18) 裁判長判事は牧野菊之助、判事は藤波元雄・清水孝蔵・佐藤共之・河邊久雄である。

(19) 山崎今朝弥「上告部通信」（前掲『地震・憲兵・火事・巡査』）七〇頁。

(20) 山崎の弁護士懲戒裁判については、森長英三郎「山崎今朝弥懲戒事件」（『新編史談裁判』(2)日本評論社、一九八四年）一九一頁以下、森長英三郎『山崎今朝弥』（前掲書）一四八頁以下、など参照。

(21) 山崎今朝弥『地震憲兵火事巡査（解放群書(5)）』（解放社、一九二四年）五一－五二頁。

(22) 森戸辰男事件について、とりあえず、宮地正人「森戸辰男事件――学問の自由の初の試練」（『日本政治裁判史録（大正）』第一法規出版、一九六九年）二三八頁以下、参照。

(23) 村上一博「明治・大正・昭和戦前期における判決例の研究」(2)（『法律論叢』第八七巻一号、二〇一四年八月）二九一頁以下、参照。

III 道楽と抵抗——雑誌・出版活動

色々の人々が様々の方法で其発行を企て、色々の故障様々の理由で何時も中止となるのが幸徳秋水文集である。

秋水随筆集は数年前？　に随筆社？（当時）の新居格君に依て企てられ同じく中止となつてゐたもので、本年二月解放社が本邦唯一の群書発行を企《たくら》んだ時コレハどうかと持込んだものである。

爾来幾月、中川敏夫君が編集を岡陽之助君が編纂を主担し、其筋へお百度を踏んだが、定石では同じく到底駄目として中止の外なくなつた。

此秋此際解放社では年来の願望四六解放発刊の機が漸く熟した。四六解放は其れ一つで既に一著一円の価値ある一大論文一大創作一大随筆一大資料一大研究等を燦然《さんぜん》と独り輝く太陽とする、所謂近世独裁集中式と、其他の全部は只菊版解放をカマボコしたに過ぎない所謂当世付録主義とで編集する雑誌である。乃《すなわ》ち秋水随筆を登用して創刊号の太陽とし、自身責任を負ふて厳閲《げんえつ》英断、以て茲《ここ》に之れを世に問ふ事とした。（一五、七、一六）

「発刊之辞」（四六版『解放』創刊号より）

6　雑誌道楽の世界

一　個人誌『法律文学』に始まる

山崎今朝弥は三〇歳から五〇歳半ばまでの、人生においても弁護士としても壮盛期の二五年間に、一九〇七（明治四〇）年一〇月創刊の個人誌『法律文学』に始まり、共同編集者、編輯人兼発行人、印刷人などとして四十余もの雑誌の発行に関わった。

同じ弁護士として晩年の山崎と活動を共にし、評伝『山崎今朝弥』を著すなど山崎の最大の理解者であった森長英三郎は、山崎の雑誌にかける人並外れた情熱を、「雑誌発行道楽」[1]と評した。『法律文学』の刊行経緯や内容についてはこの後の「付論　『法律文学』の発見」（二二二頁〜）に詳しいので、ここでは周辺事項に若干触れておきたい。

まず、印刷人岡千代彦と印刷所自由活版社の住所である。「東京市芝区新桜田町十九番地」（現港区西新橋一丁目）となっている。ここは、それから一〇年後の一九一七年に、東京法律事務所から独立した山崎が、事務所兼自宅とした場所である。

また、山崎が関わった雑誌のすべてに共通することに広告の多さがある。創刊号では、明治大学ほかの法律系大学と通信教授学校の案内、「資本ドッサリ基礎強固の会社」として明治生命保険など、病院、洋服店、電話売買、鉄砲火薬店、旅館、有斐閣ほかの書店、花王石鹸、象印、ライオンなどが数頁に亘って名を連ねている。別の雑誌[2]では、見開き頁の右に山崎『甘粕は三人殺しで仮出獄　久さん未遂で無期の懲役！』（解放群書5）の出版広告、左に「御歳暮贈答用品売出し」の三越呉服店の広告が並ぶといったものもある。信用第一の商店を傷つけやしないかと、余計な心配をしてしまうほどだ。有名商店や大企業がどうしてこうした雑誌の広告掲載に応じたのか、不思議でならない。

さて、山崎の大いなる意気込みとは裏腹に、これにより大きな借金を抱え、あえなく二号で廃刊の憂き目を見る。弁護士事務所もたたみ、その年の一一月、逃げるようにして故郷の長野県諏訪郡川岸村（現岡谷市）に撤退した。米国帰りといっても斯界では無名の山崎である。東京の弁護士事務所が盛った様子はなく、翌年、諏訪市に事務所を置くことができ、結婚もし、地道に業務を進められたのは、むしろ幸運なことだったといえるのではなかろうか。

『法律文学』には失敗したが、懲りないのが山崎の山崎たる所以である。東京に戻り、凡そ七年の雌伏の時を経て、一九一四（大正三）年九月、共同編集ながら東京法律事務所で機関誌『月報』を創刊する。ここからが「雑誌発行道楽」の本格化であり、一九一七年五月には、個人誌

『平民法律』を出し、拍車がかかる。主義、思想の発露を雑誌という手段に求めたといってもいいだろう。

だが現在、その全体像を知ることは甚だ困難である。それはこの種の雑誌の一般的な傾向でもあるが、残存が極めて少なく、しかもまとまって所蔵している機関がないからである。さらに、検閲と発禁への闘いもあって、自転車操業のように次々と新しい雑誌に移っていかざるを得ないという事情、それも既刊号の記事を抽出合体して別誌名で発行するといった山崎独特の複雑な発行スタイル、さらには、書店に置かず篤志家の直接購入に委ねる販売方法をとったこともあったようで、追跡が非常に難しい。

現時点で判明しているタイトルと書誌情報を掲載する（表1）。

刊行頻度、定価、発行所（住所）、及び山崎の立場は雑誌の表記をそのまま転記したが、月刊と表示していても滞ったり、定価も号によって必ずしも一定ではなく、大きさも各号で異なる場合がままある。そのためこれらのデータは、概ね山崎が関係した初号の表示を基にしている。

表1　雑誌リスト

雑誌名（刊行頻度，大きさ，定価）	発行所（住所）	山崎の立場	山崎が関係した時期 始（年月日） 終（年月日）	備考 ＜第三種郵便物認可年月日＞
法律文学（月刊，26cm，7銭・郵税5厘，年80銭郵税共）	法律文学社（東京市赤坂区田町7-1）	発行兼編輯人	1(1)1907.10.7) 1(2)(1907.11.7	創刊年月日奥付表示は1907.10.10 印刷人・岡千代彦（東京市芝区新桜田町19） ＜1907.10.10＞
月報（月刊，40cm）	東京法律事務所（東京京橋新肴町1）	共同編集・発行	1(1914.9.20) 12(1915.9.20)	継続後誌『東京法律』 ＜1914.10.19＞
東京法律（月刊，31cm）	東京法律事務所（東京京橋新肴町1）	共同編集・発行	13(1915.10.20) 26(1916.12.1)	山崎は1916.12.31に事務所脱退 27(1917.2.1)まで（28は欠号か？） 継続後誌『法治国』29-76(1917.4.10-1921.10) ＜1914.10.19＞
平民法律（月刊，27cm他，50銭郵税共，年1円60銭）	上告専門所（東京市芝区新桜田19） 9(1)1920.2から平民大学（東京市芝区新桜田19）	主筆・編輯	6(4)？(1917.5) 11(10)？(1922.10)	＜1917.5.4＞
社会主義研究（月刊，22cm，25銭，年2円50銭税共）	平民大学（東京市芝区新桜田19） 3(1)1921.2.1から平民大学出版部発売（東京大森入新井町）	発行人編集人 3(1)1921.2.1から発行人編集人印刷人	1(1919.4.21) 4(6)(1922.1)	堺利彦・山川均主筆，山崎今朝彌編輯 5(1)1922.2.1以降は社会主義研究社（西雅雄）刊、継続後誌『赤旗』 ＜1919.4.26＞
新社会（月刊，21cm，30銭）	平民大学（東京市芝区新桜田19）		6(7)(1920.1.1)	堺利彦主筆 6(6)までは松浦長治発行 6/(8)から『新社会評論』 復刻：不二出版，1982 ＜1914.1.26＞
新社会評論（月刊，22cm，30銭郵税共，年3円30銭）	平民大学（東京市芝区新桜田19）		7(1)(1920.2.1) 7(5)(1920.7.1)	堺利彦主筆・編輯 継続後誌『社会主義』 復刻：不二出版，1982 ＜1914.1.26＞
社会主義（月刊，21cm，30銭郵税共，年3円30銭）	平民大学（東京市芝区新桜田町19）		創刊号8(1)(1920.9.1) 9(1)(1921.3.1)	岩佐作太郎発行編輯兼印刷人 9(2)以降は社会主義発行所（東京市麹町区元園町1-44）刊 復刻：不二出版，1982 ＜1914.1.26＞

社会運動通信（月刊, 10銭）	（東京芝区新桜田町19）	編輯印刷兼発行人	（1922.1.1）	『解放』（第二次）4（1）1925.10.1 p49-50に再録
社会運動通信★（日刊）			（1922.1.1）	『労動週報』40（1923.4.19）p3、山崎の1921.12付刊行案内による
民衆 ★（月刊）	日本民衆社	顧問？	（1922.5.1）	
労働週報（40cm, 週刊, 30銭, 年3円）	労働週報社（東京市芝区新桜田町19）		22（1922.11.7） 40（1923.4.19）	創刊は1921.10.6, 平澤計七ら刊（労働週報社, 東京市京橋区銀座2-6） 復刻：不二出版, 1998 <1921.2.7>
社会主義研究（月刊, 23cm, 35銭・送料1銭→30銭・送料1円, 年3円85銭・送料20銭→3円20銭・送料12銭）	日本フェビアン協会（東京芝区新桜田町19） 新光社発売（東京市四谷区左門町55）	発行編輯兼印刷人	5月創刊号1（1）1924.5.1） 3（2）通14（1925.6.1）	<1924.5.15>
進め（月刊, 10銭・税5厘, 年1円税共）	進め社本部（東京市芝区桜田久保町19）	編輯	3（1）（1925.1.1） 3（3）（1925.3.1）	創刊は1923.3, 福田狂二刊（進め社:東京市外大井町鈴ヶ森刑場跡） 覆刻：不二出版, 1989 <1923.1.30>
解放思想（月刊, 27cm, 30銭・送料1銭, 年3円30銭送料共）	解放社（東京芝区新桜田町19）	発行編輯兼印刷人	7月号3（3）通151925.7.1）	発行はこの号のみ 「社会主義研究新題改称」 継続前誌『社会主義研究』（日本フェビアン協会）, 継続後誌『解放文芸』 マイクロフィルム版：八木書店, 1982 <1924.5.15>
解放文芸（月刊, 28cm, 30銭）	解放社（東京芝区新桜田町）	発行編輯兼印刷人	創刊号3（4）通16（1925.8.1）	発行はこの号のみ 継続前誌『解放思想』, 継続後誌『解放法律』 マイクロフィルム版：八木書店, 1982 <1924.5.15>
解放法律（月刊, 27cm, 30銭・送料1銭, 年3円30銭送料共）	解放社（東京芝区新桜田町19）	発行編輯兼印刷人	増刊1 通17（1925.9.1）	発行はこの号のみ 継続前誌『解放文芸』, 継続後誌『解放』 マイクロフィルム版：八木書店, 1982 <1924.5.15>
解放［第二次］（月刊, 22cm, 50銭・送料2銭, 年6円特別号共→　年, 号によって変動）	解放社（東京市芝区新桜田町19）	発行編輯兼印刷人	10月号4（1）（1925.10.1） 17（2）？（1936.2）	継続前誌『解放法律』 6（1）［1927.1.1］より岡陽之助らと友人編輯制 6（7）［27.5.1］は山崎の個人誌 6（8）［27.6.1］より日本無産派文藝連盟機関誌 7（1）［28.1.1］より解放社発行 マイクロフィルム版：八木書店, 1982 <1924.5.15>

四六版解放 （月2回，20cm →19cm，1円・ 送代10銭）	解放社 （東京市芝区新 桜田町19）	発行編輯 兼印刷人	創刊号5(9) （1926.8.1） 7(2)？ （1928.1.1）	『解放』5(9, 11, 13, 15, 17)，6(2, 5, 7, 8, 10, 11, 14, 16, 18, 20, 22)，7(2)の別称 5(9)：幸徳秋水文春号→『小解放』2月号と同一内容 マイクロフィルム版：八木書店，1982 <1924.5.15>
小解放 （月刊，19cm， 50銭）	解放社 （東京市芝区新 桜田町19）	発行編輯 兼印刷人	2月号 （1928.2.1）	「幸徳秋水全集号」 『解放群書』(7)幸徳秋水文集 <1924.5.15>
労働運動 （月刊，22cm， 20銭，年2円 →2円10銭）	労働運動社 （東京市芝区新 桜田町19） 解放社発売		創刊号 2(1) （1929.1.1）	編輯発行兼印刷人：高山久蔵 発刊の辞：山崎今朝弥
労農解放運動 ★			1(1929.4)？	『問題』5366 p.3 山崎今朝彌『編輯前記』による
問題 （月刊，26cm， 20銭）	問題社 （東京市外吉祥 寺山谷2691） 解放社発売営業 所（東京市芝区 新桜田町19）	編輯前記 又は後記 執筆	5月創刊号 通5366 （1929.5.1）	三雑誌合併（『労働運動』『労農解放運動』『問題』） 発行編輯印刷人：藤田貞二 創刊は1925.4.1，『東京新聞号外』（潮流社，東京市外大井町一本松） <1927.12.8>
労農運動 （月刊，20→22 cm，10銭→20 銭）	解放社 （東京芝区新桜 田町19）	発行編輯 印刷人	[1] （1929.7.1）？ 4(5)？ （1932.5.1）	2(11・12)1930.12.1は「改訂片山潜論文集」 （1930.12.1）の奥付は『大衆解放』10(7)，1930.7.1 <1930.5.10>
解放科学 （月刊，18cm →19cm，30銭）	解放社 （東京芝区新桜 田町19）	発行編輯 印刷人	創刊号 （1929.10.1） 昭和5年12月 号（1930.12.1）	昭和5年4月号：社会運動家解放小説号（小川未明『彼等甦らば』） 昭和5年12月号：（団々珍聞所載『幸徳いりは庵茶設集』
大衆解放 （月刊，23cm， 30銭）	解放社 （東京芝区新桜 田町19）	発行編輯 印刷人	創刊号 （1929.12.1） 10(7) （1930.7.1）	創刊号は『解放』9(12) 10(7)は「片山潜主筆　巨大家啓蒙号」 <1924.5.15>
婦人戦線 （月刊，20銭・ 送料1円，年2 円10銭送料 共）	婦人戦線社 （東京府井荻町 上荻窪269） 解放社発売 （東京市芝区新 桜田町19）		1(1)(1930.3.1) 2(6)(1931.6)	発行兼編輯印刷人：高村逸枝 婦人芸術連盟機関誌 山崎執筆なし 復刻：緑陰書房，1983 <1930.5.5>
学芸解放 （月刊，21cm →19cm，50銭）	解放社 （東京市芝区新 桜田町19）	発行編輯 兼印刷人	3月号 （1930.3.1） 11月号 （1930.11.1）	3月号：佛国社会運動史（石川三四郎『仏蘭西社会運動史』） 5月号：独逸社会運動史（森田有秋『独逸社会運動史』世界社会運動史12冊中） 11月号：（和田軌一郎『ロシア社旗運動史』）

解放パンフ（月刊，18cm，20銭）	解放社（東京市芝区新桜田町19）	発行編輯印刷人	昭和5年5月号（1930.5.1）	「幸徳秋水解放文集」（目次は「秋水評論集」）
変態解放（月刊，19cm，10銭→15銭）	解放社（東京市芝区新桜田町19））	発行編輯印刷人	昭和5年5月号（1930.5.1）（1930.6.1）	1930.6.1は『解放』10（6）＜1924.5.15＞
婦人解放（月刊，22cm，15銭）	解放社（東京市芝区新桜田町19）	発行編輯印刷人	6月創刊号（1930.6.1）アナーキズム創作号1930.8.1）	無産婦人芸術聯盟 山崎執筆なし
解放運動（月刊，18cm，20銭）	解放社（東京市芝区新桜田町19）	発行編輯印刷人	昭和5年7月号（1930.7.1）	「伊太利西班牙葡萄牙解放運動史」（延島英一『伊太利西班牙葡萄牙社会放運動史』世界社会運動史全集12冊中） 山崎執筆なし
労農学芸（月刊，40銭）	解放社（東京市芝区新桜田町19）	発行編輯印刷人	昭和5年7月号（1930.7.1）	7月号：最新仏国革命運動史（石川三四郎『仏蘭西社会運動史』） 9月号：叛逆者批判解剖号（田中惣五郎『日本叛逆家列伝』）
労働芸術 ★	解放社		（1930.9）？	『労農学芸』1930.9.1広告による
失業問題研究（月刊，22cm，20銭・送料2銭，年2円40銭送料共）	失業問題研究所（東京市外下板橋3306） 解放社発売（東京市芝区新桜田町19）		創刊号（1930.11.25）	編輯発行兼印刷人：石上太郎 山崎執筆なし
無産者法律（月刊，23cm，20銭・送料1銭，年2円10銭送料共）	無産法律社（東京市芝区新桜田町19）	発行編輯兼印刷人	創刊号（1931.5.1） 1（12）？（1931.12.1）	編輯細野三千雄，監輯山崎今朝彌 1（1）の奥付の号数表示は「新巻第1号」 1931.8.1「社会科学選集（8）片山潜集」の内容は『労農運動』2（11・12）1930.12.1に同じ ＜1924.5.15＞
解放号外（月刊，27cm）	解放社（東京市芝区新桜田町19）	発行編輯兼印刷人	（1934.1.1）	＜1930.5.5＞
裁判と判例 ★				森長『山崎今朝彌』p.15による
社会法律 ★				森長『山崎今朝彌』p.15による
農民 ★	解放社			森長『山崎今朝彌』p.181による

★は未見
巻号は巻（号）通号、発行年は（西暦年.月.日）で表記

二　未見雑誌の情報

リストで未見とした雑誌の手がかりを記しておく。

一九二一年に平澤計一らは『労動週報』を創刊し、翌二二年に発行所の労動週報社を山崎の自宅である東京市芝区新桜田町一九番地に移した。その第四〇号（一九二三年四月）に山崎は、「僕の今出してる雑誌は週報の外日刊社会運動通信、月刊社会運動通信、平民法律とある」として、それらの宣伝文と思しきものを掲載している。

（一）　所謂労働運動、社会運動、文化運動、革命運動等に関する正確機敏の報道通信を専門とする『日刊社会運動通信』と名くる直配達の日刊新聞を、大正十一年一月一日より発行します。就ては偏へに諸君の御声援通信を懇願いたします。

（二）　大正十一年一月より毎月一回十日に雑誌『月刊社会運動通信』を発行し専ら、社会運動に関係する個人若くは団体の消息を報道します。就ては何卒至急諸君若くは諸団体最近の消息御寄稿あらん事を切望いたします。

（三）（四）　略

大正十年十二月　　日

東京市芝区新桜田町十九番地（平民大学内）
社長兼小使　山　崎　今　朝　弥

直配達の日刊新聞を山崎が継続的に発行できるとは考えにくく、全くその痕跡を知ることができない。同名の新聞が一九三〇年頃より日本社會運動通信社から発行されているが別物である。

一方、『月刊社会運動通信』は、山崎の発行した『解放』（第二次。以下同じ）の初号である第四巻一号（一九二五年一〇月）に全二頁が再録されている。巻号の表示はなく、「発刊の辞」の末尾に「創刊日」とある。発行年月日の一九二四（大正一三）年一月一日は、前掲の『労動週報』掲載記事と一致する。しかし、それ以外の発行状況は不明である。

『新社会評論』第七巻一号（一九二〇年二月）の編集前記「研究室」に、「本号の埋草又は広告中に（中略）『労動問題研究』の中止の件」「前号に予告した『労働運動研究』は都合に依り中止しました」とある。しかし、同号にこれについての埋草記事や広告は見当たらない。さらに『新社会評論』は『新社会』第六巻七号（一九二〇年一月）を以て改題し、巻号を継承したものであるから、前号といえばこれに当たると思われるのだが、ここにも予告記事はない。『労動問題研究』と『労働運動研究』はいずれかが誤記で同一雑誌とも考えられる。しかしいずれにしても全く手がかりはない。

藤田浪人こと藤田貞二を発行編輯印刷人とする『問題』第五三六六号（一九二九年五月）は

「三雑誌合併創刊号」と銘打っている。山崎執筆の「編輯前記」は次のように記されている。

二月二号で倒れた『労働運動』が四月四号で愈々予期の如く廃刊、時正に陽春四月、多少の黒点ありと雖も聊かポカポカならざるを得ない。即ち端書を刷って忽ち各読者の個人雑誌、各団体の機関雑誌読者編輯大衆雑誌『労農解放運動』を創作した。大衆雑誌『問題』の藤田君から合併の申込があった。得たり賢しで議直に成った之れが三雑誌合併創刊号の縁起である。

「端書に刷って」とは『労農解放運動』が葉書版の雑誌であったという意味であろうか。『労動芸術』は『労農学芸』（一九三〇年九月一日）の広告に見るのみである。『裁判と判例』と『社会法律』は、「十大雑誌合併記念特小号」と銘打った『解放』第一三巻一・二号（一九三三年二月一日）の表紙に列記されているが、それ以外の手がかりはない。『農民』は森長も前掲書で未見としているように、全く所在がつかめない。ただ、『労動問題研究』あるいは『労働運動研究』の例に見られるように、予告や広告を出しても発行できなかった雑誌があったのではないかと思われる。

三　検閲と発禁

リストから分かるように、『解放』が一〇年余続いた以外は、創刊と終刊が概ね確定できるもので、一年以内が一七誌、二年以内が七誌を数え、一号雑誌が四誌もあるなど多くが短命であった。

このように次々と創刊、廃刊を繰り返し、また、記事も既刊号の使い回しや抜粋合本するなどし、自ら「山崎式分離統合編輯法[3]」とうそぶいてまで発行を続けた背景には、検閲と発禁で苦しめられた当局との丁々発止の闘いがあった。

当時の検閲の根拠法は、一八九三（明治二六）年制定の「出版法」と、一九〇九（明治四二）年制定の「新聞紙法」である。一定の題号を用いて定期に、又は六カ月以内の期間において時期を定めずに発行する著作物（同一の題号を用いて発行する臨時号を含む）は「新聞紙法」の範疇であったが、雑誌であっても、学術、技芸、統計、広告の類を記載するものは「出版法」で扱われた。ところが、「出版法」に従って届け出し、認可を受けて発行した雑誌が「新聞紙法」違反で起訴されるといった法適用があり、山崎はこれを厳しく糾弾した[4]。

検閲と発禁は、「出版法」第一九条と「新聞紙法」第二三条で謳われた安寧秩序妨害（紊乱《びんらん》）と風俗壊乱を基準として行われた。山崎の発行する雑誌や図書に対する検閲と処分理由は、申すまでもなく安寧秩序妨害である。「安寧出版物の検閲標準[5]」は、皇室の尊厳への冒瀆、君主制の否認、共産主義無政府主義等の理論・戦略・戦術の宣伝・煽動と同種団体の支持、法律裁判所等国家権力作用の階級制の高調・曲説、テロ・直接行動・大衆暴動の煽動、非合法的な議会制度の否認、社会不安の惹起、などであった。

内務大臣は「出版法」で発売頒布の禁止と刻印及び印本の差し押さえ、「新聞紙法」では発売頒布の禁止と差し押さえに加え、同一主旨の事項の掲載差止の権限を得るとされた。発売頒布の禁止と差押えは一部分に問題がある場合でも該当部分除去の処理は認めず、一冊あるいは一号全てが対象となった。山崎はこれについても、一文一行の為に全部を禁止し又は差し押さえる事の不当性を主張した(6)。

この職務を担ったのは内務省警保局図書課で、各都道府県警察部と密接な連携のもとに遂行された。

調査と取り締まりの成果は、『禁止出版物目録』第一編　自明治二十一年一月一日至大正八年三月三十一日　出版警察資料』(以後、「昭和一六年三月～一九年三月」まで四冊)、出版物の傾向と取り締まり状況及び発禁図書・雑誌リストとを掲げた『最近出版物の傾向　大正九年自一月至九月』(一九二一年から『最近出版物の傾向と取締り状況』、一九三〇年から『出版警察概観』、一九三五年まで)、「国内外の出版物に現れた思想傾向の一般並びに出版警察の概況を登載して事務の参考に資することを目的とした月刊『出版警察報』(一九二八年一〇月から第一四八・一四九合併号、一九三四年三月まで)、月刊『出版警察資料』(一九三五年六月から第四七号、昭和一五年六月まで)など、膨大な内部記録として残された。

当局が山崎と、山崎が発行する雑誌についてどのように把握し評価していたのか、その一端をみておきたい。

山崎については、『第五十一議会資料ノ一　大正十四年度ニ於ケル出版物ノ傾向』(7)の「第二出版法ニ依ル印刷物ノ傾向」の序言で、社会主義者の機関紙について分析した後、その「註一」で社会主義者を解説し、次のように言及している（外来語以外のカタカナ表記は平仮名に、旧字体は新字体に改めた。以下引用においては同じ。棒線は筆者）。

本文に所謂社会主義者は現在我国に於ける主義者を指すので（一）主としてマルクスの流を汲む共産主義者（ボルセヴィズム系を含む）と（二）之に対立する無政府主義者と（三）以上の二派何れにも属せない社会主義者、之を具体的に云えば山川、堺、荒畑の如き共産派と、故大杉系の和田（入獄中）近藤憲治《ママ》、岩佐作太郎、延島英一、望月桂、川口慶助や乃至は自然児聯盟の山田作松、同緑郎、深沼、白井等を初め自我人、ギロチン、無軌道、黒旗各社に割拠せる無政府主義派同人と夫れから以上何れにも属せない安部磯雄、山崎今朝弥の如き一派のもので大体は右三様に別れたものを総称して謂ったのであるが此の最後の第三部類に属するものの中には、山崎の如き一種の主義ブローカー的のもので雑誌経営其の他の営利関係から、はっきり色彩を表さないものもあれば、又、安部の如き英国のフェビアン社会主義かぶれの改良主義的社会主義者も雑居して居ることを断って置きたい。

簡潔明瞭で分かりやすい。「一種の主義ブローカー」とはいい得て妙であり、安部磯雄に対する評価も鋭い。同じ文章が翌年の『最近に於ける出版物の傾向　大正十五年三月』[8]にも掲載されている。

山崎が関わる雑誌と図書については毎年の資料に登場するが、『昭和五年中に於ける出版警察概観』（一九三一年）[9]「第三章　安寧関係出版物の傾向　第三節　新聞紙　三　中間派」で取り上げられた『大衆解放』の全文を引用する。

本誌は全国大衆党の前身、日本大衆党系の唯一の理論雑誌として昭和四年十二月一日より従来山崎今朝弥発行の「解放」を変形したものである、法規上は「解放」の続刊として取扱われ、その上に「大衆雑誌」と書して昭和五年も一月より七月号迄続き発行した。昭和五年中間政党各派の合同成立するや新しく生れた全国大衆党と関係を断ち七月は片山潜の書簡集を発行して禁止となって以後発行を休止して再刊ものを「変態解放」「労農運動」等の題名の下に発行した。

一、発行状況

「大衆解放」は一月から七月迄毎月一日に正規の発行を続けて居る。体裁は普通菊判一二

○頁内外表紙は各号まちまちであるが創刊号から二月迄は『大衆「解放」』と題しその下に内容目次を書いたものであったが、大衆という文字が改題を意味するかどうか紛らわしいので当局の注意を受け、三月は単なる「解放」として昭和四年より発行した、四六判型の「変態解放」と称する総選挙記念号、で四月から再び菊版《ママ》にして「解放」という表題を「大衆解放」という文字ではさみ大衆解放雑誌と読めるようにした。その後の表紙は個々別々でメーデーには行列の写真、七月号には片山潜の写真書簡等を表紙に表して居る。発行所は「大衆解放」の間は東京日本大衆党内の大衆解放社で七号から解放社に変った。定価は大衆解放時代は一部三十銭であった。

二、取締状況

「大衆解放」としては二月号が注意となり七月号が禁止となったのみで他は不問である。

三、内容概況

本誌は前述の如く昭和四年十二月より日本大衆党の理論雑誌として大衆党の幹部の執筆せる論文を記載し昭和五年二月の総選挙は二月号を総選挙特輯号として大衆党理論の宣伝に勉めた、三月は山崎今朝弥の個人雑誌となったが四月から再び大衆党の雑誌となり選挙批判と合同問題の理論を掲げた、五月の河野密の産業合理化を論じた論文、六月の田所輝明の政治教育方針書等が主なるものである。

七月は片山潜主筆号、大衆啓蒙号として片山潜の書簡を集めて、発行した。

これに続け、解放社から「出版法」に拠って発行しているものとして、『解放』『学芸解放』『解放科学』『解放パンフ』『労農運動』『解放運動』『労農学芸』を上げて夫々の一九三〇（昭和五）年中の発行状況を示し、最後に次のように記している。

　七雑誌を時々発行するも内容は単行本か古く発行せるものを表紙のみ変更して新しく出すものである。然し「解放」と題するものに時々新刊物を発行することがある。昭和五年にはこの種の雑誌の発禁処分は一回も無く、四月三十日付で五日《ママ》の「解放」のメーデーの歴史を取扱ったものが注意処分に付された。

「山崎式分離統合編輯法」はとうに見透かされていた。それにしても、見事な書誌解題である。当該雑誌の現物確認が困難な今日において、確かな出版情報は大変に有用である。喜ぶべきことではないが、内務省警保局図書課は有能なレファレンス・ライブラリアンを有し、学術的にも優れた行政機関であったと認めざるを得ない。

　これら資料は、幸いなことに現在その多くを復刻で見ることができる。[10] また、特に重要な内部文書である『内務省警保局通達』と『出版警察報』『出版警察概観』を基に、小田切秀雄と福岡井吉が編集した『昭和書籍雑誌新聞発禁年表』（増補版、上・中・下、明治文献資料刊行会、一九八一年）がある。

四　取り締まり状況と山崎の闘い

表2は山崎が関わった雑誌と『解放群書』[11]及びその他の解放社刊行図書について、前記資料のほか、水沢不二夫『検閲と発禁――近代日本の言論統制』（森話社、二〇一六年）、小田切進編『解放総目次・執筆者索引』（日本近代文学館、一九八二年）、雑誌『社会主義研究』や『解放』など、可能な限り現物に当たって、取り締まり状況を拾ったものである。

山崎編輯、堺利彦・山川均主筆の『社会主義研究』（平民大学）創刊号（一九一九年四月、第五版）の「発刊の辞」に、発刊の真目的として次の記述がある。

（一）大日本帝国臣民は憲法第二九条[12]、出版法第二〇条[13]に拠り、苟も『安寧秩序を妨害し、又は風俗を攪乱』せざる限り、均しく『言論著作印行の自由』あるものなることを、政府に代りて最も雄弁に、帝国議会の質問及海外諸国の新聞に答へ

（二）若し本誌に対して憲法中止の場合は、出版法第二条但書に依る学術雑誌に対して新聞紙法違反を以て臨むは果たして正当なるや否や、法律に違背して出版の自由を妨害したる官吏の不法行為に対して、日本臣民は果して不平不服の救済権なきや否やの、法律問題を徹底的に解決せんと欲するに在るのみ。吾人の眼中豈に社会主義なるものあらんや。称して社会主義研究と号するは、畢竟世情に反抗し、狗頭を掲げて羊肉を售らんが為め

表2　発禁等処分リスト

出版年月日	雑誌·図書名	巻(号)	処分	対象記事、他
1920（大9）	新社会	6(合本)	発禁	
1921（大10）.2.1	社会主義研究	3(1)	伏字	山川均「茅ヶ崎より」〔編集後記〕の一部
1923（大13）11.25	『解放群書』	5	発禁·改訂	山崎今朝弥『地震憲兵火事巡査』
1925（大14）.7.	解放思想	1	発禁	
.10.1	解放	4(1)	発禁	伊藤恣「蕎麦屋の女」
.11.1	解放	4(2)	伏字	アンケート「同志間道徳の確立問題」に対する田口運蔵の回答の一部と岡崎武の全部
.12.1	解放	4(3)	伏字	田代倫「戯曲　第三の太陽」と「編集後記」の一部
	『社会主義研究』(『解放』4(1)(2)(3)合本)		伏字	青野季吉「社会時評」の一部と金祉燮、古田大次郎「判決を受けて」の全部
	『解放群書』	7	発禁·改訂	幸徳秋水『秋水文集』
1926（大15）.2.1	解放	5(2)		一部掲載禁止か
.5.20	『解放群書』	3	発禁	解放社編『プロレ諸大家最近傑作号』
.7.1	解放	5(7)	発禁	
.8.1	四六版解放	5(9)	伏字	多数
.9.1	解放	5(10)	伏字	庄野義信「一死刑囚の手紙」の一部
.9.1	四六版解放	5(11)	伏字	多数
.10.1	解放	5(12)	伏字	八木沢善次「我国農民運動の二潮流」と栗原藤七郎「小農問題」の一部
.11.1	四六版解放	5(15)	発禁	多数
.12.1	解放	5(16)	伏字	深川武「全国水平社(大正15年度解放団体現勢)」中の「水平歌」
.12.1	四六版解放	5(17)	発禁	石川三四郎「世界社会運動史号」
	『解放群書』	6	発禁	解放社編『社会主義髄論集』
	『解放群書』	14	発禁	有田有秋『各国革命文書集』
1927（昭2）.6.1	解放	6(8)	発禁	
.6.1	四六版解放	6(9)	伏字	
.6.10	解放	6(10)	発禁	

.7.5	『解放群書』	22	発禁	守田文治『世界各国著文書集』
.9.1	解放	6(15)	発禁	越中谷利一「一兵卒の震災手記」
.11.1	解放	6(19)	伏字	イー・ゲフトマン戯曲「シャーツラ劇場内の裁判所」と大島萬世戯曲「地獄の街」の一部
1928（昭3） 3.10	『解放群書』	26	発禁	『最近社会主義的論髄評資集』
.10.5	『解放群書』	30	発禁	守田有秋『殉難革命家列伝』
.11.10	『解放群書』	15	発禁・改訂	石川三四郎『世界社会運動史』
1929（昭4）	『解放群書』	34	発禁	入交総一郎『社会主義童話読本』
.11.1	解放	9(11)	発禁	幸徳秋水全集完結号
.11.2	『幸徳秋水思想論集』		発禁	解放社刊
1930（昭5） .2	大衆解放	10(7)	注意	
	解放	号不明	注意	
.7.1	解放	10(7)	発禁	
.7	大衆解放		発禁	
.11.25	失業問題研究		発禁	
1931（昭6）	無産者法律		発禁	

「発禁・改訂」は発禁処分後改訂版を発行したもの

のみ。全篇を通じて一言一句皆な高遠の理想、深長の意義を有し、死士をして決然として起たしむる蓋し故なきにあらざるなり。

「同人」名で書かれた文章であるが、「出版法」と「新聞紙法」に係る言辞は、前述した『経済学研究』の発禁をめぐる問題で紹介したように山崎の持論である。同誌第二巻第三号（一九二〇年四月）の編集後記には、「発売係」名で「杞憂払い」と題し、前号発行後一〇日余りも経ってから、憲兵司令部、警視庁、内務省から、本月号は出たか、何故納本しないのか、との電話があったと記されている。「出版法」に拠るのであれば発行日の三日前までに二部を内務省に届け出ること、「新聞紙法」であれば第一回発行日から一〇日以内に提出が義務付けられている。憲兵司令部と警視庁からの電話が事実あるとすれば、弾圧若しくは嫌がらせということだろうか。

また、『解放』第五巻第七号（一九二六年七月）の編集後記「合切袋」で山崎は次のように記している。

群書発売禁止即席残本応用
◇解放群書第三篇「プロレ諸大家最近傑作選集」は安成氏の「大杉丸焼け」と中西氏の「或る農夫の一家」とが風俗壊乱秩序紊乱とあって発売禁止。併し改訂版の発行と公然官許の残本応用とで読者には少しも迷惑をカケなかった。之れを機会に謹んで絶版にし一冊も無駄が無かったという事に仕度い。

安成は安成二郎、中西は中西伊之助である。

この話には続きがあり、前記と少し経緯が違っている。『解放』第六巻第八号（一九二七年六月）掲載の山崎「前内閣の雑誌『解放』弾圧史――前篇」[14]では次のように記している。解放群書第三篇「プロレ諸大家最近傑作選集」は『解放』の返品、残本の中から創作部分を合本したもので、内務省に一冊「贈呈」したところ、出版届の提出を命じられた。しかし、合本は印刷発行ではないから届け出の必要はないと抗弁したところ、警視庁と内務省から該当部分の切取りで済ますとのお達しがあった。山崎はこれにも納得せず、嘆願書を提出した。

昨日解放群書第三篇の悪い箇所を切取れとの御相談でム〔こざ〕いましたが、あれは発売禁止になって居ない解放正月号乃至四月号の合本です。残本一万部から千部だけ合本したものです。私の方では合本を発売禁止されたら之を広告に利用し、マサカ今更昔の古い解放を禁止も出来ない処へ付け込んで、手元の残本五千部を（正月号は一冊一円です）売り尽す方が営業上非常に利益ですが、其れは余りに不本意ですから、社会風致上の効果等も御考慮の上、解放残本全部を廃棄する事を条件として今度の切取を御勘弁願ます。

解放社争議団

内務省図書課重役御中

内務省とは数カ月のやりとりになり、結局内務省が折れ、同省で切除した上で販売を許可するとされ、警視庁が仮差し押さえをし、「切取り残骸（第三版として売却するもの）を下付」することになった。一万部、五千部ははったりであろう。歎願というよりも恫喝に近く、山崎らしい駆け引きである。

なお、国立国会図書館には『プロレ諸大家最近傑作選集』の検閲本が残されており、「内務省正本15.5.27」、図書課長（平田）、事務官（久慈）、担当者（千葉）の印が押され、検閲の経過と結果が書きつけられ、広告頁や本文の随所に赤の傍線が入れられている。さらに興味深いことに、見返しに、山崎からの嘆願書の一部か、直筆で次のよう記された解放社の二〇〇字詰め原稿用紙が貼り込まれている。

　して、此の■（判読不能：筆者）にある百P（以上あるらしい）全Pを切取るからアト大目に見て貰いたいかソーして下さいませんか、大売捌にはもう沢山はなく小売のはとても責任は負はれぬから。

先の文章の冒頭で山崎は、『解放』創刊号（第四巻第一号、一九二五年一〇月）の発禁と差し押さえ後の処置について触れ、該当部分を広告に刷り替えて「忽再版忽禁止忽参版忽解禁」の再版を出したところ、内務省はご機嫌斜めであっと記している。さらに、再版配本の際に誤って初版二百部が混じってしまったとある。これは確信犯であったに違いない。

こうした交渉経過には、些か潤色があるのではないかとも思うが、「山崎式分離統合編輯法」の実態が見えて興味深い。内務省もさぞかし手を焼いたに違いない。

その一端を表すものとして、「内閲（内検閲）」を巡る山崎の訴訟事件がある。事件と当時の検閲事情を浅岡邦雄氏が「出版検閲における便宜的法外処分[15]」で詳しく記しているので、そこからかいつまんで説明する。「内閲」は、大正時代中頃から内務省が出版法規によらぬ便宜的措置として導入したものである。事前点検によって法的処分を回避するもので、内務省、出版社双方にとって調法な方法であった。問題があっても当該書は不問に付し、増刷時に改訂、削除させる「次版改訂（削除）」、一部を切り取って発売を認める「削除処分」、発禁後に差し押さえた出版物を発行者の求めに応じて戻す「分割還付」である。ところが、『解放』に対し、内閲で一旦認めたものを改めて発禁処分するという事態が発生し、山崎は損害賠償の訴訟を起こす。結果は山崎の敗訴となったが、この事件が引き金となって、内閲は一九二七年に廃止される。

「内閲」は、従わなければその後に発禁等の処分が待っているが、法規上の処分ではないため『出版警察法』などの記録には記されない[16]。表2で「伏字」としたのは、管見の限りで雑誌記事中に空白や点々で文章の一部が削られていることを確認し拾ったものである。多くは「内閲」の結果の反映と考えられるが、山崎の自主的な判断によるものも含んでいる可能性はある。表現の自由を抑制するという点では、実施的な処分を見えなくしてしまう「内閲」の影響や問題は、法的な処分よりも大きいといえるのではないだろうか。**表1**に掲げた雑誌の全号がチェックできれば、さらに多くの「伏字」が見つかるものと思われる。

ともあれ、山崎は表面的にはとぼけたようにみえて、法律知識と弁論技術を活かし、実際はしたたかに内務省をも動かした。こうした戦略があったが故に長年にわたり雑誌の刊行が続けられたのだろう。

山崎が発禁について記した論考はここで取り上げたもののほかに、「解放社発禁争議に就いて」（『文藝市場』第二巻第一一号　一週年紀年近代筆禍文献号、一九二六年一一月）、「前内閣の雑誌『解放』」弾圧史——後篇」（『解放』第六巻第一七号、一九二七年一〇月）などがある。

五　おわりに

山崎にとって最も重要な雑誌である『解放』は、一九三六年頃まで刊行されたものと推測される。『出版警察報』第七五号（一九三四年）の「新聞紙法に依る安寧禁止」に「解放　十一月号　東京　清談社発行　発行禁止」の登載がある。『昭和九年に於ける出版警察概観』（内務省警保局、一九三五年）には、「麻生久主宰の月刊雑誌として、十月一日再刊されたものである。麻生久、田所輝明等が執筆し、此の系統の雑誌には稀しく政治的記事を掲載し、国家社会主義的傾向を示している。十一号と昭和十年一月号とが「満州事変及五・一五事件の批判と国会改革の指導精神」と題する続き物の記事により禁止となった。十二月号は休刊となった。」とある。麻生は第一次『解放』の立ち上げメンバーであり、第二次でも同人として山崎とは深い関係にあった。しかし、実態として山崎がいつまで関与していたかは分からない。

山崎は雑誌発行に苦慮する同士に積極的に手を差し伸べ、発行人や発売所を引き受け、編集にも携わった。『社会主義』もその一誌である。しかし、さすがに手が回り切れなかったか、月刊誌を三カ月近くも遅延させるようなことがあって同人たちの不満を募らせ、山崎の元から引き上げる事態も発生させている。[17]

そうしたことはあったものの、思想や社会運動関係の出版販売の困難な時代に、山崎が果たした役割は高く評価すべきである。

❖注

（1）森長英三郎「山崎の雑誌」（『山崎今朝弥』紀伊國屋書店〔紀伊國屋新書〕、一九七二年、一五〜一六頁）

（2）『解放』第五巻第一六号（一九二六年一一月、巻頭頁）。こうした例は枚挙に暇がない。

（3）森長　前掲書　一七九頁

（4）山崎今朝弥「『経済学研究』の発売禁止と森戸教授の起訴に就て出版法と新聞紙法とを詳論す」（『平民法律』第九年第一号、一九二〇年二月、一〜一七頁。「発売禁止と森戸教授の起訴、出版法と新聞紙法」　山崎今朝弥『弁護士大安売』　聚英閣、一九二一年、一九〇〜二〇五頁）

（5）『昭和五年中に於ける出版警察概観』（内務省警保局、昭和六年）＊復刻は注⑫

（6）山崎　前掲注（5）

（7）三〜四頁。復刻は後掲注（11）

（8）三頁。復刻は後掲注（11）

(9) 二一一～二一二頁。復刻は後掲注(12)

(10)『発禁本関係資料集成』全三巻(湖北社、一九七六年～一九七七年)＊『禁止単行本目録 自明治二一年至昭和九年』『同 昭和一六～昭和一九年』ほか

(11)『出版警察関係資料集成』全八巻(不二出版、一九八六年)＊『最近出版物の傾向 大正九年一月～九月』～『出版物ノ傾向及其ノ取締状況 昭和三年七月』、『出版警察概観 昭和三年一二月』『同 昭和六年五月』ほか

(12)『出版警察概観』全三巻(龍渓書舎、一九八一年)＊昭和五年中～昭和一〇年中

(13)『出版警察法』全四〇巻・補巻一・付録一(不二出版、一九八一～一九八三年)＊第一号(一九二八年)～第一四八・一四九号(一九三四年)

(14)『解放群書』の発禁処分については、「7 『解放群書』の謎解き」(二三九頁～)参照。

(15) 帝国憲法第二九条「日本臣民ハ法律ノ範囲内ニ於テ言論著作印行集会及結社ノ自由ヲ有ス」

(16) 第二〇条は外国において印刷した文書・図書の発売頒布、国内で印刷した文書・図書の適用は第一九条。

(17) 一五七～一六四頁

(18)『中京大学図書館学紀要』第三八号、二〇一八年三月、一～二三頁

(19) 国立公文書館デジタルアーカイブに、内務省警保局図書課新聞検閲係の、「昭和十四年○○・勤務日誌」「昭和十七年自一月至二月・勤務日誌」「昭和十九年十一月至十二月・勤務日誌」が登

載され、新聞社等からの内閲の伺いと返答が生々しく記録されている。こうした内部資料が今後公開されることを期待したい。

(20) 社会主義出版所「発行所変更其他」(『社会主義』第九巻一号、一九二三年三月、見返)

付論

『法律文学』の発見

山崎今朝弥が創刊した最初の刊行物は『法律文学』である。ところが、森長英三郎の『山崎今朝弥』[1]も述べているように、その所在が知られていなかった。大学史資料センター人権派弁護士研究会のメンバーである飯澤文夫によって、国会図書館に所蔵されていることが判明されたので、その概要を報告しておきたい。

一九〇七（明治四〇）年二月、アメリカから帰国後の山崎今朝弥の活動として確認できるものは少ない。『明治学報』に、わずかばかりの消息が出てくる。第一一五号（一九〇七年六月八日）の「校友異動（五月中）」には、山崎が「弁護士名簿登録（東京）」を済ませたことが載っているので、五月に弁護士登録をした。その後は、第一一九号（一一月八日）の「録事」の「寄贈図書」の欄に『法律文学』（第一号）が紹介されているくらいである。紹介記事は以下のごとくである、「本誌は久しく米国に留学して今春帰朝せし校友弁護士山崎今朝弥氏の発行に係り、法律家をして文学趣味を涵養《かんよう》せしめ、一般世人に法律思想を注入せんとするものにして、動《やや》もすれば乾燥無味に陥り易き法学界に一生面を開かんと期するもの、吾人は先つ其着眼の時弊《じへい》に適切なるを喜び、健全に発達せんことを祈る」と好意的に紹介している。次号第一二〇号（一二月八日）の「寄贈図書」欄には、コメント抜きで「法律文学（一ノ二）」としてしか紹介されていないが、大阪の弁護士、岸本晋亮なる人物が『法律世界』を創刊したこととの関連で、「山崎氏の『法律文学』と云ひ本誌と云ひ近時此類のものの続出するは賀すべき現象なり」とコメントしている。

（一）発行日・発行兼編集人・印刷人・印刷所・発行所について

創刊号（第一巻第一号・奥付）

一九〇七（明治四〇）年一〇月七日印刷・一〇月一〇日発行〈裏表紙余白、明治四〇年一〇月一〇日第三種郵便物認可・一〇月七日発行〉

体裁：四六倍版、二〇頁

発行兼編輯《へんしゅう》人　山崎今朝弥
　東京市赤坂区田町七丁目一番地

印刷人　岡千代彦
　東京市芝区新桜田町一九番地

印刷所　自由活版社
　仝《どう》市仝区仝町仝番地

発行所　法律文学社
　東京市赤坂区田町七丁目一番地

発行部数　「見本として壱万部を発行し諸君に贈呈せり」（「社告」）

定価　　　一冊七銭、郵税五厘

第一巻第二号（裏表紙・余白）
一九〇七（明治四〇）年一一月五日印刷・一一月七日発行
体裁：四六倍版、二〇頁
発行兼編輯人　山崎今朝弥〔住所は第一号に同じ、以下省略〕
印刷人　岡千代彦
印刷所　自由活版社
発行所　法律文学社
定価　一冊七銭（郵税五厘）・一二冊（郵税共）八〇銭

当時、新聞・雑誌の発行は新聞紙条例（勅令第七五号、明治二〇年一二月二八日）による規制を受けた。その第一条は、「新聞紙を発行セントスル者ハ発行ノ日ヨリ二週日以前ニ発行地ノ管轄（東京府ハ警視庁）ヲ経由シテ内務省ニ届出ツヘシ」として届け出ることが義務付けられていた。その届出書には、第二条で次のことが必要とされた、「一、題号　二、記載ノ種類　三、発行ノ時期　四、発行所及印刷所　五、発行人、編輯人、及印刷人ノ氏名年齢」である。さらに、届出書とともに保証金を納める必要（東京府ハ警視庁）があった。「東京ニ於テハ千円」「一月三回以下発行スルモノハ各前記ノ半額」、ただし「学術技芸、統計、官令又ハ物価報告ニ関スル事項ノミヲ記載スルモノハ本条ノ限リニアラス」との例外規定があったが『法律文学』はこれには該当しない。

印刷人として名前を連ねている岡千代彦（一八七三～一九五六）は、島根県松江市出身の印刷工で、『都新聞』の職工長を務めた。一八九九年活版工組合を結成し、機関紙『誠友』を発刊した。平民社に出入りをし、一九〇六年一月普通選挙連合会（西川光次郎・中村太八郎・馬場力、等）のメンバーとなる。同年二月日本社会党評議員、しかし、三月の電車賃値上反対運動で西川、山口、吉川守邦、樋口伝、大杉栄等と兇徒聚衆《しょうしゅう》罪に問われた。一九〇六年七月九日の東京地裁裁判では無罪の判決を得たが、検事が控訴し、一九〇七年一一月二五日東京控訴院で破棄され、宮城控訴院での審理となった。一九〇八年六月一三日宮城控訴院は一年六カ月の重禁固の判決を下し、上告するも大審院は七月一七日棄却、刑が確定し千葉監獄に収監された。その間、日刊『平民新聞』記者などを務めた。西川派に属した。一九一〇年一月一三日出獄する。出獄後まもなく、一九一〇年八月二〇日、赤羽巌穴『農民の福音』の秘密出版にかかわり、出版法違反に問われ、東京控訴院にて禁錮六カ月の判決を受けた。堺利彦は、岡千代彦について「活版工組合と社会主義協会との歴史に現われる最古の一人。週刊『平民』の常連の一人。後には日刊『平民』の記者。今は自由活版所の主人」（堺利彦「平民社時代」『中央公論』一九三一年一月号）と人物紹介している。

（二）内容

第1号

〈表一〉「発刊の辞」「要目」・〈表二〉「社告」「法律大学案内」「山田英学塾」・〈表三〉「弁護士案内」（三

二名、磯部四郎・吉田三市郎、等）・〈表四〉（続き）（三三名、鵜沢聡明・布施辰治・斎藤孝治・佐々木藤市郎・岸本辰雄・平出脩、等）

論壇講壇（一～四頁）

法律家の智力的怠慢（ウノ・ダブルユー）・法律家の夫婦観（弁護士　吉田三市郎）・法律と成功（逆運子）

海外通信（五～七頁）

アイダホ疑獄公判傍聴記（在米通信員　市川生）

名家談苑（七～八頁）

試験及第秘訣（一試験委員談）

内外雑俎（八～九頁）

最初の海外旅行券・私立専門学校現況・巴里大学の法科・台湾の女子相続権・執達使規則改正内容・判検事弁護士予備試験

飛花落葉（九～一〇頁）

京都より東京に（いわほ）

法曹逸話（一一頁）

江間俊一の英語研究・穂積陳重は丸善の番頭・相馬永胤と框《かまち》の碁盤・土方は旦那菊池は従者・角力狂両横綱

弁護士評論予告（一二頁）

法廷思潮（一二～一三頁）

船舶救助と報酬・期限後の利息と制限法・地上権推定と其譲渡

試験笑話（一三～一四頁）

弁護士司法官予備試験（一受験者）

偶吟（一四頁）

雑誌瞥見（一四～一五頁）（法律協会雑誌二五－九）

文人詩人（一五頁）

名奉行（紅露）・死（紅露）・晩鴉（みどり）

法界〔寄〕談（一五～一六頁）

判事と弁護士の衝突・独帝法廷に召喚さる・二婦人法廷に組打す・香水の為め訴訟沙汰・九十九年の強姦罪・〈埋め草〉句五首（花影）

新法梗概（一六頁）・叙任辞令（一六頁）・滑稽問答（一六頁）・法律鑑定（一六頁）・希望広告（一六頁）

新刊批評（一七頁）

The Principals of German Civil Law (by Ernest J. Shuster, Oxford, 1907.)

編輯だより（一七頁）・〈広告〉（一七頁）予備英語通信教授（英語通信教授会）・〈奥付〉（一七頁）

〈裏表三〉「資本ドッサリ基礎強固の会社」「信用伎倆設備取扱凡てが東京第一」「信用出来る諸商店案内」・〈裏表二〉「信用出来る諸商店案内」（続き）「有名なる通信教授学校案内」「必要且つ評判の品」・〈裏表一〉「設備完全校紀厳粛にして子女を託するに足る学校案内」「確実にして

信用ある役場紹介」

第二号

〈表一〉「吾徒の主張」「要目」・〈経営者責任者 弁護士山崎今朝弥〉・〈表二〉「此空地へ広告勝手なり」「社告」・〈表三～四〉「弁護士案内」（三二＋三三名）

〈表五～六〉〈第一号の裏表三～四に同じ〉

論壇講壇（一～二頁）

食と色と法（火の人）・文芸の価値（弁護士　平出修）

三行評論（三頁）（樽柿庵）

名家談苑（四～五頁）

如何にして英米法を学ぶべき乎（山田嘉吉）・監獄改良談（小川滋次郎）・〈埋め草〉（老子・ジヨンソン）

海外通信（六～八頁）

探偵界の大立者（在京ロンドン　鵬雲生）・ピンカートン死す・米国の法界（「サンフランシスコ、デーリー、ニュース」記者　殿村生）・判検事弁護士筆記試験問題

飛花落葉（九～一〇頁）

野口曾恵の書翰・一燈耿々（火の人）・〈埋め草〉短歌二＋二首（ふみ人・火の人）

法廷思潮（一一頁）

吸取紙より姦通罪露見・米国判例二件・〈報告〉（不鳴会の秋季大会）

法曹逸話（一二頁）

井上博士の詭弁癖・酔喪死して醒冷灰生る・吾輩の妻君は淫売だ・中原政府を設くべし・珍らしき官学者・無学の弁護士・〈埋め草〉（フレッチヤー）

内外雑俎（一三〜一四頁）

施行法と新刑法実施期・英国破産事故・選挙犯罪数・雇人の権利・最小の共和国・裁判所出張の開始・禁風船法・書記増俸案・無税国・競馬賭博と司法省・実業家と商法改正・司法官増俸行難み・法律取調委員会

監獄消息（一五頁）

東京監獄を訪ふ

高等文官筆記試験問題（一五頁）

法界奇談（一六〜一七頁）

夫は軍法会議妻は法廷・法廷で弁護士を殴る・犯罪は国家の為なり・滑稽なる裁判・一円五十銭の無理情死・珍奇なる裁判法・盲亀の浮木・男と男の結婚・強姦して無罪・〈埋め草〉（アーバスノット・マッシンヂヤー）

法曹会合（一八頁）

東京弁護士会委員会・二十会員の会合・弥生会例会・感電即死事件と大審院・〈埋め草〉（シエキスピア）

新刊紹介〔一九頁〕
Le Droit Des Femes Au Travail. Etude Sociologique.（par Dr André de Maday, Geneve, 1906）・〈受領新聞〉
滑稽問答〔一九頁〕
本法〔誌〕に対する反響〔二〇頁〕
読法律文学（弁護士　猪俣淇清）・新聞雑誌の評（朝日新聞・社会新聞）・読者諸君より
〈裏表六～五〉「弁護士案内」〈第一号の表三～四に同じ〉・〈裏表四〉「公証人」「特許代理業者」「黒須法律事務所」「山田英学塾」「秘密探偵　岩井三郎」・〈裏表三〉「鳩山一郎」「堀江専一郎」「樫原三四郎」「東京簿記精修学館」・〈裏表二〉「日本大学校外生募集」・〈裏表一〉「民事訴訟法原論（岩田一郎）」「明治大学校外生募集」、〈奥付〉

（三）発行趣旨

創刊号の「発刊の辞」に、「世の此の迷愚《めいぐ》を打破し世人の誤解を説き、法律家をして文学趣味を涵養せしめ、一般世人の頭脳に法律思想を注入し、面白く愉快の間に法治国民として社会に活動するの素地を作らしめんとするにあり」とあり、また第二号「吾徒《わがと》の主張」には、「法律家の頭脳に、自然美を憧憬する優き情念と、人事美を思慕するしほらしき精神を打ち込み、山に対しては智者の高き情を思はしめ、水に対しては逝者如此乎てふ聖者の福音を偲ばしめ」云々とある。これによれば、『法律文学』は、「法律家」

に対しては「文学趣味」を、「一般世人」に対しては「法治国民」としての意識を普及させることが目的とされている。より広くいえば、「法律の文学化」と呼ぶことができる。法律の文学化は、法律を生活のより身近なものにすること、あるいは人間化、民衆化、社会化と解釈できよう。大正デモクラシーのなかで、吉野作造の思想的影響をうけて一九二〇年一月、中央法律相談所が設立され、翌年二月から星島二郎を発行人として、片山哲たちが編集人となって『中央法律新報』が創刊される。ここでの主張は後に、「法律の社会化」という言葉に集約されるが、山崎の試みはその先駆的な役割を果たしたといえるであろう。もっとも、山崎たちは、一九一三（大正二）年九月、合同法律事務所である「東京法律事務所」を結成し、機関紙『月報』や『法治国』などを刊行していくので、むしろ、『法律文学』は、その潮流につながっていったと考えた方がわかりやすい。一九〇〇年九月、高木益太郎によって創刊された『法律新聞』は、これまでの法典編纂の時代から法律の適用の時代、つまり法の解釈の時代へと、法律をとりまく状況が変化してきたことを発刊の趣旨としたが、さらに、山崎今朝弥は法律を人間社会のなかで捉えようとしたところに、その斬新さがあったといえよう。

いまひとつ、『法律文学』に関して注目する必要があることは、この雑誌が、「在野法曹ネットワークの形成」を意図していたということである。「社告」には、「漸次全国各地の裁判所々在地に支社を設置する計画あり、右に付き通信員又は支社主任を募集す」と案内されていた。わずか二号を刊行しただけで『法律文学』は廃刊になったが、その意図したことは十分に評価される必要がある。もっとも、これは販売網を拡張するための手段を兼ねていたのかもしれない。ここからは、私の推測になるが、『明治法学』の編集にかかわった経験があり、おそらく、もともと本好き、雑誌好きの山崎今朝弥は、在米中から帰国後の出版事業のことを考えていて、おそらく、得意の分野である法律関係をターゲットにして実現させたのが『法律文学』だったのではあるまいか。なお、森長英三郎は次のように弁護士業広告の意図を推測しているので、参考のために掲げたい。「ふつう東京で弁護士を開業しても、三年ぐらいは喰えないものである。まして、米国大使館前（赤坂区田町七ノ二）という地の利を得ていたにしても、小さな下宿屋の一室が事務所だというのでは、依頼者がくるわけもない。そこで山崎は「法律文学」という雑誌を出すことにした。あるいは在米時代からひそかに考えていたことは、弁護士を足場にして雑誌を出すことであったのかもしれない(2)」と。

（四）廃刊事情

山崎の『弁護士大安売』には、帰国直後のことについて次のように回想している、「僕が明治四十年に、米国伯爵と欧米各国色々博士を唯一の土産として帰朝した当時は、僕の気が驕《おご》り、心が大きくなつて居た時であるから、前後の弁《わきま》へもなく、米国大使館前に事務所を開き、大々的広告をして、某小さい下宿屋の一室を借受け看板を出した。処が其頃は電話が至つて少なく、初めて開業する弁護士が其場所を選定するには、先づ第一用件として、近所に電話の架《か》かつてる家があるか否やを調べたと云ふ仕末であつた(3)」と。また、より直接的に『法律文学』について、「僕の一番貧乏したは明治四十年赤坂で『法律文学』を出した頃だ。借金取が来ると真裸体になり四ツ這になつて犬の啼く真似をして追返したもんだ。雑誌の前金では四五年後迄詐欺呼ばりをされた。が大正二年には当時の借金は全部探し出して返して仕舞ふた(4)」と。これから推測すれば、弁護士としての収入も十分ではなく、また『法律文学』も二号まで刊行したものの継続できず、結局、経済的理由から廃刊せざるをえなくなったということになる。一一月下旬には、上諏訪へと転居している。

(五) 特色

すでに、「刊行趣旨」でも触れたが、ここでは個条書きにして示しておこう。

(1) 法律の文学化
　文学趣味(「飛花落葉」・「偶吟」・「文人詩人」など
(2) 海外情報の紹介
　①「海外通信」・「内外雑俎」・「法界談」・「新刊紹介」など
　②帰米者ネットワーク
　　若宮卯之助・山田嘉吉・赤羽一など
(3) 法曹情報
　①論説(「論壇講壇」・「名家談苑」など)
　②受験情報(「試験及第秘訣」・「試験笑話」など)
　③雑情報(「内外雑俎」・「法曹逸話」・「法廷思潮」・「雑誌瞥見」・「法界奇談」・「新報梗概」・「滑稽問答」・「監獄消息」など)

（4）弁護士情報

①法曹会合

・「弥生会」（二号−一八頁）

吉田三市郎・猪俣淇清・山崎今朝弥・平出修・安田要六・名合孟・佐々木藤一郎・吉井浜次郎

②広告（「弁護士案内」）

（5）個人的情報

①英語通信教授会

②「▲主婦一名（学籍ある女学生又は廿才前后の女）・女中一名至急入用（本社）」（一号−一六頁）

ここで、「弥生会」について言及しておきたい。第二号の「法曹会合」欄に「弥生会例会」と題された記事が掲載されている。全文を引用する、「東京組合弁護士中新進者の団体たる同会は、去る十月六日麴町区紀尾井町清水谷公園内、偕香園に例会を開きたり、当番幹事は吉田三市郎、猪俣淇清、山崎今朝弥三氏、来会者は幹事の外、平出修、安田要六、名合孟、佐々木藤一郎、吉井浜次郎等諸氏にして、生憎《あいに》く雨天なりし為め、各弁護士の細君連は来らざりしも、福引あり、運動あり、玉突きあり、相撲あり、近来に無き趣味ある会合なりき、殊に此の会に酒を用ゐざりしは頗《すこ》ふる異色なりと云ふを得べく、福引には一々都々逸《どどいつ》を附して歌はしめし杯《など》、仲々に面白き思付きなりき、其の歌には左の如き東雲節《しののめぶし》もありたり／判事検事は司法機関、弁護士ナントシヨ、原告被告の保護をする、執達吏、公証人、三百杯はイヤダネツテナコトオツシヤイマシタネ／尚ほ、次会も同所に開き紅葉狩りを催すべしと」、という内容である。ここで注目すべきは、明治法律学校出身の弁護士たちを中心にした会であるということである。吉田三市郎、山崎今朝弥、佐々木藤一郎らは、後の東京法律事務所のメンバーになるということ、平出修と吉田は「大逆事件」の弁護にかかわること、これらから推測すれば、「弥生会」こそは、明大出身の人権派弁護士たちの温床になったと推測できる。「弥生会」がいつつくられたのか、他にはどのようなメンバーがいたのか、どのような情報が交換されたのか、様々に興味はつきないのであるが、とりあえずは存在に注目しておきたい。

（六）執筆者

執筆者について、判明できるかぎりで言及しておきたい。まず、第一号からみる。「論壇講壇」欄に「法律家の智力的怠慢」を執筆している「ウノ・ダブルユー」は、若宮卯之助（一八七二〜一九三八）のことである。山崎今朝弥「大正明治　社会運動内面史」（『解放』（第四巻一号、一九二五年一〇月）に、「若宮君はウノ・ダブリユのペン名を以て幸徳秋水一派と肝胆《かんたん》大に相照した時代よりの米友であり」云々により、知ることができる。若宮は富山県出身、禅僧として修行、東京専門学校などを中退し、一八九八（明治三一）年に渡米、社会学を学んだといわれる。幸徳秋水とも親交があった。九年間の放浪生活の後、一九〇六年に帰国、一九〇九年個人誌『時代之批評』を創刊する。一九一二年より『日本』（伊藤欽亮）の客員となり、後、『中央新聞』主筆、『中央公論』や『新小説』などに執筆する。次第に「日本主義」的傾向を強める。慶応大学文学部講師（社会学）を勤める。一九二八年『日本』主筆となる。著作には、『若宮論集』（一九一五年五月）、『日本の理想』（一九四〇年一二月）などがある。次に、「法律の夫婦観」を執筆した吉田三市郎については、『明治大学小史』（人物編）を参照のこと。「海外通信」欄に「アイダホ疑獄公判傍聴記」を寄せている、「在米通信員 市川生」は、おそらく市川藤市のことであろう。岩佐作太郎「在米運動史話」のなかで、市川房枝の兄として紹介され、片山潜がサンフランシスコに来訪した時の、「桑港日本人社会主義協会」の設立に参加した人物として挙げられていた。[5] 一八八一（明治一四）年愛知県生まれ、一八九九（明治三二）年明治法律学校に入り専ら政治学を修め一九〇一年に卒業（二ヵ年）したという。同年に渡米、「社会主義ノ趣味ヲ覚ヘ」、一九〇六年頃「桑港日本人福音会ニ於テ社会主義ノ研究ヲ為シ同主義ヲ抱持スルニ至レリ」。一九〇三年三月新世界新聞社に入社、一九〇七年四月ユタ州オクデンに赴き、さらにコロラド州デンバーに入り、日米新聞デンバー支社主任となった。[6] 記事内容も、注目の「西部坑夫同盟会」の労働争議裁判についてである。「飛花落葉」欄の「京都より東京に」は、「いわほ」のペンネームであるが、これは内容的にも赤羽巌穴で、「巌」をとってペンネームとした。三カ月滞在した京都日報社から上京するときの随想である。

残りのペンネーム、「逆運子」「紅露」「みどり」「花影」は不明である。おそらく、これ以外の記事は山崎が執筆したのであろう。

第二号に移る。巻頭「論壇講壇」欄の論説「食と色と法」は、無署名で特定できない。「文芸の価値」を執筆した平出修は、先の「弥生会」の仲間、新資料とおもわれるので別の機会に紹介したい。「名家談苑」欄の「如何にして英米法を学ぶべき乎」を掲載している山田嘉吉については、第一号の「編輯だより」で予告されていた。「二十有余年間米仏英に在りて英独仏法を研究」した人物として紹介されていた。山田嘉吉（一八六六〜一九三四）は、相模国生まれ。一八八二年頃に渡米したといわれる。カウボーイなどをして自活、北米に一七年、欧州に四年、南米に三年滞在。苦学の末、法律・経済・文学などに通じ、特に語学は英・仏・独・ラテン・ギリシャの五カ国語をこなした。シアトルやサンフランシスコで語学塾を開業した。一九〇五年、渋谷馬頭と『西洋料理法大全』を著し、青木大成堂（サンフランシスコ）から出版。この頃、サンフランシスコの売春宿で浅葉わかと出会い、その境遇から救い出し、結婚。以後、知的・経済的に妻わかの父親役となる。〇六年サンフランシスコ大震災のため帰国（直後、談話筆記が『渡米雑誌』に連載）、「山田英学塾」を開業。そこに出入りしていた大杉栄の紹介で、わかを平塚らいてふの『青鞜』に参加させ、ひいては「三つの望み」（『婦人と社会』二九年九月号）通り、婦人言論界の第一線に立たせることになった。以上は岡崎一の調査による（『近代日本社会運動家人物大事典』参照）。「監獄法改良談」の小川滋次郎（一八六三〜一九二五）は、長野県生まれ、社会事業家、監獄学者として著名である。東京専門学校、東大法科に学んだ。一八八六年内務省に入り、各地の典獄（刑務所長）に赴任し司法省監獄事務官などを勤めた。山崎との関係は不明であるが、「文責在記者」とあるから、押しかけていって取材したのであろう。「海外通信」欄の「探偵界の大立者」を執筆している「英京ロンドン」の「鵬雲生」には、冒頭に紹介文が付されている。「明治大学卒業、柔道四段にして、久しく米国海軍兵学校の教授をなし、目下英京ロンドンにて柔道指南をなし、時々仏国独国等にて白人と試合をなして、名声を揚げたる大野秋太郎氏が山崎に宛てたる通信なり」とのコメントである。大野秋太郎は、山崎と同じ年に卒業した人物で、サンフランシスコにおいて再会したことについては、本書「3　アメリカ時代――ダウンセラ大学とケロッグ博士」（九〇頁〜）で言及したのでここでは繰り返さない。同欄の「米国の法界」の「殿村生」についても、前号での予告があり、「米国桑港新聞特派員」の殿村六水として紹介されていた。ここでの肩書きは「サンフランシスコ、デーリー、ニユース」となっている。「在米六年」ということなので、山崎とはサンフランシスコで面識があった。殿村は在米の「社会主義者・無政府主義者名簿」には、掲載されていない。その他のペンネーム、「樽柿庵」「火の人」は特定できない。「本法〔誌〕に対する反響」欄に「読法律文学」を執筆している猪俣淇清は、先の「弥生会」のメンバーであった。一八八三年山梨県生まれ、明治法律学校卒業。日露戦争に従軍、一九〇六年度弁護士試験に合格、東京弁護士会に加入、一九一六年明治大学講師となる。一九二四年八月法学博士、一九二八年五月東京弁護士会会長。『株式会社本質論』の著書がある。以上は、『現代弁護士大観』（一九三二年刊）による。

こうしてみると、『法律文学』の執筆メンバーは、山崎今朝弥が留学中に知り合った人脈と、明治法律学校出身の弁護士仲間の会である「弥生会」との人脈に頼っていたことがわかる。それにしても、他の多くの欄を山崎一人で埋めたとなると、この労力たるや大変なものである。

❖注

（1）森長英三郎『山崎今朝弥』（紀伊國屋新書、一九七二年一月）七一頁。
（2）同右、七〇〜七一頁。
（3）『弁護士大安売』（「9　奇書と文献の案内」一（2）〔三一〇頁〜〕参照）一頁。
（4）同右、一一頁。

（5）岩佐作太郎稿「在米運動史話」（『在米社会主義者・無政府主義者沿革』柏書房、一九六四年九月）五二四頁。
（6）「本邦社会主義者・無政府主義者名簿」（社会文庫編『社会主義者・無政府主義者人物研究史料（一）』柏書房、一九六四年一〇月）四一頁。

7 「解放群書」の謎解き

「解放群書」は山崎今朝弥の刊行した一冊一円で販売された冊子体本の叢書である。それについての調査・研究は一〇年ほど前から始まり、『大学史紀要』(「9　奇書と文献の案内」五〔三二六頁~〕参照)に解明状況を報告してきた。現在までの成果は、**表1**(二六七頁~)に「『解放群書』一覧」としてまとめておいた。「解放群書」調査の難しさは、山崎が刊行した多くの雑誌に、一覧表として、あるいは一冊ずつの内容広告として掲載されているにもかかわらず、その通りに刊行されたかどうかを確認できないところにある。もちろん、発禁処分によって刊行できなかった場合、一部分を削除した改訂版が刊行された場合、あるいはタイトルが変更されて刊行された場合、というようなことを確認する作業が必要とされるわけである。くわえて、他の雑誌の特集号との関係を問題にしなければならない場合もある。人権派弁護士研究会では、それらを確認するために、原本が所蔵されている図書館や研究機関に赴いて一冊一冊についての「データシート」を作成してこれに対応してきた。『データシート』には、書影に始まり、表表紙、背表紙、標題紙、裏表紙、目次、奥付、収録内容、判型、掲載広告、等を記録してきた。ここでは、『解放群書』一覧」として簡略化して掲載する。これによれば、刊行された「解放群書」全四四点（四六冊）ないしは四五点（四七冊）が確認されている。ただ、そのうちの五冊（第38巻『幸徳秋水主義論文集』、第40巻『露国社会運動史』、第42巻『独逸社会運動史』、第43巻『無産階級雄弁教程』、第45巻『無産階級闘争教程』）については、同じ巻号で他のタイトルの著作が確認できているため、発刊されなかったものと判断した。また三冊（第9巻『新消費組合論』、第12巻『続百名家社会主義随論集』、第14巻『各国革命文書集』）については原本とその所蔵先が全く確認できていない。ここでは、「解放群書」の全容に迫る過程を「謎解き」と名付けて、解明への道標とした。なお、「解放群書」は第何編（篇）と表記されたり、第何巻と表記されたりすることがあるが、ここでは「巻」の表記で統一している。

一 「解放群書」とは何か

「解放群書」については、例えば「幸徳伝次郎全集」第三巻（後掲「8 『幸徳伝次郎全集』の探索」（二七〇頁〜）参照）に掲載されている広告文には次のように紹介されている。「震災直後大正十三年の創刊にして、日本に於ける「月刊円本」の元祖なれど萎靡《いび》振はず。蓋《けだ》し道楽人の道楽にして商売人の商売にあらざればなり。大量生産、千頁壱円の流行する今日意地に詰つて尚只纔《わず》かに千冊絶版約三百頁壱円の余命を保つのみ。送代一冊拾銭」と。この情報から読み取れることは、第一には、創刊が「大正十三年」、つまり一九二四年であるということである。第二には、一冊一円（送料一〇銭）であるということである。そして第三には、一冊について千部を発行しているということである。これらのことについて説明することから始めたい。

まず、第一の一九二四年の創刊という点についてである。前掲の広告文では、「震災直後大正十三年の創刊」とされている。この刊行年に該当するのは、第5巻の山崎今朝弥『地震憲兵火事巡査』（一九二四年一一月刊）ということになる。[1]したがって、第1巻の新居格『月夜の喫煙』が「解放群書」の最初の刊行物ではないということになる。ついでにいえば、第10巻に組み入れられている山崎著『弁護士大安売』は、聚英閣から一九二一（大正一〇）年一一月一八日、『山崎伯爵痔作　弁護士大安売』（定価一円八〇銭）として刊行されている。これも在庫を引き取って「解放群書」の一冊としたと考えられるが、[2]他の出版社からの出版であり、かつ「円本」でもなかったために、刊行時期はこの方が早いにもかかわらず創刊号とはされなかったことになる。

第二に「解放群書」は一冊一円の定価で刊行されたという点である。この定価こそが月刊誌『解放』と「山崎式分離統合編輯法」によって、同じ解放社から創刊された他の雑誌とを区別する基準点になる。ここから次のようなことがいえる。一つには定価を半額の五〇銭にして刊行した「宣伝用書」や「全集」の叢書があり、続いてそれを半額にした「コーター読本」とよばれる「雑誌読本」や「解放パンフ」があり、さらに値段をさげて「テンセンパンフ」とよばれるものがある。しかし、山崎自身が「雑本は二十五銭、パンフは十銭を原則とするも時に反例なきにしもあらざるを以て、二者の区別容易に知り難し」（「幸徳伝次郎全集」第三巻、巻末広告）と言い訳しているくらいであるから、その区別はむつかしい。後にも触れるように、同じ印刷物を分離し、部分統合して、あるいは表紙を変えることによって在庫の処分をおこなったのである。このように雑誌のタイトルが変わっていくなかで、雑誌一冊の定価が、「解放群書」の変遷をたどることのできる手掛かりとなる。ちなみに、『解放パンフ』（一九三〇年五月号）掲載の広告には本月号の「解放社月刊」の雑誌として、「解放群書」（一円）、「解放全集」（五〇銭）、「学芸解放」（五〇銭）、『労農学芸』（四〇銭）、『解放科学』（三〇銭）、『解放パンフ』（二〇銭）、『変態解放』（一五銭）、『大衆解放』（三〇銭）、『婦人戦線』（二〇銭）、『労農運動』（一五銭）の十雑誌が掲げられている。また少し後の『労農運動』（一九三二年一月号）の広告（以下、「広告号」とよぶ[3]）には、「現発行雑誌」として『無産者法律』（二〇銭）、『労農運動』（一〇銭）、『学芸解放』（二〇銭）、『解放文庫』（一〇銭）、『変態解放』（五銭）というタイトルの雑誌が並んでいる。

第三には、「解放群書」は一冊につき千部を発行したという点である。「限定絶対の限定版で絶品売切になつても決して再版しない」方針をとっていた。このことが、残部の処分問題として「山崎式分離統合編輯法」を生み出させた原因になっているのであるが、他方では、売り切れによる絶版を生じさせ、原本の所蔵先の把握を困難にしている。ただし、『幸徳秋水文集』（一九二六年八月）には「重版美装」と銘打った、『月夜の喫煙』（三版）、『解放の芸術』（再版）、『プロレ

諸大家最近傑作集』（解禁三版）、『甘粕は三人殺して仮出獄 久さん未遂で無期の懲役』（残本百冊限定版）などの広告が掲載されている。「重版」というのは、増刷ではなくて千部発行のうちの残部を改装発行しただけのことなのか、その点の検討は残っている。ともかく、以上の三点が解放社刊行物のなかで「解放群書」を見分ける基準となる。

二 「宣伝用書」と「解放群書」

「宣伝用書」とよばれるものは「解放群書」の定価を半額の五十銭にした雑誌叢書であり、主として一年前に発行した「解放群書」を「改丁改竄《かいざん》」「合冊結合」したもの、あるいは発禁処分を受けたものの「廉価改定版」とされたものとされている。つまり「解放群書」の刊行が前提であるので、「宣伝用書」が存在することは「解放群書」の刊行がなされていたことの間接的な証明となる。いま、『労働運動』（一九二九年九月一日）や『解放パンフ』（一九三〇年五月号）に掲載されている広告から紹介すれば、「宣伝用書」として次の一六点（一八冊）が掲げられている。「解放群書」との一応の対応関係を↑で示しておく。上が「宣伝用書」である。

1　消費組合虎之巻　↑　第9巻『新消費組合論』
2　小川未明傑作集　↑　第20巻『彼等甦らば』

3　露国革命運動史　↑　第19巻『露国労働運動史』
4　新居格傑作集　↑　第1巻『月夜の喫煙』
5　山田清三郎傑作集　↑　第4巻『幽霊読者』
6　青野季吉隋論集　↑　第2巻『解放の芸術』
7　古今東西理想郷集　↑　第16巻『ユートピア全集』
8　社会主義随筆論文集（上下二冊）↑　第6巻『社会主義随論集（1）』・第26巻『最近社会主義的論随評資集』
9　遭難主義者列伝　↑　第30巻『殉難革命家列伝』
10　中西傑作百姓一揆　↑　第21巻『武左衛門一揆』
11　幸徳全集第一編（短名文集）↑　第7巻『秋水文集』
12　幸徳全集第二編（書簡文集）↑　第8巻『秋水書簡集』
13　神近市子傑作集　↑　第25巻『未来をめぐる幻影』
14　露国芸術大系　↑　第24巻『革命芸術大系』
15　終編最近傑作集（上下二冊）↑　第28巻『終編社会主義随論集（上・下）』
16　昭和四年机上懐中・解放年鑑　↑　第13巻『解放運動・解放団体現勢年鑑』

まず「宣伝用書（1）」の『消費組合虎之巻』が刊行されていることから、これまで未確認であった「解放群書」第9巻『新消費組合論』の刊行が確認できる。先の「広告号」には、「絶版解放群書第九編『新興消費組合の理論と実際』の新幀」として紹介されている。説明文には「日本人の国民性には消費組合は到底不向だと云ふ定説を打破し、新に其の運動を指導するため、斯《し》界《がく》の学者実際家博士教授が一致結束して完成した、日本に於ける世界一の良書と謂はれた、「絶版解放群書第九編「消費組合の理論と実際」（定価壱円）の残本五百部を、社会奉仕兼商売整理のため、新幀《しんてい》美装して世に出したるもの也。時節柄買機《ばいき》を永久に失せざらん事を希《ねが》ふ。」とある。「幸徳伝次郎全集」第三巻に掲載されている広告には、「斯界権威の博士教授学者実際家共同執筆組合長新居格責任編輯、既に久しく絶版、但《ただし》普及宣伝半額版あり」とあるから、「解放群書」として販売されたことが確認できる。そして残しておいた五百部についてタイトルを変更して「宣伝用書」として半額で販売したということである。なお「広告号」には、本位田祥男、井田孝平、以下の執筆者も掲載されているが、ここでは省略する。

「宣伝用書（3）」として掲げられている近藤栄蔵『露国革命運動史』は、「解放群書」の原本は確認できないが、「広告号」には「宣伝用書（23）」として確認できる。次のような紹介文である。「著者は日本に於ける無産政党の提唱者、曩《さき》に暁民共産党事件の首魁《しゅかい》として一年半の言渡を受け保釈出獄中日本共産党事件で起訴され、大正十二年六月五日暁の手入前風を喰つて入露亡命、専ら革命運動を研究。満四年の蘊蓄《うんちく》が傾倒して此の一巻約三百頁となる」と。目次だては同じであることから、「解放群書」としてはタイトルを変更して第19巻『露国労働運動史』として刊行されたと判断できる。また「宣伝用書（8）」として掲げられている『社会主義随筆論文集（上下二冊）』には、他に「宣伝用書第壱篇」として『社会主義随論集（1）』とされているものもあり、また「宣伝用書（16）」の『昭和四年机上懐中・解放年鑑』についても「解放群書」第13巻『解放運動・解放団体現勢年鑑』は「昭和二年版」であるので、あきらかに異なったものである。その意味で、「宣伝用書」の全体の把握は完全にはできていないことになる。

三　発禁処分と削除改訂版

これまで原本が確認できないものが八冊あった。収録されている文章は、「解放群書」についての広告等により確認できるものもあるが、それが実際に刊行されたかどうかを確認することとは別問題である。つまり発禁処分等を受けて発刊できなかったケース、あるいは資金繰りが困難となって発刊できなかったケース等も想定できないことはない。後者はともかくとして、発禁処分と販売頒布の問題は、なかなか複雑である。一般的にいえば、この時期、新聞・雑誌・図書などの出版物にたいする法的規制としては出版法と新聞紙法があり、処分は内務省がおこなう行政処分（雑誌や本にたいする処分）と裁判所をとおしておこなわれる司法処分（編集者・発行者等にたいする処分）があった。新聞紙法は、定期的な刊行物や「六箇月以内ノ期間ニ於テ時期ヲ定メスシテ発行スル著作物」（第一条）に対して、「発行ト同時ニ内務省ニ二部、管轄地方官庁、地方裁判所検事局及区裁判所検事局ニ各一部」を納入することを義務付けていた(第一一条)。そして掲載事項については「安寧秩序ヲ紊《みだ》シ」または「風俗ヲ害スル」ものと認められる場合には、内務大臣がその発売と頒布を禁止し、必要な場合には差押えをおこなうことができると定めていた(第二三条)。このように、新聞や雑誌、あるいは出版法による図書に対しては、日常的な検閲体制が布かれていた。しかし、そのような検閲のもとでも発売頒布を禁止された出版物(発禁本)が全く市場に流通しないというわけではない。原則的にいえば、発行・届出によって検閲が始まることになる。したがって、すでに発売頒布された出版物が、事後的に発売禁止処分を受けることになる。この場合には発禁処分を受けた時には、何部かはすでに発売されて流通していたというケースがでてくる。また時代状況によっても、その取り締まりの方法は異なっている。「内閲」あるいは「内検閲」といって、当局による事前検閲が行われた時期もあった。これは、後述するように出版社側と検閲当局の不必要な摩擦を回避する手段としてとられた措置でもあった。検閲は、実際には内務省警保局図書課によってなされるのであるが、その方法については、法規上の原則だけが定められていた。(4) ここでは、解放社の刊行物に対してなされた検閲と発禁処分については、前掲の飯澤文夫の試論に譲るが、「解放群書」第3巻の『プロレ諸大家最近傑作選集』に関係する検閲規制を参考例として示しておきたい。

「解放群書」第3巻の『プロレ諸大家最近傑作選集』の発禁処分について、山崎今朝弥は「前内閣の雑誌『解放』弾圧史」(『解放』第6巻第8号・一九二七年六月)のなかで、内務省図書課や警視庁との間での生々しいやり取りを記録している。山崎によれば、この巻はこの年の雑誌『解放』一月号から四月号までの残部の創作作品を集めて合本としたもので、すでに検閲は通過しているものであると主張している。ところが内務省（図書課）からは新たに出版法による出版届を出すように要請があった。山崎は、合本は印刷発行でないから届出の必要がないはずであると抗弁する。図書課は従来の慣行では出版届が必要であるとしてきたと反論、これに対して山崎は「法律の正条」にはそんなことは書かれていないと再抗弁する。ところが図書課からはその解釈はこちらの解釈とは違うとの一方的な命令があり、山崎も「泣く子と地頭に勝てるものか」と正式な出版届を提出した。その後に、警視庁と内務省から電話で「切取の御達」、つまり不適切な部分を削除せよとの通達があった。山崎はこの「切取」処分を免除してもらうために「図書課重役」に宛て「嘆願書」を作成する。しかし、受け入れられず数カ月が経過する。図書課からは「当方で切取らせるから請願を出せ」との要請があった。その「請〔願〕書」は次の通り、「解放群書第三篇儀、今回当然発売禁止と相成筈の処、特別の詮議《せんぎ》を以て、貴方に於て悪化の部分を削除、販売を御許し下され、誠に有難く此段御請申《このだんおんせいしん》候也」（読点は引用者による。以下も同様）、「内務省御御中」「解放社」とある。

ところが四、五日後に、今度は警視庁から電話があり、「新聞紙〔法〕上公公然と発売禁止になつた『解放』群書を公公然と市場で売つて〔い〕る。早く命令箇所を切取らなくては売切れて仕舞ふ」とのお叱りがあった。山崎は、すでに内務省との間で話が付いていて「請〔願〕書」を提出してある次第であるから、内務省に任せていると断った。警視庁からは、それは内務省の「実際を知らぬ失策」であって、そんなことが出来る筈はないとの返事、そこで警視庁で「仮差押」をして残本を押収するから「承諾書」を提出せよとの要請があった。解放社から「警視庁御中」に宛てて次のような「承諾書」を提出した。「解放群書第三篇プロレ諸大家傑作選集を、警視庁にて各本屋に就き仮差押を為し警察に引上げ〔る旨について〕、当方へ電話を掛け又は御呼出下さり、当方出頭の上御命令の箇所を切取り、残骸（第三版として売却するもの）を下付に相成る事毛頭《もうとう》異議無之《これなく》候」と。ところで、この第3巻は、収録されている安成二郎「大杉丸焼け」（実際は「丸焼け」）と中西伊之助「或農夫の一家」（実際は「農夫の一家」）の二編が風俗壊乱・秩序紊乱《びんらん》に当たるとして発禁処分になったのであるが、山崎は当該個所を削除した改定版（削除本）をだすことで対応した。(5) ただ、山崎は発禁処分にはならなかった一月号から四月号の残本改定本を添えて販売したので、「読者には少しも迷惑は懸けなかつた」と強がりを言っている。

四 「絶版」問題

次いで、発禁処分と改訂版の発行について「絶版」問題からアプローチしてみたい。山崎によれば、「絶版」には、「禁止絶版」「禁止後改訂版」「売切絶版」の三種類があるとされる。そして、四六版『解放』（第9巻第6月号、一九二九年六月）には、「絶版でも一冊二冊は註文に応じられます」「禁止本でも小売店には目こぼれがよく有ります」との告知がなされていて、次のような「絶版禁止群書」のリストが掲載されている。

禁止絶版（七冊）
第3巻『プロレ諸大家最近傑作集』
第6巻『プロレ諸名家最近随論集』
第14巻『各国世界文書集』（守田有秋著）
第22巻『世界著名文書集』（守田有秋著）
第26巻『続々社会主義随論集』
第30巻『殉難革命家列伝』（守田有秋著）
第34巻『共産主義童話読本』
禁止後改定版発行（五冊）
第5巻『地震憲兵火事巡査』
第7巻『幸徳秋水名文集』
第8巻『幸徳秋水書簡集』
第15巻『世界社会運動史』（石川三四郎著）
宣伝書『遭難主義者列伝』

売切絶版（四冊）
第10巻『弁護士大安売』
第11巻『続プロレ諸大家最近傑作集』
第12巻『社会主義最近随論集』
第13巻『昭和二年無産団体現勢年鑑』

このうち「売切絶版」については、刊行がなされた後に売り切れて絶版になっているということなので、刊行・発売がなされたことの裏付けになる。『弁護士大安売』については「中間報告」では「解放群書」としての確認ができなかったが、第10巻として刊行されたことが確認できる。『続プロレ諸大家最近傑作集』（第11巻）・『社会主義最近随論集』（第12巻）・『昭和二年無産団体現勢年鑑』（第13巻）は「中間報告」でのタイトルと異なっているが、誤差の範囲内であろう。

「禁止後改定出版」の「解放群書」四冊については、先に触れたように発禁処分を受けた後、当該個所を削除して改定版として再発行したものである。石川三四郎『世界社会運動史』については、先の「広告号」に次のような広告が掲載されているので紹介しておきたい。「著者は人も知る斯界《しかい》の権威、主義者の泰斗、其の世界社会運動史は古今東西を通して天下一品と称せらる。本書の価値、推して知るべし。本書に四六版解放として一度世に出ずるや、著者の名声は急速忽ち直ちに之れを絶版発売禁止とした。今や内閣の更迭と共に政府との協定成り、茲に新に普及廉価版を発行し、天下同好の士に何本でも買る」、さらに「著者曰」として「愈々発売禁止を解かれた本書は、定価六円、千有百余頁の拙著『増補訂正西洋社会運動史』を便利と経済とのため、簡単明確に圧索改訂したもので、真に良書の標本であり廉価の見本である」の言葉が添えられている。定価一円の解放群書版と定価五十銭の廉価版が同時に宣伝されている。

「禁止絶版」の七冊は、文字通りは発売禁止処分を受けて「絶版」、つまり刊行にいたらなかったものと解釈できる。ただこの中には、第3巻『プロレ諸大家最近傑作集』のように発売禁止後に削除した改訂版が出版されたものも含まれている。その他のものについては、「中間報告」に記したように、第30巻『殉難革命家列伝』を除いて、第6巻『社会主義随論集（1）』、第22巻『著名文書集』、第26巻『最近社会主義的論髄評資集』、第34巻『社会主義童話読本』というようにタイトルを変更して実際に刊行されている。おそらくは、一部削除とタイトル変更を条件にして改訂版として出版されたのであろう。あえて、「禁止絶版」としたのは、山崎の意に添わない削除やタイトル変更を余儀なくされたために、オリジナルのタイトルをこのような形で遺したのであろうか。これは推測でしかない。ただ、守田有秋著第14巻『各国世界文書集』だけは原本が確認できていない。

なお、「禁止絶版」のなかに第14号を含めて守田有秋の著作が三冊掲載されている。このうち第30巻についてはすでに言及したので、残り二冊についてみておこう。「幸徳伝次郎全集」第二巻（「8　『幸徳伝次郎全集』の探索」参照）所載の広告には、この事情について次のように説明している、第14号について「守田有秋君曰く『今裁判中の本書は余が半生の心血傾注の結晶だ』(禁止)」、他方で第22巻『世界著名文書集』には「本書は禁書『革命文書集』の改訂版。但又すぐ禁止」とある。つまり、第14巻の改訂版として第22巻を刊行したが、これまた発禁処分をうけた。タイトルから「革命」という文字を削除して、そしてまた「各国」という文字も削除して『著名文書集』となったという経緯を知ることができる。このことからすれば、第14号は刊行できなかったのではないかと推定できる。なお、第22号の収録内容については前掲の「広告号」には、「本書編集の世界各国著名文集は何れも石川、堺、山川、其他の畏友先輩に負ふ所甚だ尠少《せんしょう》ならずと雖も、亦《また》著者半生の苦心に成れる心血の結晶ならずとせず」とあって、石川三四郎、堺利彦、山川均などの社会主義者たちが協力したものであることを知ることができる。

ついでに、刊行が未確認とされていた守田有秋の著作、第45巻『ドイツ社会運動史』については、紛らわしい点があるのでこれについてもコメントしておきたい。まず「広告号」に次のような予告が掲載されている。「著者はドイツ革命の前後十年間ドイツに在つて、親しく革命と血と火との洗礼を体験し、多くの殉難者を見、多くの革命家に聴いて来た人である。彼れの著述に血があり肉があり脈《みゃく》があるのは其の故である」「見よ、著者の書は絶著『世界革命文書集』(群書十四編)も珍書『世界ユートピア全集』(群書十六編)も、怪著『各国著名文書集』(群書二十二編)も、奇書『殉難革命家列伝』(群書三十編)も、名著『世界革命婦人列伝』(群書三十三編)も、皆初版は必ず発売禁止となつた」「況んや本書は右革命のドイツの革命運動史である。躊躇逡巡徒《いたず》らに決せずんば、ハツキン以て遂に千載一遇の好機を逸《いっ》するの已むなきに至らん？」と。この文面からは、実際に刊行されたかどうかについては確認できないが、「内容要目」まで掲載されているので、少なくとも印刷の段階にあったことは確かである。また「広告号」には第46巻として和田軌一郎『ロシヤ社会運動史』についての広告も掲載されている。これらはいずれも「運動史」のタイトルが付されたものであるが、解放社では「各国社会運動史全集」（全一二巻）の刊行を企てていた。(6) その全容は次のようなものであった。1インタアナショナル　2ロシア　3北米諸国　4イギリス　5ドイツ　6南欧諸国　7各国総観　8日本　9フランス　10中華民国　11諸小国　12植民地、である。そして、「出版予約」広告には「3、5、6、7、8、9は解放群書改版」の注記が付されている。つまり六冊は「解放群書」からの「改版」という方針であった。それに該当するのが、第44巻『北米社会運動史』（関口熊吉著）、第45巻『ドイツ社会運動史』（守田有秋著）、第38巻『南欧社会運動史』（延島英一著）、第15巻『世界社会運動史』（石川三四郎著）、第17巻『日本社会運動史』（岡陽之助著）、第43巻『フランス社会運動史』（石川三四郎著）である。ここから判断すれば、原本が確認できなかった第45巻『ドイツ社会運動史』は「解放群書」の一冊として刊行された確率が高いといえよう。ただ、このリストには「2ロシア」に相当する第46巻『ロシヤ社会運動史』（和田軌一郎著）が含まれていない。『学芸解放』（一九三〇年一一月号）には特集「革命ロシアの大革命史」が組まれ、標題紙には「ロシア社会運動史」と印刷されているので「解放群書」として刊行できる段階になっていたと判断できる。したがって、第46巻は原本未確認という扱いになる。[7]これらの点は「一覧」に反映されていない。なお、「広告号」によれば、延島英一『インタアナショナル史』、遠藤一郎編著『英国社会運動史』、三木禎一『支那社会運動史』、本社編集部編『弱小諸国社会運動史』については、「解放群書」ではなく「社会運動史全集」として刊行が予定されていた。

五　四六版『解放』と「解放群書」

山崎今朝弥が刊行した雑誌『解放』については、これまでに何人かにより調査がおこなわれているが、全体が把握されているわけではない。[8]山崎が刊行した雑誌『解放』は、これまで第二次『解放』とよばれ、一九一六年六月に、月刊の総合雑誌として大鐙閣から刊行された第一次『解放』と区別されている。第一次『解放』は、黎明会の福田徳三・吉野作造・大山郁夫らを顧問格にすえ、新人会の会員の編集により創刊された。その後、編集人は赤松克磨、宮崎龍介と代わり、一九二〇年五月号からは麻生久らが解放社を結成して編集を引き受けるようになった。第一次『解放』は、一九二三年九月の関東大震災により大鐙閣が全焼するまで刊行され、通巻五二巻を数えた。山崎今朝弥が復刊したのは一九二五年一〇月からである。第二次『解放』の発行所は、芝区新桜田町一九番地の解放社で、山崎の弁護士事務所であった。小田切進の「解説」によれば、第一次『解放』の第5巻第9号までで、復刊号は第5巻第10号となるはずであったが、一九二四年五月に創刊した日本フェビアン協会の機関誌『社会主義研究』を『解放思想』（通巻第一五号）と改題、八月には解放社の発行となって『解放文芸』（通巻第一六号）、さらに九月には『解放法律』（通巻第一七号）と改題して、改めて第4巻第1号として同年一〇月に第二次の『解放』を総合雑誌として復刊したとのことである。復刊号の表紙は第一次の終刊号を踏襲し、また定価は通常は五〇銭のところを特価の六〇銭、二四〇頁、「全無産階級の発言機関」と銘打った。そして、同人としては次の一三名の名前が並んでいる。石川三四郎、新居格、小川未明、神近市子、高畠素之、藤森成吉、赤松克麿、麻生久、青野季吉、秋田雨雀、宮崎龍介、下中弥三郎、平林初之輔である。「編輯部」は岡陽之助、山内房吉の二名、「経営係」は山崎今朝弥と水谷憲風の二名である。

その後の『解放』はどうなったのか。小田切進編の『解放総目次・執筆者索引』には、第7巻第2号（一九二八年一月一日）までの総目次が掲載されているので内容についての確認ができる。また、竹盛天雄によれば、第二次『解放』は、一九二五年一〇月（第4巻第1号）から一九二七年四月（第6巻第6号）までの第一期、一九二七年五月（第6巻第7号）から一九二八年一月（第7巻第1号）までの第二期、一九二八年二月（第7巻第2号）からの第三期に分類されている。ただ私としては、一九三三年二月一日刊行の『解放』の巻頭に掲げられている「又々発刊の辞」によれば、一九三二年の一年間は「『解放』は書籍を裸にして只印刷済の表紙をカブせただけで一行たりとも新しく書けるワケでもなし」ということなので、一九三二年一一月号までは、「円本」つまり定価一円の「解放群書」の中味に新しい表紙を付して一一月号までを刊行したということになる。したがって、ここまでが第三期ということにしたい。そして、一九三三年二月号からは取次を介さないで直接購読にしたということであるので、この号からは第四期、つまり私家版『解放』としておくのがわかりやすいと考えている。

四六版『解放』の創刊は、大正一五年八月号の「幸徳秋水文集号」からである。山崎今朝弥は「四六版」と表記しているが、もちろん、これは紙の寸法を表す「四六判」からきていて原紙（七八八㎜×一〇九一㎜）を三二に裁断した一つの大きさであり、細かく言えばタテ×ヨコが一八八㎜×一三〇㎜の大きさになる。これに対して第二次『解放』は従来の菊判（二一八㎜×一五二㎜）を受け継いだ、ひと回り大きな判型であった。解放社が四六版『解放』の刊行に踏み切った理由は、幸徳秋水著作の刊行と重なり、「解放群書」（四六判）への転用が可能な大きさにすることを目論んだのではないかと推測できる。つまり、四六版『解放』は、余分な文章と余分な余白を削れば「解放群書」へと変身できるという利便さである。ともかく、定価一円の四六版の雑誌『解放』の創刊号に掲載されている山崎今朝弥による「発刊之辞」は、この「Ⅲ　道楽と抵抗」冒頭（一九三頁）に掲載したので発行趣旨を理解していただきたい。

四六版『解放』と「解放群書」との関係については、文末の「『解放群書』一覧」に掲載されているので、参照していただきたい。これによれば、四六版『解放』の創刊以後の特集号と「解放群書」第7巻『秋水文集』から第25巻『未来をめぐる幻影』までの発行が連動していることを確認できる。このことにより、これまで原本が確定できていない第9巻と第14巻については、少なくとも収録内容について四六版『解放』によって確認できることになる。しかし、四六版『解放』はこれで終わったわけではない。私の手元には、前にも紹介した第9巻第6号（昭和四年六月一日）の「幸徳秋水全集の五」とされている「諧謔痛罵茶文集号」があるので、リスト以後にも「解放群書」と併せて刊行されていたと考えられる。

六　『各国革命文書集』（第14巻）の発禁処分と改訂版

ところで、検閲の問題にもどれば、四六版『解放』における発禁処分は当然にも「解放群書」にも反映されたと考えられる。いま、その例が山崎今朝弥の「前内閣の雑誌『解放』弾圧史（後篇）」（『解放』第6巻17号、一九二七年一〇月）に掲載されているので紹介しておきたい。四六版『解放』（第5巻第15号）は臨時増刊として守田文治「各国革命文書集」を特集した。ところが内務大臣（浜口雄幸）は、一九二六（大正一五）年一一月三日付で秩序紊乱の虞《おそれ》があるとして発売頒布禁止処分に付した。これに対して自由法曹団名でもって、同年一一月七日付で訴訟提起の通知をおこない、一一月二六日付で東京地方裁判所に宛てて訴状を提出した。訴状によれば、山崎今朝弥を原告として、「大日本帝国」と「内務大臣」を相手取って、「一金十万円也の内金一百金」、つまり損害として一〇万円であるが、その一部である一〇〇円を支払えという請求である。

その「原因」は「内閣許可済の発行なるにも不拘《かかわらず》、十一月三日突如、当局者の遺憾恐縮申訳なし、お叱りお小言《こごと》責任を負ふ、上司の一言鶴の一言等の申訳のみにて内務大臣より復た再び其発売頒布を禁止され雑誌全部を押収された」ことにある。その「理由」とした法律上の根拠はまさに山崎流であるので次に引用しておきたい。

一、国家の有する発売禁止の権力は仮令《たとえ》其れが根本に於て実力なり圧迫なりとするも、法律上既に正当化されたる適法行為なれば、敢て臣民の苦情を許さず、然れども国家も亦《また》人権尊重の為めに其絶対の権力を捨て公法的の地位より下りて人民と対等に、私法的の地位に立ち合意契約するは必ずしも不法にあらず、現代国家の傾向に合流一致する内閣発行の合意契約は蓋《けだし》し之れなり、私法的対等契約なり。

二、若し内閣発行の契約が国家の禁止差押の権力を制限するものとせば、其契約は公の秩序に反する無効の契約なりと云はれても仕方なし。然れども婚姻不履行者が損害賠償の責に任ずる場合に於ても、当事者は自由に其履行不履行を選択し得る如く、本件に於ても亦被告は勝手に発売禁止を為し得べければ、被告の権力は毫《ごう》も制限を受くるものにあらず。

三、従つて婚姻予約の不履行者が婚姻を拒むの権利あつて而かも損害負担の義務ある如く、被告も亦発売禁止の権力を維持して、尚且つ損害賠償の義務あるものと信ず。

というものである。山崎がここで「合意契約」と呼んでいるものは、「内検閲」というものである。一九二七年五月一日付の「準備書面」によれば、この「内検閲」の制度は、二〇年前より存在し、定期刊行物に対して、「内務省の内意」あるいは「発行者の申出」によって、発行以前に、発行者より二通の校正刷を提出し、一通は図書課に保存し、他の一通は「検閲済」および「削除箇所指摘」の印を押して還付することになっていた。この制度は、発行者側からすれば、発行以前に検閲をうけることにより、承認をえれば発売禁止処分を受ける心配がなくなり、発売禁止処分による損害を回避することができるし、他方、内務省側からすれば、急いで検閲をおこなう必要がなくなり、時間的な余裕をもって検閲をおこなうことができ、また検閲官の人員配置の調整ができるメリットがある。つまり双方に利益のある「契約慣行」である。そして雑誌『解放』についても一九二四年一〇月より内務省の意向により「内検閲」を受け入れてきた。「各国革命文書集」についても、内検閲がおこなわれ、「削除箇所指摘」どおりの削除をおこなって発行したのである。(9) ところが、発行後、図書課長から電話での呼出しがあり、とりわけ大臣の意向により、「本号の内容は一つ一つは別に問題とすべき処」はないが、「一巻として「各国革命文集」の存在を許すは秩序を紊乱するもの」と認められるので、発禁処分ということになった。しかし、図書課長としては、「尽力の結果、更に一、二点の削除更生」をおこなえば発売することは可能であるとの返事であり、ついては念のために「一札を入れたし」とのことであった。そこで、山崎は「事務官より提示せられたる原稿に基き、之れが删除《さくじょ》更生を為すべき旨」の書面を提出して帰宅した。ところが、間もなく事務官より「御気の毒なれども上官の命令、鶴の一声にて如何とも致し難く、我等の努力も功を奏せず発売禁止と云ふことになりたれば」云々の電話があり、同時に発売禁止の命令があり、警視庁により差押えがなされた。こような事実経過に対して、山崎がとった手段は、私法上の契約不履行にあたるとして損害賠償を求めたのである。

それに対して内務省は一九二六年一二月一四日付の磯部厳名による「答弁書」を提出した。「発売頒布の禁止並に差押は、国家警察権の発動に基く行政処分にして、之に因る損害の賠償責任の有無に付ては民法を適用すべき筋合にあらず」という、きわめて形式的なものであった。一九二七年六月二五日付、東京地裁民事部（裁判長・佐々木良一）による判決書は、事実認定として、内務省においては原告（山崎今朝弥）が主張するような定期刊行物に対する内検閲制度なるものは存在しないと断定する。ただ従来、東京市内の定期刊行物発行者の便宜のために発行前に内検閲を行ってきたことはあるが、そのことによって発禁や差押の処分に影響を与えたことはない。したがって、本件の発行物に対しても発禁の処分等を行わないという旨の「契約」を行ったという事実はない。これに加えて、「各国革命文書集」号には、内検閲の手続きを行わなかった個所、また内検閲によって削除を命じたにかかわらず削除されていない個所があり、これらより判断すれば、原告の訴訟請求は「失当」であると認定している。「理由」としては、内務省の「答弁書」と同じく、「国家警察権の発動を阻止するが如き契約の無効なる事、固より自明の理」であるとだけ断言している。

山崎は、判決の一カ月前の五月、内務省に「願上書」を提出、「世界社会運動史」号については削除改定版で刊行できるが、「各国革命文書集」号については、全体として秩序紊乱に当たるということは、「革命文書集」という「題号」が処分の対象になっているということである。それでは、「もう検閲もなく糞もなく一か六かで」出版法によって「出版届」を提出することにすると居直っている。そして、判決後の六月二七日付で、守田文治『各国著名文書集』とタイトルを変更して、内務大臣（鈴木喜三郎）宛に「出版届」と発行本二部を提出、内務大臣からは七月一日付で、「右秩序紊乱ヲ以テ発売頒布ヲ禁止シ其差押ヲ命ズ」旨の「命令書」が出された。同年一〇月一日、山崎は先の地裁判決を不服として、東京控訴院へ「控訴状」を提出した。控訴の理由としては、第一には、「内閲（内検閲）」という制度があるという事実、また本件においては「政府の都合」で発禁処分にしたという事実の確認、第二には、検閲を受ければ発売禁止をしないという契約が何故に無効であるのか、また契約不履行者に損害賠償責任が生じないことについての説明、第三には、「内閲」制度は「切捨御免の制度」であるのか、双方の為だから「内閲」の後では発禁処分は行わない、もし禁止処分がなされたなら損害を賠償するというような「近世的文化式制度」であるかが問われている。後者に解釈することが、「妥当」また「社会通念」であると主張する。この結果については、報告されていない。

ともかく、「解放群書」第14号『各国革命文書集』は発売禁止となり、差し押さえが行われた。これが「出版届」通り一九二七年七月一日納本、七月五日発行の第22号『著名文書集』へと変装したことについては、上に述べた通りである。ただ、削除個所を含めた収録内容の検討については、今後の課題である。

ここで「解放群書」としての原本が確認できなかった五つの巻について、改めて確認しておきたい。ただし、第27巻『プロレ諸大家最近傑作集（下）』はその後センターで入手したので除く。第9巻『新消費組合論』、第10巻『弁護士大安売』（別名「伯爵駄文集」「犬の遠吠」絶版）、第14巻『各国革命文書集』、第35巻『無産労農解放辞典』の四冊である。このうち、第14巻については、上に述べたような事情から刊行されなかったことは確実である。そうすると残りは三冊、加えて「各国社会運動史全集」のところで紹介した第45巻守田有秋『ドイツ社会運動史』と第46巻和田軌一郎『ロシヤ社会運動史』についても調査が必要であろう。

以上、「解放群書」の全容についてみてきたが、その後、「解放群書」は様々に変形されていく。山崎今朝弥は、一九三三年二月号『解放』（第13巻1・2号）に掲載した「出版と法律と良書」で、「Ⅳ　諧謔と自由」冒頭（三〇三頁）に掲載したように、「解放社独特の（今になつて知れば独特でも何でもなく大昔から商売人のやつてることだつた）インチキ出版法は、先づ円本を出す、返品は表紙を変へて宣伝半額版とする」云々というように、「解放群書」の残部の整理について正直な告白をおこなっている。繰り返せば、まず、一円の定価である「解放群書」を発行し、売れ残りは五〇銭の「宣伝用書」とし、さらにその返本は定価五〇銭あるいは三〇銭として「全集」の一冊として販売する。その売れ残りは、『解放』『学芸解放』『解放運動』『問題』『労農運動』などのタイトルの雑誌に利用する、つまり、表紙を代え、定価を下げて刊行する。それも、数種の雑誌で行う。こうして在庫を無くしていくという販売方法を採用していたというのである。山崎は、このようなやり方を、「山崎式分離統合編輯法」とよび、その目的を「返品倉庫の解放」「乱売即売安売投売最後の一品」などとよんでいる。したがって、解放社刊行の雑誌には、「解放群書」の中味を再編成して、タイトルだけを代えて刊行されたものが数多くあるというわけである。

❖注

（1）『地震憲兵火事巡査』（「9　奇書と文献の案内」一（3）〔三一七頁～〕参照）には後に触れるように「変訂版」があって、残部百部を『甘粕は三人殺して仮出獄　久さん未遂で無期懲役』とタイトルを替えて刊行された。

（2）「解放群書」としての原本は未確認である。ただ「幸徳伝次郎全集」の広告には「第一〇篇、山崎今朝弥痡作集『弁護士大安売』」として掲載されている。

（3）『労農運動』（第4巻第1号、10銭）のこの号は「選挙闘争法研究号」と表紙には印刷されているが、全ページが広告で埋められている。巻頭には「昭和七年度テーゼ」と横書きして、「謹んで新年を賀し併せて書中御伺まで」の「追伸」として次の文章を掲げている。解放社の経営にもかかわることなので、ここに引用しておきたい。「私も段々物忘れ腰抜け寒がり等、愈々本物の年寄りになりましたから、今年も相変わらず引続き養生第一で、長命主義衛生主義に徹底します。

併し雀三百踊りを忘れず、相変わらず余興気分見物気分で、喧嘩競争勝負事等、苟くも多少衛生的のことは遠く安全地帯より拍手喝采位のことはヤメヌと限りませんが、隠居の出シヤバリ年寄の冷水等結局衛生上害があり、寿命の縮まることは一切ヤリません、非衛生的の出版事業、道楽の足しにもならない無料事件等も年内には全部足を洗ふ予定で、其のため従来通り今後も、支局出張所、事務員編輯人等、一人も一ヶ所もなく、何もかも私一人でヤツて居ります。」と。

（4）検閲の実務としては、内務省警保局図書課によってなされる法定外の、「注意処分」「次版改定（削除）処分」「削除処分」「分割還付」などの便宜的措置が、少なくとも一九一九年以後には行われたとされている。それらについては浅岡邦雄「出版検閲における便宜的法外処分」（『中京大学図書館紀要』第38号、二〇一八年三月）の詳しい研究がある。

（5）安成二郎「丸焼け」は、杉村（大杉栄）を主人公にしたモデル小説である。安成二郎『無政府地獄』（新泉社、一九七三年一〇月）に収録されている。

（6）「解放群書」は再販売にあたって「幸徳秋水全集」や「社会運動史全集」などの「全集」としてまとめられた。他に「プロ大家傑作全集」（全五巻）、「一流名家随筆全集」（全二巻）、「日本プロ全集書」（全一一巻）、「革命家列伝全集」（全三巻）、これに「幸徳秋水全集」と「社会運動全集」を加えると全体で全三四冊になる。なお山崎今朝弥の「出版と法律と良書」（『解放』一九三三年二月一日）には「弱小諸国社会運動史」と「支那社会運動史」については「紙型まで取つたが紙代は勿論表紙代にもなりそうにないから発行を見合わせた」とあるので、刊行されなかった。

(7) ロシアについては、近藤栄蔵著の「露国労働運動史号」（四六版『解放』一九二七年四月号）、「露国革命運動史」（『解放』一九二八年四月号）が確認できる。内容は「解放群書」第19巻に同じであるが「各国社会運動史全集」には収録されなかった。当局の許可が得られなかったのであろうか。

(8) 竹盛天雄「『解放』」（『文学』一九五七年一〇月）、森長英三郎『山崎今朝弥』（紀伊國屋新書、一九七二年一月）、小田切進『解放総目次・執筆者索引』（日本近代文学館、一九八二年八月）などである。

(9) 具体的には、四三～四四頁、九三～九四頁、九五～九六頁、二三九～二四〇頁の四枚が削除の対象となっている（東京地裁判決「乙第一号証「請書」」）。

表1　「解放群書」一覧

凡例

1）タイトル

標題紙を基本とし、情報源によって共通するタイトルがあればそれを採り、他のタイトルは丸がっこで付記した。

タイトル末の★は原本未確認。

2）頁数

本文のみ。乱丁の著しく激しいもの、および、異なった複数の頁付がなされているものは1冊と記入した。

3）斜体データ

小田切進編『解放総目次・執筆者索引』（日本近代文学館、1982年）や『解放』等の広告に拠るものであるが、刊行されていない可能性が高い。

4）四六版『解放』との対照

基となったデータを掲載した。

No.	著者名	タイトル	出版年	頁数	四六版『解放』
1	新居格 著	月夜の喫煙 新居格創作集 （表表紙「月夜の喫煙 創作集」	1926.35	235	
2	青野季吉 著	解放の芸術 （表表紙「解放の芸術 批評と随筆」、背「解放の芸術 青野季吉文集」）	1926.4	209	
3	山崎今朝彌 編	プロレ諸大家最近傑作選集	1926.5	1冊	
4	山田清三郎 著	幽霊読者 （表表紙「幽霊読者 創作」、背「幽霊読者 山田清三郎小説集」）	1926.5	226	
5	山崎今朝彌 著	地震憲兵火事巡査 （標題紙「山崎伯爵創作集」。背「地震憲兵火事巡査 山崎今朝弥漫文集」）	1924.11	219	
6	解放社 編	社会主義随論集（Ⅰ） （標題紙「解放研究論文随筆 一九二六年版」）	1926.8	1冊	
7	幸徳秋水 著	秋水文集 （標題紙「幸徳秋水文集」）	1926.8	186	第5巻第9号（1926.8）「幸徳秋水文書号」
8	幸徳伝次郎 著	秋水書簡集 （標題紙「幸徳秋水書簡集」）	1926.12	191	第5巻第11号（1926.9）「幸徳秋水書簡号」
9		新消費組合論　★	1926.10		第5巻第13号（1926.10）「消費組合号」
10	山崎今朝彌 著	弁護士大安売	1921.11	325	
11	山崎今朝彌 編	続プロ作家最近傑作選集 （標題紙「続プロ大家最近傑作集 一九二六年（後半期版）」）	1926.12	1冊	
12		続百名家社会主義随論集　★			

13	解放社 編	解放運動·解放団体·現勢年鑑　昭和二年版 (標題紙「解放運動·無産政党·解放団体·現勢年鑑」)	1927.1	1冊	
14	守田有秋 編	各国革命文書集　★	1926.11		第5巻第15号(1926.11)「各国革命文書号」
15	石川三四郎 著	世界社会運動史	1928.11	215	第5巻第17号(1926.12)「世界社会運動史号」
16	守田有秋 著	ユートピア全集	1927.10	229	第6巻第2号(1927.1)「ユートピア集号」
17	岡陽之助 著	日本社会運動史	1928.11	232	第6巻第5号(1927.3)「講談日本社会運動史号」
18	佐倉啄二 著	製糸女工虐待史 (背「女工虐待史)	1927.3	255	
19	近藤栄蔵 著	露国労働運動史	1927.7	212	第6巻第7号(1927.4)「露国労働運動史号」
20	小川未明 著	彼等甦らば	1927.10	280	第6巻第8号(1927.5)「小川未明社会小説号」
21	中西伊之助 著	戯曲武左衛門一揆 (表表紙「武左衛門一揆 長編戯曲」、背「百姓武左衛門」)	1927.5	227	
22	守田文治 著	世界各国著名文書集 (背「世界著名文書集」、標題紙「革命文書集号」)	1927.7	241	
23	山内房吉 著	社会思想解説	1927.7	187	
24	尾瀬敬止 著	革命芸術大系	1927.10	230	第6巻第18号(1927.10)「革命芸術大系」
25	神近市子 著	未来をめぐる幻影	1927.11	237	第6巻第20号(1927.11)「神近市子特集」
26	解放社 編	最近社会主義的論隋評資集	1928.3	1冊	
27	解放社 編	プロレ諸大家最近傑作集　上	1928.10	1冊	
27	解放社 編	プロレ諸大家最近傑作集　下	1928.10	1冊	
28	解放社 編	終編社会主義随論集　昭和三年度上	1928.10	1冊	
28	解放社 編	終編社会主義随論集　昭和三年度下	1928.10	440	
29	バーバラ·ドレーク 著, 赤松克麿·赤松明子共訳	英国婦人労働運動史	1928.10	290	
30	守田有秋 著	殉難革命家列伝	1928.10	236	

31	水野正次 訳編	婦人運動当面の諸問題　前篇後篇附篇 (表表紙「婦人運動当面の諸問題 一九二九年版」)	1929.1	1冊	
32	幸徳伝次郎 著	幸徳秋水評論集 (背「秋水評論集」)	1929.1	244	
33	守田有秋 編	世界革命婦人列伝	1929.3	200	
34	入交総一郎 著	社会主義童話読本	1929.4	229	
35	本荘可宗　著	無産労農解放辞典　★	1929.5	151	
36	幸徳伝次郎 著	幸徳秋水文芸集 (表表紙「幸徳秋水文芸創作集」、背「秋水文芸創作集」)	1929.6	180	
37	幸徳秋水 著	幸徳秋水痛罵諧謔茶文集 (標題紙「幸徳いろは庵茶文集 団々珍聞所載)	1929.6	263	
38	延島英一 著	南欧社会運動史 伊太利・西班芽・葡萄牙 (背「伊・西・葡・社会運動史 社会運動史全集の(1)」、標題紙「社会運動史 全 イタリア・西班芽・葡萄牙 世界社会運動史全集12冊中」	1929.7	232	
38	*幸徳秋水*	*幸徳秋水主義論文集*　★			
39	幸徳伝次郎 著	幸徳秋水思想論集	1929.11	248	
40	田中惣五郎 著	日本叛逆家列伝　一九二九 (表表紙[叛逆家列伝」「、背「日本叛逆家列伝 革命家列伝全集の(3)」)	1929.12	258	
40	*和田軌一郎*	*露国社会運動史*　★			
41	解放社 編	プロレタリア雄弁法教程	1930.1	200	
42	高群逸枝 著	黒い女 標題紙「黒い女 小説」)	1930.1	224	
42	*守田有秋*	*独逸社会運動史*　★			
43	石川三四郎 著	仏蘭西社会運動史 (表表紙「フランス社会運動史」、背「仏国社会運動史 社会運動史全集の(3)」)	[1930]	237	
43	*解放社 編*	*無産階級雄弁教程*　★			
44	関口熊吉 著	北米社会運動史 (背「北米社会運動史　社会運動史全集の(3)」、標題紙「北米合衆国加奈太墨其西哥社会運動史 社会運動史全集二十冊中」)	[1929]	248	
45	*本荘可宗*	*無産階級闘争教程*　★			

8 「幸徳伝次郎全集」の探索

解放社から刊行された「幸徳伝次郎全集」[1]についてはほとんど知られていない。ここでは、その全容とその刊行の経過、および意義をあきらかにしてみたい。現在では明治文献版の『幸徳秋水全集』が流布しているが、この全集が刊行されるにあたっては、解放社版全集がその基礎となったことは間違いないし[2]、戦前の思想統制、出版規制が厳しい状況のなかで、解放社が刊行した「幸徳伝次郎全集」の意義は決して忘れられてはならない[3]。私も四十年近く前のことになるが、池袋にあった古書店から、当時としてはずいぶん高額な値段で全六巻を揃いで購入したことがあった。それ以来、山崎今朝弥が戦前に刊行した「幸徳伝次郎全集」の全容と意義について書き残しておきたいと考えてきた。もちろん、国会図書館をはじめとして、主要な大学図書館等にも揃いで所蔵されたところがない「幻の全集」であることを知っていてのことである。

ところで、解放社版「幸徳伝次郎全集」を発掘するうえで最も困難な点は、山崎今朝弥が設立した解放社から刊行した多種の雑誌に掲載されている「幸徳秋水特集号」との関係を明らかにすることである。とりわけ「解放群書」として刊行された幸徳秋水著作集の全容を把握し、その関係を解明するところにあった。山崎の雑誌刊行は、月刊雑誌『解放』を軸にしながらも、それと部分的に内容の重なる「解放群書」シリーズを刊行し、さらには『労農運動』『解放科学』『解放パンフ』『大衆解放』などのタイトルが付された雑誌が相次いで刊行されていて、その全容と関係を把握することがきわめて困難であるという事情によっている。

一　解放群書版「幸徳秋水全集」

「解放群書」に収録されている幸徳秋水の著作は次の六冊である。山崎は、同じ内容の雑誌に異なる表紙を付して発行したために、「表紙」は違っているが中味は同じものがいくつもでてくる。そのために、ここでは表紙は「表表紙」として、収録内容については冒頭に掲げられているタイトルを「標題紙」として表記して、他の雑誌「特集」と区別することにする。いま、この六冊を「表表紙・標題紙」で紹介すれば、次のようになる。なお括弧内は刊行日である。

第7巻「秋水文集・幸徳秋水文集」（一九二六年八月一日）
第8巻「秋水書簡集・幸徳秋水書簡集」（一九二六年一二月一五日）
第32巻「幸徳秋水評論集・幸徳秋水評論集」（一九二九年一月一〇日）

第36巻「幸徳秋水文芸創作集・幸徳秋水文芸集」(一九二九年五月一〇日)
第37巻「幸徳秋水痛罵諧謔茶文集・幸徳いろは庵茶文集」(一九二九年六月一〇日)
第39巻「幸徳秋水思想論集・幸徳秋水思想論集」(一九二九年一一月三日)

再度、発行日で確認すれば、一九二六(大正一五)年八月から一九二九(昭和四)年一一月まで、三年三カ月をかけての刊行したということになる。これだけの期間をかけて幸徳秋水著作集を完結させたことについては、「解放群書」の第39巻の『幸徳秋水思想論集』に収録されている「幸徳全集完成す」と題された文章に次のように告知されている。

□苟も幸徳秋水の文章にして生前既に一冊の著書となつて出版されたるものを除くの外は一言半句も之を洩すことなく左記六巻に之れを全集す。
一、幸徳短文集　二、幸徳書簡集
三、幸徳評論集　四、幸徳文芸集
五、幸徳茶説集　六、幸徳思想集
□各冊一円全六冊五円送料一冊十銭六冊五〇銭
(廉価版六冊送代共三円)

また、『労農学芸』（一九三〇年九月号）に掲載された「思想論集」の広告には、「本書は其の明治三十八年より彼の終焉最後の日までの論集であり、明治晩年の社会思想全集であり（当時他に誰の社会思想があつたか？）二十有余年間堅く禁ぜられた秘庫の公開であり、幸徳全集の圧巻終巻である」「幸徳の「名文集」「書簡集」「評論集」「文芸集」「逆説集」の所持者は速本集を入手して幸徳秋水全集を完備せられよ。本集或は遂に必ず一刻を争ふ禁止ものたらんか？　噫‼」と全集が完結したことを知らせている。

さて、「大逆事件」を契機にして幸徳秋水の著書のほぼすべてが発禁処分となるなかで、「全集」完成にいたる道のりは険しいものがあった。「秋水全集」の企画が始まったのは、「秋水全集予約募集」が掲載されている菊版『解放』（一九二六年五月一日号）からと考えられる。ただ、「全集」へむけての具体的な企画としは、それ以前、四六版『解放』（定価一円）の創刊から始まているといえよう。創刊号は、大正一五年八月の「幸徳秋水文集号」であった。山崎今朝弥による「発刊之辞」は次のような文章である。

色々の人々が様々の方法で其発行を企て、色々の故障様々の理由で何時も中止となるのが幸徳秋水文集である。

秋水随筆集は数年前？　に随筆社？（当時）の新居格君に依て企てられ同じく中止となつてゐたもので、本年二月解放社が本邦唯一の群書発行を企んだ時コレハどうかと持込んだものである。

爾来幾月、中川敏夫君が編集を岡陽之助君が編纂を主担し、其筋へお百度を踏んだが、定石では同じく到底駄目として中止の外なくなつた。

此秋《このとき》此際解放社では年来の願望四六解放発刊の機が漸く熟した。四六解放は其れ一つで既に一著一円の価値ある一大論文一大創作一大随筆一大資料一大研究等を燦然《さんぜん》と独り輝く太陽とする、所謂近世独裁集中式と、其他の全部は只菊版解放をカマボコしたに過ぎない所謂当世付録主義とで編集する雑誌である。乃《すなわ》ち秋水随筆を登用して創刊号の太陽とし、自身責任を負ふて厳閲英断、以て茲《ここ》に之れを世に問ふ事とした。（一五、七、一六）

「創刊号の太陽」として「秋水随筆を登用」するという個所が、この文章の肝心のところである。つまり、明らかに幸徳秋水著作集を刊行することを一つの目的にして、四六版『解放』は創刊されたということになる。それから一年足らずして、「解放群書」第3巻『プロレ諸大家最近傑作選集』（一九二六年五月）の掲載広告には「秋水全集予約募集」の案内が掲げられて、「秋水随筆」について次のようなコメントが掲載された。「発行は序文と検閲のため四月か五月になり、五月か六月は確かだらうと思ふ」と。ついで「秋水書簡集」についての言及がある、「続いて秋水書簡集を発行したい。百頁分位の材料があるのみで、百頁分位不足だ。モノになりさうな数人の手紙端書を所持さるる人があつたら、是非写させて頂きたい。此段大方の士君子に御願する」、以上は山崎今朝弥の文章であろう。続いて岡陽之助の文章で、「「秋水随筆集」の校正を了へて、秋水の文は利刃《りじん》を以つて称せられ、私共の渇仰舎《お》かざるところ。而も其の多くは政府の忌憚に触れ禁止の厄に遭ふた。深更、校正刷を読みつつ万感交々《こもごも》至り校正の筆遅々として進まざるを覚えた」と。文中の「秋水随筆」が、もちろん四六版『解放』の「幸徳秋水文集号」となり、「解放群書」第7巻の『秋水文集』となった。岡陽之助が執筆した四六版『解放』の「編輯後記」には次のようにある。

文集の方は全部新居、中川両氏が集めて下さつたものである。とも角随分永い間かかつて、色々の苦心を重ね、今日出版の運びとなつた訳である。この際秋水のことに就いて、何か言ひたい事もあるのだが、とても筆の自由が無さそうだから、何も書かぬことにする。が、本集によつて僅《わず》かでも、地に埋もれてゐたものが掘り起されれば、我々としては本望である。世人の故人に対して何程の誤解を今日有《も》つかは解らぬけれど、何によらず、置かるべき所に置かれぬは不詳である。時代が進み、価値標準が転じて、悪人とされてゐたのが善人義人などと評されたりすることは其の例に乏しくなく、世評の頼み難きは今に初まらぬが、光るべきものの光り出ぬといふことはない。

おはりに本号に執筆して下さつた諸君に一言謝意を表しておく。

七月十八日解放社編輯室にて

大正末期の「冬の時代」があけ、大正デモクラシーを経験したなかでも、幸徳秋水の文章をこのような形で刊行することは、まさに歴史的事件であったのである。岡陽之助の文章からは、その雰囲気が十分に伝わってくる。

しかし、「全集」刊行が実現するのは、もう少し後のことになる。四六版『解放』(第九巻六号、一九三一年六月)に掲載されている、「近刊予告」と題された古い版下の広告には、「幸徳全集の完成」として次のことが予告されている。先の第39巻『幸徳秋水思想論集』の広告と始めの部分は重なるが、刊行予定本のタイトルが違っているので厭わずに掲載しておこう。

◇苟も幸徳秋水の文章にして生前既に一冊の著書となつて出版されたるものを除くの外は一言半句も之を洩すことなく左記六巻に之れを全集す。

一、幸徳短文集(既刊) 二、幸徳書簡集(既刊) 三、幸徳評論集(既刊)

四、幸徳文芸集 五、幸徳茶文集 六、幸徳激論集(未刊)

▲未刊は五、六、七月中に発行。定価は各冊壱円全六冊五円送料一冊十銭六冊五〇銭

ここで注目したいのは「定価は各冊壱円」という記載である。この定価は「解放群書」の定価であり、定価五〇銭の「幸徳伝次郎全集」のものではない。括弧内の「既刊」という漢字に注目すれば、この時点で「短文集」(第7巻『秋水文集』のこと)、『秋水書簡集』(第8巻)、『幸徳秋水

評論集』(第32巻)の三冊だけが刊行されていた。三番目の「幸徳評論集」の刊行は一九二九(昭和四)年一月であった。次の「未刊」の第36巻『幸徳秋水文芸集』の刊行は予定通り同年五月に刊行された。しかし、後は予告通りにはいかなかった。「茶文集」と「激論集」(もちろん、タイトルは変更された)が実際に刊行されるのは同年六月・一一月である。この説明からわかることは、一九二六年一二月刊行の『秋水書簡集』以来、中断していた第三冊目の『幸徳秋水評論集』を出すことができ、それによって「全集」としての完結の目途がたったということであろう。もちろん、刊行に当たっては検閲の壁をどう突破するかが最大の問題であった。

また、「解放群書」第39巻『幸徳秋水思想論集』の標題紙裏には次のような、一九二九年七月付の「凡例」が掲載されている。(4)

凡例

編者は山崎今朝弥氏の好意を得て曩に秋水評論集、文芸集、茶説集の三冊を出版し、尚又本書の出版を見たのであります。本書は専ら秋水先生の晩年の名文を集めたもので、大体本書の出版にて、秋水先生が世に遺した名文は殆ど漏れなく集め了《おわら》せたつもりで居りましたが、其後、自由思想、平民評論、熊本評論、世界婦人等から、三四の名文を発見いたしましたので、孰《いず》れ増版の機会に於て是非適所に編入いたすつもりで居ります。

それから一昨年の評論集の編纂以来本書の出版までの間に於て吉野作造先生を始め、宮武外骨先生、堺利彦先生、木村毅先生及び、前田徳五郎氏、吉田冷氏、山川亮氏、吉川世民氏の方々から種々なる御教示を深甚なる御厚意を得たことを深謝いたす次第であります。

編者識

一九二九年七月

「凡例」の「編者」が、先に紹介した四六版『解放』の「編輯後記」から岡陽之助であったことは容易に推定できるであろう。そのうえで、この文章からわかることは、「一昨年の評論集の編纂以来」云々とあることから、つまり一九二七（昭和二）年以後に刊行したものとして、幸徳秋水の「評論集」（第32巻『幸徳秋水評論集』）、「文芸集」（第36巻『幸徳秋水文芸集』）、「茶説集」（第37巻『幸徳秋水痛罵諧謔茶文集』）の三冊が刊行され、第四冊目として一九二九（昭和四）年七月に、「秋水先生の晩年の名文を集めたもの」として「思想論集」（第39巻『幸徳秋水思想論集』）を刊行するというのであった。このようにして、「思想論集」の刊行をもって「解放群書」の幸徳秋水著作集六冊が完結することになる。以後、「幸徳秋水全集」あるいは「幸徳伝次郎全集」と銘打たれて宣伝されていくことになる。

二　「幸徳伝次郎全集」の外部

図１　「幸徳伝次郎全集」

山崎今朝弥が刊行した解放社版の「幸徳伝次郎全集」全六巻は次のような外観上の特徴をもっている（図１参照）。まず装丁からみれば、表表紙には黒地に「幸徳伝次郎全集」と白抜きされ、右側に「天下第一」「不孝の児」の毛筆書とその下に秋水の顔写真が掲載されている点、裏表紙には丸い黒字に赤の星と鎖が描かれ、左下に赤字で「定価五拾銭」と印刷されている点、また背表紙には「秋水幸徳伝次郎遺文集」と「解放社」の文字が赤地に黒で印刷されている点、これらの点が全巻共通のデザインになっている。また各巻の違いは、表表紙の「幸徳伝次郎全集」の下に横書きに「奇文編」（第一巻）、「想論文編」（第二巻）、「芸文編」（第三巻）、「論文編」（第四巻）と印刷され、背表紙にはそれと同じ文字が縦書きで印刷されている点、また奥付がなく、当然のことながら裏表紙に記載されている発行日が異なっている点である。ただ、この点について混乱するのは第五巻と第六巻である、私の所有している背表紙に「第五巻翰文集」と印刷されている巻が二種類ある。一つは表表紙に「翰文集」と印刷されているもの、いま一つは「珍文集」と印刷されているものである。おそらく「珍文集」の方の背表紙に「第六巻珍文集」と印刷すべきところを印刷ミスしたと考えるのが妥当なところであろう。(5) その根拠としては、第五巻「翰文集」の発行一九三一年四月一〇日、第六巻「珍文集」の発行が一九三一年五月一〇日となっていて、「珍文集」が一カ月後になっているからである。

解放社版「幸徳伝次郎全集」の全容については、『大学史紀要』(「9 奇書と文献の案内」五〔三二六頁〜〕参照)に掲載した「解放社版『幸徳伝次郎全集』の書誌的探求」に紹介したので省略して、あらためて発行日順に整理すれば、第一巻が最初で一九三〇(昭和五)年四月一〇日発行、以下、第三巻(一九三〇年五月一〇日)、第二巻と第四巻が一九三〇年六月一〇日、第五巻(一九三一年四月一〇日)、第六巻(一九三一年五月一〇日)となる。比較的順調に刊行されている。もちろん、資金繰りの問題はあったのであろうが、すでに「解放群書」六冊が刊行されていて、各本文の印刷は揃っていたので、在庫本から本文以外の余分な頁を取り除いて、四方を裁断して新しい装丁にするだけでよかったという理由からであろう。

次に、「解放群書」の六冊が「幸徳伝次郎全集」へどのように変貌されたかについてみておきたい。ここでは、装丁が変えられているので、本文の標題紙でみておくのが適当である。参考のために「広告号」[6]に掲載されている各巻六冊についての広告を掲げておく。

第一巻　標題紙「団々珍聞所載／幸徳いろは庵茶説集／解放社」（奇文編）
「解放群書」第37巻の標題紙名に同じ、表表紙は「幸徳秋水痛罵諧謔茶文集」である。同じ時期に刊行された四六版『解放』（第九巻第六号、一九二九年六月一日）の表表紙に「詼謔痛罵茶文集号」、そのうえに「幸徳秋水全集の五」の文字があるので、定価五〇銭のこの号を四六版「幸徳秋水全集」の第五巻としたことがわかる。全二六三頁で、その後に一七頁の解放社の広告が付されている。「解放群書」は頁数も印刷も全く同じで広告頁は削除されている。内容も「解放群書」と全く同じである。ただ本の大きさは、四六版二〇×一三・五、「解放群書」一九×一二、「幸徳伝次郎全集」一八・五×一二・八cmと、確実にダウンサイズされている。

第二巻　標題紙「故幸徳伝次郎／幸徳秋水思想論集／解放社」（想論文編）
「解放群書」第39巻の標題紙に同じ、表表紙は「幸徳秋水思想論集」である。

第三巻　標題紙「故幸徳伝次郎／幸徳秋水文芸集／解放社版」（芸文集）
「解放群書」第36巻に同じ、表表紙「幸徳秋水文芸創作集」である。

第四巻　標題紙なし（論文編）

標題紙がないが、内容は「解放群書」第32巻に同じ、標題紙は「故幸徳伝次郎　幸徳秋水評論集　解放社」である。表表紙にも「幸徳秋水評論集」とある。四六版『解放』（新年正月特輯号・幸徳秋水評論文集、一九二九年一月号）には、目次等はなく山崎今朝弥「大中間結成合同の透望」と題する六頁の文章が貼りつけられていて、その後に標題紙「故幸徳傳次郎　幸徳秋水評論集　解放社版」「編輯後記」（各一頁）「秋水評論目次」（二頁）があり、巻頭の「胃腑の問題」が始まる。ここから、一～二四四頁までが本文である。終わりに広告二頁が置かれているが、この広告は「幸徳伝次郎全集」にも付されている。山崎今朝弥が書いた「編輯後記」には、「正月は幸徳秋水に因縁が深く記念号を出すに相応はしいからと云ふわけでなく偶然の事情、早く云へば原稿の都合から急に幸徳評論号を出すことになつた。編輯蒐集《しゅうしゅう》校正校了は一切失業者同盟の石上太郎君がしてくれた」とある。「解放群書」では、標題紙、目次、本文、広告は同じであるが、冒頭の山崎の「大中間結成合同の透望」と「編輯後記」が削除されている。また、『労農運動』（一九二九年九月号、定価50銭）は表表紙に「幸徳秋水労農評論」「幸徳全集中評論号」と印刷されていて、標題紙はなく目次二頁、後ろに広告二頁、本文は二四四頁で四六版と同じである。さらに『解放パンフ』（一九三〇年五月号、定価20銭）として刊行され、これは表表紙に「幸徳秋水解放号」「幸徳秋の面影を見よ！」と印刷、目次、広告、本文ともに『労農運動』と同じであるが、サイズはひと回り小さく切断されている。そして、「幸徳伝次郎全集」では、さらに目次が削除され、タテ幅が切断されたことになる。

第五巻　標題紙「秋水書簡」（翰文集）

内容は「解放群書」第8巻に同じ、「解放群書」の標題紙は「故幸徳伝次郎　幸徳秋水書簡集　解放社」、表表紙「秋水書簡集」となっていて異なっている。もともとの四六版『解放』（第五巻一一号、一九二六年九月一日）は、表表紙に「幸徳秋水書簡集号」と題されている。広告（菊版『解放』、解放講座年鑑予約募集）三頁、「四六版『解放』九月号目次」一頁、「秋水書簡集（要目）」二頁、本文一六七頁、その後に、中西伊之助「サンヂカリズムの勝利」以下、一二本の文章（一六八〜一九一頁）、「編輯後記」一頁、広告五頁、の構成である。岡陽之助によって書かれた「編輯後記」は、次のような文章である。

一、年代順に輯録《しゅうろく》する積りなのが、印刷の都合や何かでそんな事に拘泥しておれなくなつた。

一、書簡集によつて我々は論文其他では窺《うかが》へ得ぬ赤裸々な人間秋水を見たかつた。故人の「兆民先生を訪ふの記」を本集に加へた意味もその為にあると思つて貰ひたい。

一、故大石誠之助の遺稿は今村力三郎氏（其の時の弁護人）のために獄中で草した文章の一で、同氏の秘蔵にかかるものを編者が特に乞ふて本集に公にしたのである。大石の故人と共に刑死せる一人なる事記する迄もあるまい。

一、本集を作るに当り、既知未知の方々から其の蔵する所の故人の書簡の貸与にあづかつた。堺利彦氏、山崎今朝弥氏、島中雄三氏、今村力三郎氏、吉川守邦氏、天目山荘氏、多田基一氏、石川菫村氏、逸名氏、高橋季輝氏、山本守三氏等がそれである。茲に芳名を記して感謝の意を表する。

一、本集の読者は更に秋水随筆集（四六版解放八月号）を併せ読まれんことをおすすめしたい。

一九一五・八・一八

解放社編輯局に於いて

岡　生

もちろん、最後の「秋水随筆集」は、同年八月号の「幸徳秋水文集号」のことで、日付は「大正一五年」の間違いであろう。「編輯後記」にあるように、秋水書簡の後ろに「秋水随筆」と「故大石誠之助遺稿」が付されている。「解放群書」では、標題紙一頁、「秋水書簡集（要目）」二頁、中扉二頁、本文、「秋水随筆」「故大石誠之助遺稿」、奥付一頁、広告二頁、の構成で四六版にほぼ同じである。「幸徳伝次郎全集」では、「秋水書簡集（要目）」を削除し、本文、「秋水随筆」「故大石誠之助遺稿」のみを収録した。しかも大石誠之助の文章の終わりの二行（一六七頁）は頁数の関係からか削除された。

第六巻　標題紙「幸徳秋水文集」（珍文集）

「解放群書」第7巻に同じ、標題紙は「幸徳秋水文集」で、表表紙「幸徳秋水著　秋水文集解放社」である。四六版『解放』（幸徳秋水文集号、第五巻九号、一九二六年八月一日）は、前にみたように四六版の創刊号になっている。本文の前には、菊版『解放』の目次、四六版『解放』八月創刊号目次が各一頁、「幸徳秋水文集」見出しで目次が一頁、「発刊之辞」一頁、以下に新居格「ハムレットが多すぎる」から奥栄一「愚亜愚亜戯亜」までの九本の文章、これにも頁数が振ってあって一～三一頁、その後「世田ヶ谷の檻褸市」の表題で本文が始まり、あらためて頁数が付されている。本文は一～一六五頁まで、その後にフェビアン協会の執行委員会報告と題された「平美安協会現勢」一六六～一六九頁、「編輯後記」一七九頁、岡の「編集後記」は一七〇頁である。「解放群書」の頁付は標題紙一頁、目次四頁、広告一頁、前座目次一頁、前座一～三一、本文一～一六五、広告三頁で、「発刊之辞」「平美安協会現勢」「編輯後記」は削除され、四六版掲載の新居格以下、奥栄一までの九本の文章は「秋水文集前座」として題されて「幸徳秋水文集」の前に置かれた。また、「目次」が刷新されて、「随筆集」「人物評伝」「序文集」「小論感想」「漢詩短言」の分類のもとに収録文章のタイトルが並べられた。解放群書は売れ行きもよかったとみえて、一年たたずして第七版を増刷している。

三 「幸徳伝次郎全集」の内部

ここでは、「幸徳伝次郎全集」に収録されている幸徳秋水の文章を紹介しておきたい。総目録については、『大学史紀要』（第23号・二〇一七年三月）に掲載しておいたので参照していただきたい。なお、初出の掲載紙誌については、文末に出典が記されているものもあるが、大野みち代作成の「著作目録」等により確認して括弧にいれて補っておいた。(7)

第一巻には、幸徳秋水の『団団珍聞』掲載の文章をまとめて掲載している。『団団珍聞』は一八七七（明治一〇）年三月、野村文夫によって創刊された風刺雑誌で、毎週土曜日に発売、『東京日日新聞』を発行する日報社と各地の売捌所により売られた。一八九一年に社主の野村が没した後、一八九七（明治三〇）年四月、『中央新聞』を発行する大岡育造が買い取り銀座四丁目に社屋を移し、同時に社名を団団社から珍聞館へと変えた。幸徳は一八九五年（明治二八）年五月に『中央新聞』に入社、その関係から珍聞館の設立とともに社員となった。もちろん小遣い稼ぎを兼ねてのことである。掲載されている最初の文章は「擬新自由党報告書」（一八九七年四月一七日号）で「いろは庵」のペンネームで執筆している。現在、確認できる最後の文章は「繰延の説」（一九〇一年四月二〇日号）で、その初めから終わりまでが掲載順に並べられて、この巻でカヴァーされていることになる。もちろん大野みち代作成の「著作目録」と比べると若干の漏れはある。内容については、掲載広告において、「少壮の幸徳が時事を慨《がい》し名をいろは庵に借り事を滑稽に寄せ九寸五分を私かに綿に包んで当局に擬したる雄篇。秘作合計百〇九編を全集す。又以て彼の一面を経歴とを窺ふに足らん乎」、あるいは「本書は青年秋水が詼諧雑誌、団々珍聞に名をいろは庵に藉り飄逸《ひょういつ》な筆で鋭く政治、社会の罪悪欠陥を暴露し数万の読者をして断然笑解《しょうがい》せしめた珍文奇文百有七篇を収めたもの。秋水全集中到底欠く可からざる稀代の雄篇」などと紹介されている。

第二巻は、「第一編」が『中央新聞』掲載の論説一編、『万朝報』掲載論説のうち第四巻の補遺、「第二編」が発禁処分をうけた『平民主義』と『社会主義神髄』の附録、他から採られている。「第三編」は年代的に「大逆事件」との関係で苦労をしたところ、これが精いっぱいだったのであろう。内容については、広告で次のように紹介されている。「幸徳の主義思想に関しては今茲に贅《ぜい》するを要せず、又言ふ事を得ず。本書は幸徳全集の圧巻にして又終巻也。理論、激論、直論、暴論、慓然として約百これ以外に幸徳の論文なく、又これ以外に秋水の思想なし。時は今！ 機を失し悔を後世に貽《のこ》す勿《なか》れ、秋水著述論文年譜を附す」、あるいは前にも一部を紹介したが、「◆事実は思想に先駆し、普請は土台の上に建てられる——幸徳の思想は明治三十八年頃より一大飛躍を為し、日本の資本主義は日露役の戦勝以来帝国主義の段階へ鮮明なる突貫を試みた。◆本書は其の明治三十八年より彼の終焉最後の日までの論集であり、明治晩年の社会思想全集であり（当時他に誰の社会思想があったか？）二十有余年間堅く禁ぜられた秘庫の公開であり、幸徳全集の圧巻終巻である。◆幸徳の「名文集」「書簡集」「評論集」「文芸集」「逆説集」の所持者は速本集を入手して幸徳秋水全集を完備せられよ。本集或は遂に必らず一刻を争ふ禁止ものたらんか？噫‼」と。

第三巻は初期の著作と日刊『平民新聞』、他から採録している。広告によれば、「世人は余りよく秋水を知つて遂に秋水の文芸家たるを忘れた故に、本社は数年来東西南北の秘庫を渉猟《しょうりょう》苦心惨憺《さんたん》多大の犠牲を忍んで彼の小説、翻訳、紀行、日記、随筆、詩篇、文学評論等々彼の文芸及び文芸論数十篇を蒐集しこゝに全集完了せり。即ち本書を以て秋水文芸唯一の完本となす。亦以て本社の誇といふ乎。」、あるいは「◆本書は時の政府が、盲滅法《めっぽう》に焼却した彼れの著述中殊に寡作なりし文芸品を一切網羅《もうら》大成し得たものである。◆小説翻訳文学評論に彼れの深き高き文藻《ぶんそう》を見よ、日記、紀行、消息、随筆に彼れの風格と日常を知れ」などと内容紹介されている。

第四巻は『万朝報』掲載の文章をジャンルにわけて掲載している。広告に掲載された内容紹介としては、「秋水幸徳の思想評論に関しては今茲に贅するを要せず、又言ふ事を得ず又言はざるを可とす、只本社は苦心考案一字一句も伏字を使用せず、茲に彼れの思想と評論の全部を大集成し得たることを誇りとす」とある。また、「本書憎読《ぞうどく》の某反動大家泣て曰く「志士の決心同志の友情われ読むに堪えたり、孝子の純真烈母の覚悟われ遂に泣くに堪えず」と、宣伝用書半額版ある所以か？」、あるいは、「故秋水の私信秘文を集めて凡そ七十有余通を得た。その文字の悲壮言々の肺肝《はいかん》に出ずるは改めて言ふを要せぬであらう」というものがある。

第五巻は、「秋水書簡集」「秋水随筆」「故大石誠之助遺稿」の三部から構成されている。四六版

『解放』では、目次として「秋水書簡集（要目）」二十六通、それに「兆民先生を訪ふの記」「故大石誠之助遺稿」だけが並べられていたが、実際の収録文については「解放社版『幸徳伝次郎全集』の書誌的探求」を参照のこと。本巻に収録されている書簡は、高橋司郎宛を三通と数えると全体で七十二通にのぼっている。その意義としては、広告文にあるように、「志士の決心同志の友情」「孝子の純真烈母の覚悟」を表し、「その文字の悲壮言々の肺肝に出ずる」、まさしく人間・秋水を描き出しているということになろうが、とりわけ「大逆事件」との関係において重要な資料を含んでいるところにあるといえる。「故大石誠之助遺稿」として収録されている「社会主義の道徳的根拠」は、「カールパーソン著・大石抄訳」とされているもので、『牟婁新報』（明治四一年六月六日、九日、一五日、一八日）に掲載され、後に『熊本評論』（第二五～二八号、明治四一年六月二〇日、七月七日、七月二〇日、八月五日）に転載された。第二八号の文末には「次号にて完結」とあるので第二九号（八月二〇日）で完結の予定であったところ、赤旗事件公判の報道にスペースを割いたせいか完結することはなかった。『大石誠之助全集』（第一巻、一九八二年八月）に収録されている。

第六巻は、雑纂としてジャンル分けしたものである。「短言」は週刊『平民新聞』に「撃石火」等のもとに掲載された文章であるが、発禁の『平民主義』に収録されていたものである。広告に付された内容紹介には、「文豪秋水幸徳の名文は世既に定評あり、後世評して教科書中の教科書、国民文学の精髄、万民必携の大宝典と称する誠に故ある也、別に宣伝用書半額版も発行す」、あるいは「秋水の名文は世既に定評がある、豈茲に贅するを要せんや」などがある。「解放群書」のこの巻は、他に「名文集」「短文集」「短名文集」などとも名付けられている。

四　発禁処分と「幸徳伝次郎全集」刊行の意義

戦前に刊行された解放社版「幸徳伝次郎全集」の意義を考えるにあたっては、幸徳秋水の著書が、一九一〇（明治四三）年の「大逆事件」の捜査中に、ほぼ総て出版法のもとで発売禁止処分にされ、処刑後においても出版できる状況にはなかったことを知っておく必要がある。最初に、幸徳秋水の著書の発禁処分についての実態を『社会主義者沿革』（第三）に付せられた一覧表によって確認しておきたい。(8) 生前に発禁処分を受けた著書としては、次のようなものがある。

『平民主義』（隆文館、一九〇七年四月二五日発行、同日処分）
『麵麭の略取』（クロポトキン著、平民社発行、一九〇九年一月三〇日発行、同年一月二九日発禁処分）
『社会主義神髄』（朝報社発行、一九〇三年七月五日発行、一九一〇年九月三日発禁処分）
同（博文館・東京堂発行、一九〇三年一一月一五日発行、一九一〇年九月三日発禁処分）
『ラサール』（平民社発行、一九〇四年九月一日発行、一九一〇年九月三日発禁処分）

『二十世紀之怪物 帝国主義』（警醒社書店、一九〇一年四月二〇日発行、一九一〇年九月三日発禁処分）

『革命奇談 神愁鬼哭』（レオ・ドウヰッチ著、隆文館、一九〇七年八月五日発行、一九一〇年九月三日発禁処分）

『長広舌』（人文社〔発行者・小坂兼吉〕一九〇二年二月二〇日発行、一九一〇年九月六日発禁処分）

同（人文社〔発行者・村上誠助〕一九〇二年三月一五日発行、一九一〇年九月六日発禁処分）

『将来の経済組織』（不明、不明、一九一〇年九月六日発禁処分）

『兆民先生』（博文館、一九〇二年五月三一日発行、一九一〇年九月六日発禁処分）

『社会主義神髄』（由文社、一九〇五年一一月一七日発行、一九一〇年九月一三日発禁処分）

出版法（一八九三年四月一四日公布・法律第一五号）では、同じタイトルの書物でも「発行者」が代わった場合には、別の「発行届」を必要とした。したがって、『社会主義神髄』や『長広舌』のように同じタイトルの本でも二度の発禁処分を受けることになった。その理由は「安寧秩序ヲ妨害」（第一九条）するというものであった。秋水刑死後に刊行を許された『基督抹殺論』（丙午出版社、一九一一年二月一日発行）を除けば、幸徳の単著のすべてが発禁処分を受けたことになる。「大逆事件」の捜査中に、社会主義思想の普及は読書によるものが大きいと判断されたことが最大の理由である。

店頭から幸徳秋水の著書が消えたということは、幸徳の著作を読むことが全くできなくなったことを意味しない。すでに販売配布した後に発禁処分を受けたものが大部分であったからである。また公立の図書館や学校図書館においては閲覧禁止の措置がとられたが、完全に撤収されたわけでもない。所蔵されている書物の回覧あるいは古書店を介して入手して、読んだことも何人かの回想のなかに書き残されている。しかし、幸徳の著作が合法的に出版されることになるのは治安維持法の成立以後で、というのは「共産主義」が当面する取り締まりの対象となり、「初期社会主義」関係の著作にたいする規制は緩くなったということであろうが、幸徳の著作も徐々に検閲を潜り抜けるようになっていく。確認できるかぎりでは、一九二九（昭和四）年三月に刊行された改造文庫『幸徳秋水集』[9]が最初で、石川啄木の研究者でもあった吉田孤羊が編集を担当した。改造文庫の刊行は、「解放群書」の三冊が刊行された後、第32巻と第36巻の間に刊行されたものであるが、社会主義などの思想的な文書は極力避けて、序文、書簡、漢詩などを収録した。翌年には同じ改造社から出版された『社会文学集』（一九三〇年九月刊）のなかに『社会主義神髄』の全文が収録された。

この時期、堺利彦の回想「日本社会主義運動小史」（改造社版『マルクス・エンゲルス全集』月報、一九二八年三月開始）、「日本社会主義運動に於ける無政府主義の役割」（『労農』一九二八年七月号～一九二九年七月号）、「日本社会主義運動史話」（『中央公論』一九三一年一月号～同年七月号）が相次いで発表され、また、堺が『文芸春秋』（一九二八年七月号）に掲載した「幸徳秋水の手紙」

をうけて、小泉策太郎「堺君と幸徳秋水を語る」が『中央公論』（一九三一年一二月号、後に『懐往時談』一九三五年一一月に収録）に掲載された。その他、木下尚江「幸徳秋水と僕」（『神　人間自由』一九三四年九月）や白柳秀湖「平民社の理想郷」（『歴史と人間』一九三六年三月）などでも幸徳秋水についての追想が許されるようになった。時期的にみれば、山崎今朝弥は解放社に依拠して幸徳秋水の著作を刊行し、この流れを創り出したといえる。一九二六（大正一五）年八月に四六版『解放』を創刊し、同時に「解放群書」第7巻に収録したことが、秋水著作刊行の出発点になっていることの意義は大きい。

解放社の「幸徳伝次郎全集」（全六巻）刊行のなかでも、私は、とりわけ第五巻『秋水書簡集』の意義が大きいと考えている。書簡は、執筆者の人物像（人格）を間接的に知らせるものでしかないが、言論に対する厳しい規制のなかで、幸徳秋水の思想あるいは「大逆事件」を解明していくうえで重要な情報を与えてくれる。その点から、この巻の意義を指摘しておきたい。

第一には、書簡番号45のアルバート・ジョンソン宛の書簡である。この書簡は、文末の「註」で説明されているようにエマ・ゴールドマンがニューヨークで刊行していた月刊誌『マザー・アース』（一九一一年八月号）に掲載されている英文で書かれた幸徳秋水からアルバート・ジョンソンへ宛てた書簡のうちの一つである。編者は当然にも他の書簡も知っていたと考えられるが、とりわけこの書簡が重要なのは、掲載されている訳文では削除され空白になっている個所に、自分は「Marxian Socialist」として入獄し、「radical Anarchist」として帰ってきたこと、日本でアナキズムを宣伝することは死刑、あるいは無期懲役、少なくとも数年間の入獄を余儀なくされること、したがってこの運動は完全に秘密になされなければならないし、その前進には長い年月と忍耐が必要であること、等の記述がなされていた。また週刊『平民新聞』廃刊、平民社解散後の、一九〇五年の渡米目的として三つを掲げていることも重要である。目的の一番目の「コムミュスト又アナーキストの万国的連合運動に最も必要な外国語の会話と作文とを学ぶため」と二番目の「多くの外国革命党の領袖を歴訪しそして彼等の運動に学ぶため」については訳文が許されているが、三番目の個所は空白（削除）となっている。この部分には、「天皇（His Majesty）の毒手の及ばない外国から自由に、天皇の地位と政治経済状況を批判すること」の文字が記されているのである。もともと『マザー・アース』のこの号については、内務省により国内への輸入が禁止されていたものであるが、編者は、この書簡を訳すことによって、あえて天皇制の言論弾圧に抗議したものと考えられる。

第二には、書簡番号13「最後の獄中から」を収録したことである。この書簡はサブタイトルに「磯部、花井、今村三弁護士宛」とされているように、公判中の一九一〇（明治四三）年一二月一八日に寒い牢獄で書いた、磯部四郎、花井卓蔵、今村力三郎の三弁護人に宛てた「陳弁書」とよばれているものである。その内容は「無政府主義と暗殺」「革命の性質」「所謂革命運動」「直接行動の意義」「欧州と日本の政策」「一揆暴動と革命」「聞取書及調書の杜撰《ずさん》」に分類して、「無政府共産主義」の思想と運動を説明し、また予審における訊問と調書がいかに予断にみちたものであるかを批判したものである。収録されている文章は、「無政府主義と暗殺」「革命の性質」の一部だけにすぎないが、削除の部分については「以下九千八百余文字削除」などと書き残して、この文章全体のボリュームが推測できるようにしている。石川啄木が「大逆事件」の判決直前の一九一一（明治四四）年一月三日、弁護人の平出修からこの「陳弁書」を借覧し、五日にかけて書き写したことはよく知られている。戦後まで公開されることのなかったこのノートは「a letter from prison」と題されていて、戦後の啄木全集に初めて収録されることになった。このような事実とあわせても、戦前にこの文章を「書簡集」に紛れさせて刊行したことの意義は大きいといえる。

第三には、幸徳秋水の獄中書簡三十二通が「書簡集」に収録されている点である。「大逆事件」で被告となった二十六名は、逮捕されてから公判開始決定までの長い間、原則的に外部との通信と接見の自由を奪われ、しかも弁護士との接触も許されなかった。幸徳秋水でいえば、一九一〇（明治四三）年六月一日の湯河原での逮捕から同年一一月九日の公判開始の決定にいたるまでの五カ月、東京監獄に収監されて外部との接触が禁止されていた。一一月九日、これまで「重大事件」「爆弾事件」として報道されてきた社会主義者たちの逮捕が、刑法第七三条の大逆罪をめぐる事件であることが初めて公表された。そして、翌日から被告たちは家族や同志たちとの通信と接見が可能となったのである。獄中からの書簡は、書簡番号13から44にまとめられていて、前後をその他の書簡によって包み込むかたちにしている。目立たなくさせる配慮をおこなったものであろう。戦前、事件の概要や本質をひたすら闇の中へと葬り去ってきた当局者にとっては、被告によって書かれた「生の声」は、たとえ厳しい典獄（所長）らによる検閲をくぐったものであれ、極力外部に流出することを抑えるべき対象であった。三十二通の書簡のうち、堺利彦関係の書簡が十二通、うち一通が堺為子宛の書簡である。現在、知られている堺利彦宛の秋水の獄中書簡は一三通、堺為子宛が一通であるので[10]、明治四三年一一月八日付と明治四四年一月二一日付の二通を除く、残りすべてが「書簡集」に収録されていたことになる。

堺利彦は、被告たちからの書簡を収集して『大逆帖』として遺し、また秋水からの獄中からの書簡二十四通を、彼の遺著『基督抹殺論』（一九一一年二月）に収録しようとして、削除命令をうけた。そのこともあって、堺利彦は被告たちの獄中書簡を、売文社において筆写し、各方面に配布した。この「書簡集」に収められている三二通（陳弁書を含む）は、堺利彦が収集し、筆写して回覧した「獄中消息」を根拠にしていると推定できる。ちなみに、『基督抹殺論』に収録予定であった堺利彦宛の書簡は一〇通、為子宛書簡一通の合計一一通である[12]。全集第五巻「書簡集」収録の書簡は一二通を数える。厳しい言論統制を巧みに潜り抜けた山崎の抵抗精神には脱帽せざるをえない。

最後に、石川啄木研究家として知られる吉田孤羊を登場させておきたい。吉田は、その著書『石川啄木と大逆事件[13]』の序文「秋水と啄木をめぐる幻想」なかで次のように述べている。

たしかにこれは私が改造社をよして間もなかった昭和六年の夏ごろだったと思うが、当時、高名な左翼弁護士山崎今朝弥さんから使いの人が見えて、ぜひ私に会いたいという伝言なので、私は何の用事とも知らずに、もと都新聞社の近くだった日比谷公園に近い、新橋寄りの山崎さんを訪問した。夜だったような記憶がある。その時山崎さんは「ある人から耳にしたことだが、あなたはたいへんよく大逆事件を調べているそうだが、それについて一つ頼みがある。それはほかでもないが、解放社から出したぼくの秋水全集は、我ながらきわめて杜撰なもので、何とかして完璧なものにしたい。私もつづけてやりたいが、多忙なのと、年のせいでとてもやれそうにない。それでこれを一つあなたに頼みたいのでお呼びしたのです。」といって、かたわらの書類箱から、ひと束の原稿を出された。私はその時いくらかは調べているが、私のは視野が狭く、啄木と大逆事件の関係だけをつきとめようとしているだけであって、あの事件全体となり、幸徳秋水の研究ということになると、とても私の手に及ばないから、といって固く辞退した。ところが、山崎さんはどうしても承知してくれない。ともかくこれはあなたに預けるといって、ひと束の原稿を渡されてしまった。家に帰って開いてみると、前に出た全集を解体して原稿紙に貼りつけたものであった。読んでみると、○○や××だらけで、とても全集といえた内容のものではなかった。私はたいへんな責任を負わされたと思って心が重かった。

しかも、世の中を見渡すと、あらゆる現象が、反動化の一途をたどっている。○○や××

を入れない全集を、いつの時代になったら出せるのか、皆目めどがつかなかったからである。

いま、明治大学が所蔵している山崎今朝弥の遺族から寄贈された資料のなかに、東京朝日新聞社の封筒に入れられた土岐善麿（哀果）からの吉田孤羊についての紹介状がある。表書きは「山崎今朝弥様／吉田孤羊君持参」となっていて「東京朝日新聞用箋」に書かれたものである。この紹介状によれば、吉田孤羊が土岐善麿の紹介状をもって山崎今朝弥を訪ねたというのが事実であることがわかる。紹介状の年月日からすれば、一九三一（昭和六）年一一月半ばのことになろう。山崎今朝弥は一八七七（明治一〇）年生まれ、土岐善麿一八八五（明治一八）年、吉田孤羊一九〇二（明治三五）年生まれという関係になる。吉田は、改造社に勤務して『幸徳秋水集』の編集にかかわっていたので、編集者としての能力にくわえてその実績も評価されたのであろう。しかし、紹介状の一九三一年一一月には、すでに「幸徳伝次郎全集」全六巻は完結していた。したがって山崎今朝弥が吉田孤羊に頼んだのは、新しい「完璧」な全集であった。それは、吉田が記している山崎の言葉、「解放社から出したぼくの秋水全集は、我ながらきわめて杜撰なもので、何とかして完璧なものにしたい」に表されている。山崎は、「ともかくこれはあなたに預けるといって、ひと束の原稿を渡されてしまった。家に帰って開いてみると、前に出た全集を解体して原稿紙に貼りつけたものであった。読んでみると、〇〇や××だらけで、とても全集といえた内容のものではなかった」との記憶に繫がっている。解放社版「幸徳伝次郎全集」には、削除された文章の空白は多くあるが「〇〇や××だらけ」ということはないので、あるいは新しく増補版を刊行するために収集していた幸徳秋水の文章かもしれない。

そういえば、「解放群書」第39巻『幸徳秋水思想論集』に収録されていた岡陽之助によって書かれたと考えられる「凡例」には、「其後、自由思想、平民評論、熊本評論、世界婦人等から、三四の名文を発見いたしましたので、孰れ増版の機会に於て是非適所に編入いたすつもりで居ります」という文言が挟まれていた。しかし、この新しい全集は、吉田孤羊がいうように「反動化の一途」をたどる状勢、とりわけ治安維持法による思想弾圧と言論統制が強まるなかで実現されることはなかった。山崎今朝弥は、戦後「実説大逆事件三代記」(『真相』第六号、一九四六年一一月)を書いて、次のように「幸徳伝次郎全集」刊行の意図を語っている。「死刑執行の号外を見た時はゾッとして、思はず知らずツッか掌が首に廻つてゐた。後日私が危険を犯して幸徳秋水全集六巻を私の解放社から無届出版したのは私の卑怯に対する聊《いささ》かの罪亡しでもあつた」と。

※注

(1) 一九三〇年四月から翌年五月にかけて解放社から刊行された全六巻の幸徳伝次郎(秋水)の全集をこのように呼ぶ。広告には「幸徳秋水遺文全集」や「幸徳秋水全集」と表記されているものもあるが、ここでは、全集の表表紙に印刷されている統一的な表記をとって「幸徳伝次郎全集」と呼ぶことにする。本文で言及したように、現在では幸徳秋水(伝次郎)の著作全集は、明治文献版の『幸徳秋水全集』（全九巻・別巻二・補巻一、明治文献、一九六八年三月〜一九七三年一一月、その後日本図書センター復刊）が流布している。

（2）戦後、世界評論社から全一〇巻の全集が企画されたことがあった。しかし諸事情から「全集」として実現するには至らず、後に全三巻の『幸徳秋水選集』（世界評論社、一九四八年一一月〜一九五〇年一月）として刊行された。その経緯については、拙稿「『帝国主義』という書物の外部で起きた事」（『初期社会主義研究』第14号、二〇〇一年一二月）で言及している。

（3）この点については、すでに小松隆二による「戦前版『幸徳秋水全集』考――「幻の全集」の成り立ちと全体像」（慶應義塾経済学会『三田学会雑誌』一九八六年六月）と題された先駆的な論考があり、「幻の全集」の発行にいたる経緯、内容、意義等について紹介している。ただ、解放社版「幸徳伝次郎全集」の前提となった「解放群書」の全容が十分に解明されていなかったために、全集刊行にいたる過程の解明が不十分であったことも事実である。

（4）この「凡例」は、解放社版・幸徳秋水全集の第2巻「思想論集」の標題紙裏にそのまま残されている。

（5）この点は小松論文でも「誤植」として扱われている。

（6）『労農運動』（第四巻第一号・一九三二年一月一日）は、「選挙闘争法研究号」とされているが、内容は解放社出版物の広告で埋められているので、このように呼ぶことにする。

（7）幸徳秋水の著作目録については、大野みち代編『幸徳秋水』（人物書誌大系3、日外アソシエーツ、一九八二年六月）を参照。また同氏は「著作目録」（『幸徳秋水全集』別巻二、明治文献、一九七三年一一月）を作成している。

（8）『社会主義者沿革（第三）』（みすず書房、一九八四年一〇月）「処分一覧」（二八九〜三〇九頁）参照。一八九二年一〇月三〇日付で処分を受けた吉松茂彦『日本平権党宣言書』から、一九一一年五月二九日付で発禁処分を受けた村井知至『社会主義』までの一覧表である。

（9）改造文庫、第一部第三十六篇、改造社、一九二九年三月。なお、『幸徳秋水集』には、目次四頁、本文一八四頁、目次の項目では四九の文章を収録している。その他の序文等はなく、編者も記されていない。社会主義思想、あるいは大逆事件を連想させるような文章は極力排除されている。

（10）『幸徳秋水全集』（第九巻、明治文献、一九六九年一二月）収録の「受信人別書簡索引」で確認。

（11）『社会主義沿革』一九一六年五月から一九一七年五月までを対象とした「特別要視察人状勢一斑（第七）」の記述は、処刑直後から堺利彦によって着手された獄中書簡の収集状況を正確には反映していない。

（12）岩波文庫版『基督抹殺論』（一九五四年九月）で「獄中消息」が復元された。

（13）吉田孤羊『石川啄木と大逆事件』（明治書院、一九六七年六月）七〜八頁。

IV 諧謔と自由――文献・年譜

昨年は「インチキ出版の即時廃止、乱売則安売投売最後の一品」をモツトーに六百円倉敷料を支払ふて円本残品二万冊を請出し、一冊一銭パを二百円で売払ひ、茲に円本の整理を完了しました。解放社独特の（今になつて知れば独特でも何でもなく大昔から商売人のやつてることだつた）インチキ出版法は、先づ円本を出す、返品は表紙を変へて宣伝半額版とする、其の返品は数種集めて一冊五十銭又は三十銭の何々全集とする、其の返品は十銭乃至三十銭の雑誌の本文に使用する、雑誌も解放、学芸解放、解放運動、問題、労働運動、等々数種を備へ置き適当の雑誌、しかも其の二三種に使用する、斯くして一冊の無駄もなく最後の一品まで売り尽くし、一挙に大利を獲得するといふ建前であつたが、事志と違ひ、本の中味は体刑に体刑を加へて菊版は四六版に、四六版は本文が一二行切り殺されるまで小さくなつても冊数は一向に減らぬほど売れず、従つて表代紙にもならず、手間と費用は丸損となり、一冊二十銭十五銭十銭五銭パの付け値を売り惜んで、最後に一冊一銭パ。で売つた本は数月の後ドシ〳〵小売店から大取次の手を経て一冊一円の割で返品計算となり、意外の大失敗に帰したといふ始末、そこで断然出版の大清算を遂げる政策上、大取次との取引並に返品受付を拒絶し、今後の雑誌と共に如何なる出版物も解放社のものは一冊なりと店へは出して貰はぬ、欲しければ金を持つて来いといふ事に宣告しました。

「出版と法律と良書」（私家版『解放』一九三二年二月号より）

9　奇書と文献の案内

「文は人なり」という言葉がある。フランスの植物学者ビュホンの言葉とされている。文章を読めば、その筆者の人がらがわかるという意味であるが、逆にいえば、人がらがその文章を特徴づけていることになる。つまり「奇人」山崎が「奇文」を遺したのである。その意味で山崎の「奇文」を読めば、山崎の「奇人」ぶりがわかるわけである。山崎の文章は「諧謔《かいぎゃく》」という言葉で特徴づけられている。「諧」は「やわらげる」、「謔」は「たわむれる」という意を表し、「諧謔」は冗談、おどけ、ユーモアを意味している。しかし、「奇人」山崎の諧謔は決して平板なユーモアではない。諧謔の対象はつねに、強いもの、権力へと向けられている。つまり権力からの「自由」のための諧謔である。山崎が自著として出版した単行書は三冊、いずれも並製でハードカバー本や箱入り本ではない。この刊行にも「奇行」が現れている。ここでは、現在では入手が困難になっている、この三冊を中心にして紹介して、多少の参考文献をくわえた。

なお、森長英三郎『山崎今朝弥』には、『講談日本社会運動史』が山崎の第四番目の著作として紹介されている。四六版『解放』（六巻一六号・一九二七年九月一日）で、著者は岡陽之助、本文二三二頁、定価五〇銭、である。これは雑誌の特集号であるが、「解放群書一覧表」に掲載したように、定価一円の「解放群書」第17巻『日本社会運動史』（岡陽之助、解放社、一九二八年一一月一〇日発行）として単行書が出版されている。森長は、「編者の言葉」にある、山崎が「全巻を通じて殆ど一字一句の末にまで行届いた注意と仮責無き訂正をして呉れた」こと、また内容的にみて山崎でなければ書けない個所があること、そのことを根拠にして、山崎今朝弥の著書と判断している。たとえ実質的にはそうであるとしても、著者として実在の人物である岡陽之助の名前が記されている以上、ここでは山崎今朝弥の著書としての判断はしなかった。

一　山崎今朝弥著書

（1）粗食養生論

隆文館　一九〇七年一二月一五日発行

〔本文〕一一七頁〔判型〕一八×一一・五cm〔定価〕二五銭〔明治大学図書館所蔵〕

〔序〕

本書は、北米合衆国大統領ルーズヴェルトが唯一の衛生顧問たるケロッグの講義を経とし、著者の米国大学に於ける卒業論文を緯とし、食物養生の原理原則を、哲学的に、医学的に叙述し、学理を基とし、実験に照し、一々例証を挙げて、反駁の余地なきまでに説明したるもの也。其の内容の豊富にして、実際生活に適切なるは、著者の私かに誇りとする所、即ち世の哲学者、医学者、宗教家、教育家、慈善家、社会改良家、刑事政策家、病に苦しむ者、健康を欲する者、並に一家の主婦たる者の熟読を要請するに躊躇せざる所以なり

明治四十年十二月　著者識

〔目次〕

第一章　生命の神秘

生命《せいめい》は不可思議《ふかしぎ》なり・生命《せいめい》の種類《しゆるゐ》・無生物《むせいぶつ》にも亦生命《またせいめい》あり・果実《くわじつ》は精力《せいりよく》の結果《けつくわ》なり・不可思議《ふかしぎ》の生命《せいめい》は可解《か、い》なり・動植物《どうしよくぶつ》は人間《にんげん》より智《ち》あり・現今《げんこん》の科学者《くわがくしや》と二千年前《ねんぜん》の一哲学者《てつがくしや》・

第二章　身体の神秘

身体《しんたい》の元質《げんしつ》は土《つち》なり・身体《しんたい》の構成要素《かうせいえうそ》・身体《しんたい》は人間《にんげん》にあらず・恐《おそ》ろしき不思議《ふしぎ》・人《ひと》は神《かみ》の画《え》がける絵《え》なり・森羅万象皆《しんらばんしやうみな》アダムなり・身体《しんたい》の一部《ぶ》も亦独立《またどくりつ》して活《い》く・奇妙《きみやう》のアミーバ・アミーバも象《ぞう》も人間《にんげん》も同《どう》一なり・人間《にんげん》の首継法《くびつぎはふ》・類《るゐ》は類《るゐ》を以《もつ》て細胞《さいぼう》は細胞《さいぼう》を以《もつ》て集《あつま》る・悉《こと》ぐ似《に》て悉《ことご》く異《こと》なる・耳《み、》で喰《く》はぬ眼前《がんぜん》の大奇蹟《だいきせき》・人間《にんげん》と動物《どうぶつ》との定義《ていぎ》・年《ねん》に十二回《くわい》自分《じぶん》の身体《しんたい》だけ食《く》ふ人《ひと》・各細胞《かくさいぼう》の連絡《れんらく》・人間《にんげん》の堕落《だらく》、神罰《しんばつ》の覿面《てきめん》・人間《にんげん》の本能性《ほんのうせい》・能《よ》く睡《ねむ》る児《こ》は肥満《ふと》る原理《げんり》・朝《あさ》、眠《ねむ》りより覚《さ》むる理由《げんり》・天下《てんか》の一品万物《ぴんばんぶつ》の長《ちやう》

第三章　身体の修繕

身代限《しんだいかぎ》りの予防《よばう》・大火《たいくわ》・火中《くわちう》の生活不動明王《せいくわつふどうめうわう》・一休和尚《きうおしやう》とブラウン卿《きやう》・内證《ないしやう》の火事《くわじ》あり・人熱《じんねつ》は二斗《と》の水《みづ》を沸《わ》かす・二十一万《まん》六千九百貫《くわん》を上《あ》ぐる人《ひと》・八十日目《にちめ》には身体全滅《しんたいぜんめつ》す・断《だん》食《じき》し得《う》べき日数如何《につすういかん》・ねじが切《き》れる迄《まで》の生命《せいめい》かな・新陳代謝《しんちんたいしや》と排泄物《はいせつぶつ》・供物《そなへもの》はお宮修繕《みやしうぜん》の為《ため》・食物《しよくもつ》は精力《せいりよく》の塊《かたまり》なるを要《えう》す・太陽《たいよう》は精力《せいりよく》の源《みなもと》なり・植物《しよくぶつ》は貯蓄家《ちよちくか》なり動物《どうぶつ》は費消者《ひしやうしや》なり・医学的《いがくてき》、哲学的《てつがくてき》に人体《じんたい》は如何《いか》なる食物《しよくもつ》を必要《ひつえう》とするか・澱粉質《でんぷんしつ》は何処《いづこ》にある・糖質《とうしつ》の所在《しよざい》は何処《どこ》・脂肪質《しばうしつ》は何《いづ》れより得《う》べきか・蛋白質《たんぱくしつ》の所在《しよざい》・古物《こふつ》の蛋白質《たんぱくしつ》・ペプトゼン無《な》ければ食物《しよくもつ》が木ッ片《こば》となる・肉《にく》の不消化物《ふしやうくわぶつ》なることを論断《ろんだん》す・人間《にんげん》の歯《は》は肉《にく》を食《く》ひ得《う》るか・人間《にんげん》の歯《は》は草木野菜《さうもくやさい》を食《く》ひ得《う》るか・野菜《やさい》と食合《くひあは》せ

第四章　消化の奇蹟

不思議中《ふしぎちう》の大不思議王《だいふしぎわう》・消化機関《しやうくわきくわん》の構造《こうざう》・五つの消化器《しやうくわき》と五つの消化液《しやうかえき》と五つの食質《しよくしつ》との配合《はいがう》・唾液《だえき》の役目《やくめ》は何《なに》・胃液《いえき》の仕事《しごと》は何《なに》・胆汁《たんじう》の仕事《しごと》は何《なに》・膵液《すいえき》の効能《かうのう》は如何《いかん》・腸液《ちやうえき》の能《のう》力《りよく》・五液《えき》の職能《しよくのう》

第五章　食物の変化

正体《しやうたい》見《み》たり枯尾花《かれをばな》・人《ひと》の友食《ともぐ》い・糞《くそ》も味噌《みそ》もいつしよ・お化《ばけ》の始《はじ》めは口《くち》から・武士《ぶし》に早《はや》飯早襷《めしはやたすき》・パウロー氏《し》の新発見《しんはつけん》、学説《がくせつ》を一変《ぺん》す・味官《みくわん》に通知《つうち》して消化器《しやうくわき》に号令《ごうれい》す・胃《い》には歯《は》の役目《やくめ》なし・鬼《おに》の留守《るす》に洗濯《せんたく》・胸焼《むねや》け耳鳴《みゝな》り筋痛《すぢいた》み・胃腸病熱病伝染病《いちやうびやうねつびやうでんせんびやう》は請合《うけあひ》・胃拡張《いかくちやう》ホーラス、フレッチヤー氏《し》の新発見《しんはつけん》・フオースター教授《きやうじゆ》の実験《じつけん》・咽喉《いんこう》が幽門《いうもん》と同《どう》一の検査《けんさ》

官《くわん》・胃病《いびやう》の自然療法《しぜんりようはふ》・タンニン酸及《さんおよ》び蓚酸《しうさん》と唾液《だえき》・油《あぶら》と脂肪《しばう》と不消化《ふしやうくわ》・ペプトゼンとは何《なに》・牛乳《ぎうにう》の消化《しやうくわ》は幼者《ようしや》に適《てき》するも丁年者《ていねんしや》に適《てき》せず・砂糖《さとう》は腸《ちやう》でも化《ば》けぬ・大腸《だいちやう》は消化器《しやうくわき》にあらず・吸収作用《きうしうさよう》・肝臓《かんぞう》に於《お》ける再試験《さいしけん》・変化千秋楽《へんくわせんしうらく》の時機《じき》・変化自在《へんくわじざい》の神通力《しんつうりき》は即《すなは》ち神《かみ》の力《ちから》なり

第六章　食物殺人論

第《だい》一に起《おこ》るべき問題《もんだい》・社会《しやくわい》も亦此問題《またこのもんだい》に冷淡《れいたん》なり・殺人罪《さつじんざい》の公許《こうきよ》・宮殿《きうでん》にのみ金《かね》を費《つい》やして本尊《ほんぞん》を如何《いかん》・食物《しよくもつ》は道楽《どうらく》や慰《なぐさみ》に食《く》はず・食《く》ひ放題《ほうだい》出《で》放題死放題《ほうだいしにほうだい》・昔《むかし》の人《ひと》が今《いま》の人《ひと》より体《たい》格《かく》よき理由《りいう》・盲従《もうじう》もコムミツシヨンも詐欺《さぎ》も収賄《しうわい》も華厳《けごん》の瀧《たき》も淫売《いんばい》も・人間《にんげん》の歯《は》と肉食《にくしよく》・世《よ》に所謂肉《いはゆるにく》 食動物《しよくどうぶつ》ありや・肉《にく》に滋養分《じやうぶん》ありや・人《ひと》の老衰《らうすい》又《また》は死亡《しばう》するは何故《なにゆゑ》なるや・肉《にく》には必《かなら》ず疲毒《ひどく》を包含《はうがん》す・肉食《にくしよく》の濫觴《らんちやう》・食《しよく》は性《せい》の主人公《しゆじんこう》・売卜者洞龍庵《ばいぼくしやどうりゆうあん》・世《よ》の堕落《だらく》を救《すく》ふ者《もの》は台所《だいどころ》なり・肉《にく》は正当防衛力《せいとうばうえいりよく》を破壊《はくわい》す・ペーケツト氏《し》の死亡率《しばうりつ》・条虫《じやうちう》は牛肉《ぎうにく》よりす、豚《とん》肉《にく》よりせず・肺病牛《はいびやうぎう》と豚《ぶた》コレラ・一斤《きん》二円以下《えんいか》の肉《にく》は病気《びやうき》をもて製造《せいぞう》す・米国《べいこく》の歯医者《はいしや》の発達《はつたつ》する原理《げんり》・缶詰肉中毒《くわんづめにくちうどく》と三千人《にん》の横死《おうし》・ヘーグ博士《はかせ》の新説《しんせつ》　腎臓炎《じんぞうえん》の原因《げんいん》・パーヌール及《および》ルーフス博士《はかせ》と癌腫《がんしゆ》・癲癇《てんかん》の治療法《ぢりようはふ》に関《くわん》するヘーグ博士《はかせ》の新発見《しんはつけん》・噫我《あゝわ》が黒木大将《くろきたいしやう》・刑事政策家《けいじせいさくか》、社会改良家《しやくわいかいれうか》の迂遠《うえん》・今日《けう》は何《なん》たる悪日《あくにち》ぞ・市俄古市《しかごし》の屠牛場実見記《とぎうじやうじつけんき》・五隻《ごせき》の大船《だいせん》を浮《うか》ばす血《ち》の海《うみ》・人間《にんげん》は無抵抗者《むていこうしや》を殺《ころ》す権利《けんり》を有《いう》する乎《か》・牛乳《ぎうにゆう》に依《よ》つて育《そだ》てたる児《こ》の白痴《はくち》となり、盗癖《とうへき》ある哲理《てつり》・頭痛《づつう》、胆汁病《たんじうびやう》、肺病《はいびやう》、熱病《ねつびやう》、伝染病等《でんせんびやうら》と牛乳《ぎうにゆう》・牛乳《ぎうにゆう》の害《がい》を防《ふせ》ぐ唯一《ゐいつ》の秘伝《ひでん》・一滴《てき》に十六万《まん》、一オンスに一億《をく》五千乃至五十四億《をく》の黴菌《ばいきん》・卵《たまご》の腐敗《ふはい》を殺《こく》外《ぐわい》より知《し》る法《はふ》ありや・卵《たまご》の栄養分《えいやうぶん》と尿酸《にようさん》・消化《せうくわ》する卵《たまご》と消化《せうくあ》せざる卵《たまご》・卵過食《たまごくわしよく》の害《がい》・西洋《せいよう》中毒《ちうどく》と翻訳学説《ほんやくがくせつ》・粗食《そしよく》とは何《なん》ぞ・一生《しやう》の守本尊《まもりほんぞん》・食物養生《しよくもつやうじやう》の三学説《さんがくせつ》・時《とき》と所《ところ》と人《ひと》と・今《いま》の医師《いし》より祖先《そせん》の口伝《くでん》・数《すう》千年間実行《ねんかんじつこう》せられたる大哲理《だいてつり》・玄米食《げんまいくう》べし白米《はくまい》に毒《どく》あり・豆《まめ》と忍《にん》耐力《たいりよく》・漬物《つけもの》と胡椒類《こしやうるゐ》・胡桃《くるみ》の脂肪《しぼう》・食《く》はぬ前《さき》から消化《せうくわ》してゐる食物《しよくもつ》・果実療法《くわじつれうはふ》・栄養分分《えいようぶんぐ》析表《せきひよう》・必要塩質分析表《ひつえうえんしつぶんせきひやう》・飲酒家《いんしゆか》は必《かなら》ず白痴《ばか》か、狂人《きやうじん》か、盗賊《どろぼう》なり・茶《ちや》は病毒《びやうどく》・ケフィーインとタンニン酸《さん》・ウオーフイー氏《し》の新発見及《しんはっけんおよ》びロバーツ氏《し》の実験《じつけん》・茶病《ちやびやう》の療法《れうはふ》

第七章　新式小笠原流

料理《りようり》の極意《ごくゐ》・台所《だいどころ》の改革《かいかく》・油類《あぶら》の免職《めんしよく》・酢酸《さくさん》と唾液《だえき》・薬味《やくみ》と慢性便秘《まんせいべんぴ》・胆石病《たんせきびやう》と痔疾《じしつ》・砂《さ》糖《とう》は牛《うし》の食物《しよくもつ》・塩加減《しほかげん》・飯《めし》の中《なか》へ小石《こいし》を混入《こんにゆう》せよ・汁《しる》かけ飯《めし》・過食《くわしよく》と餓《うゑ》・鶴《つる》の長生《ちやうせい》の秘訣《ひけつ》・小児《しやうに》と大人《だいじん》の皮膚《ひふ》・女《をんな》の小食《しやうしよく》なる理《り》・一日《にち》に要《えう》する栄養分《えいやうぶん》・顔色《がんしよく》の蒼白《そうはく》となる理《り》・リユーマチス、痛風《つうふう》、神経痛《しんけいつう》の源因《げんゐん》・食物《しよくもつ》の温度《おんど》・ビユーモント博士《はかせ》の試験《しけん》・鉱水《こうすい》とハイポペプシア・食事《しよくじ》は何回何時《なんくわいなんじ》にすべきか・胃《い》カタルと膿潰《のうくわい》の源因《げんいん》・二食《しよく》と三食《しよく》との勝負《しやうぶ》・バツトルクリーキ、サンテリアムの実験・不眠症《ふみんしやう》と神経衰弱《しんけいすいじやく》と胃弱《ゐびやう》・間食亡国論《かんしよくばうこくろん》・乳《ち》の濫《らん》用《よう》・便秘《べんぴ》の原理《げんり》・食後《しよくご》の運動《うんどう》・一つの胃《ゐ》で十三の胃《ゐ》の用《よう》をさせる・御馳走論《ごちさうろん》・消化《せうくわ》の基礎《きそ》と養生《やうじやう》の根本《こんぽん》・湯水《ゆみづ》は惜《おし》まず飲《の》め・水《みづ》の飲《の》み方《かた》・最後《いまは》の水《みづ》の解《かい》・胃《ゐ》カタルと水腫病《すいしゆびやう》・ハイポペプシアとハイパーペプシアの湯水療法《ゆみづれうはふ》・リユーマチスの水療法《すいれうはふ》・西瓜哲学《すいくわてつがく》・安全水《あんぜんすい》・

氷《こほり》と黴菌《ばいきん》

〔解題〕

山崎がアメリカから帰国した年、一九〇七年一二月に刊行した。戦後に回想された「実説 大逆事件三代記」(『真相』一九四六年一一月号)には、「私の処女出版であり初原稿料稼ぎであつた」こと、出版社である隆文館は幸徳秋水により紹介されたことが記されている。また敗戦直後の食糧事情が悪い時期のことで、「この小著時節柄見たいと思ふが多年絶版で手元に一冊もない。誰か御所持の方に譲渡又は借覧を願ひたい。尚賀川豊彦君が余り面白い本だから無断一万部を印刷して方々へ配つたと私に語られたが、この分でも結構」とも書いている。私自身も未見であるので、賀川豊彦版を所蔵の人がいればご教示をいただきたい。本著、執筆動機や内容については、「3 アメリカ時代」に記されている。目次のルビは原文のママである。

(2) 弁護士大安売

聚英閣 一九二一年一一月一八発行

〔本文〕三二五頁 〔判型〕一八・七×一二・八cm 〔定価〕一円八〇銭

〔序文〕

明後日中に刷り上げるから今日中に序文を書き送れと、発行所よりの電話。今日は何うしても手が離されぬから明日の日光紅葉狩り（も一寸仰山だが）を止して、と、一日の猶予を願ひ、偖愈々今日となつて見ると。人は来る用事は出来る。オマケに、洋式生活改善の第一歩として、私案大掃除を思ひ立つた当日の事とて、僕はペンを持て、室をアチコチ逃げ廻り気も心も更に落付かず、イクラ考へても、良い甘い、変つた奇抜の名案が出て来ない。依て思ひ切つて極平凡で其代り極無難の凡例でも書いて序文の代りとする事に決めた。

一、書名は発行の仲介人たる堺利彦君のお好とあつて『弁護士大安売』と極まるらしい、僕は余り好まぬが、ト云ふて外に之れ以上の良い名が付けられなんだ。著者の肩書は、総裁、総長、博士、所長などゝ、余り不真面目にならぬ様アッサリ、山崎伯爵痄作集、上の方へ、平民大学昇格紀念出版とでもして呉れと申込んでは置いた。

一、本書は大体第（一）編は自分の経歴に関するもの、第（二）編は広告文や欄外記事や埋草等を集めたもの、第（三）編は雑文集とでも謂ふべきか、第（四）編は裁判所に提出したる法律文書式実例と云つた様のもの、第（五）編は聊か真面目の法律研究論文、第（六）編は法曹月且、第（七）編は他人が自分の事に就て書いたもの即ち付録的のものである。

一、本書は疑もなく文集ではあるが、決して売文集ではない。従て如何なる点より論じても詐欺取財や不当利得にはならない。がコレが金になる事や、人が買つて読む事など考へると自分乍ら赤面したくなつたり、抜取つたりしたくなる文が沢山あるが、今更仕方がないと云ふから其儘にして置いた。

一、書中、今読んで見ると自分ながら解からぬ所が沢山ある、他人が読んでは尚更解らぬ事と思ふ。その一ツの理由は、此文集は主として自分の編輯した「平民法律」「東京法律」「月報」等の雑誌に掲載した文を集めたのだが、編輯者たる『無産社』の中曽根源和君が、只類別にのみ重きを置き（尤も類別にも可なり文句はあるが）時代と次第を全然無視して、大正三年ものと大正十年ものとを並べたり、甲の下段説明を乙の欄外説明と取り違へたり、した事にある。

一、文、其れ自体解かり難き処ある弁解としては。自分の雑誌に自分が書いたもの故、自然楽屋落が多い事、雑誌文故行数に制限された事、他人又は自分の文章を題として書いた文が多き事、保証金を積んだ雑誌だか積まぬ雑誌だか解からぬ様に書かなければならなかつた、事等を数へて置く。

一、此本は大に売れると云ふ八卦が出たとて本屋の主人大に意気込んでる由、ソレで僕も大に安心した。売れるも八卦のセイなら売れなんでも本のセイではない。併し僕も心から大に売れん事を希ふ。

大正十年十一月十三日高橋是清に大命降下の時

山崎今朝弥

〔自伝〕（Ⅱ部の巻頭に掲載）

〔目次〕

第一編

弁護士大安売・結婚通知書・弁護士となつた動機・公判廷を逃げ出した検事閣下・此母に此子あり朧月夜・汽車の飛乗り・借金取退治法・ツンボ哲学・危険人物の弁解にあらず・自分の性相観・自分の性質を白状す・廃業万両の弁解にあらず・去るの記

第二編

官庁注文書と人民命令書〔官庁注文書人民命令書〕・上告専門所略則・改正広告・上告部通信・保釈嘆願書・市疑獄事件検挙感歎状・平民法律所の性質・平民法律並に平民法律所広告・三田警察掛合書・大臣招待状・講師招待状・平民大学夏期講習会規則・被告人見舞状〔被告人見舞状（二）〕・急告、謹告、社告〔急告・謹告・社告〕・無責任広告・改心広告・法律顧問所設立趣旨

第三編

珍品事件上告状・平民大学令及其詳解〔平民大学令・平民大学令註解〕・民主々義と自由主義〔当所旗印民主々義と自由主義〕・敢て天下憂国の士に訴ふ〔敢て天下憂国の士に許

ふ〕・版権所有新年の辞・題なし・聖女光子と決死隊・神様と私・本乃木とウソ乃木〔ホン乃木家とウソ乃木家〕・牧野所長答弁書・法学博士学位請求論文・寄せ鍋・君と僕・刑法俗論・野口は中馬鹿尾越は小馬鹿・被告殴打〔被告殴打事件〕・川手君の発憤・新米弁護士の失敗・忌避申請の決定・法律解釈の進化〔人智の発達に伴ふ法律規則解釈方の進化に就て〕・私立大日本政府・私は既に滅亡したる大日本帝国と更に関係がない・広告記事取消文〔広告記事の取消文〕・〔右の記事法律講義・〕年頭の感想・広告勧誘文・端書の書き方・英文〔注、パーカー夫妻宛英文手紙〕

第四編

被告北里博士告発状〔北里博士告発状〕・高尾平兵衛保釈願・平民大学生公判傍聴願〔禁止公判傍聴許可願〕・大杉事件の書式文例・〔イ、尾行事件の保釈願〕〔ロ、正力事件の告訴状〕・〔ハ、名誉回復事件の訴状〕〔ニ、訴訟取下書〕〔尾行事件の保釈願・正力事件の告訴状・名誉回復訴状・訴訟取下書・名誉回復請求の訴〕・平民大学圧迫事件・〔イ、山川警視の謝罪文〕・〔ロ、謝罪理由の詳細〕・〔ハ、紳士協約の内容〕・〔ニ、貸席拒絶の干渉〕〔平民大学圧迫事件・訴状・準備書面・訴状〕・東京新聞対帝国劇場の珍訴訟〔欠〕・警官の強盗事件〔警官強盗事件〕・立小便事件の来歴・〔イ、言渡書〕・〔ロ、説諭願〕・〔ハ、正式裁判請求申立書〕・日比谷警察人権蹂躙告訴状〔日比谷警察人権蹂躙訴状〕・エロセンコの建白書〔エロセンコ事件の建白書〕・判事懲戒の意見書・危険人物の廃嫡訴訟〔廃嫡訴訟〕・福田狂二対

大島主事の告訴状・日米交渉不敬犯の保釈願〔日米交渉不敬犯保釈願〕・第三種郵便物認可申請・秩序紊乱事件の弁論・〔内田魯庵・与謝野晶子・福田徳三の告発状〕〔法治国秩序紊乱事件弁論要旨〕・桑名富豪の轢逃事件・密告書・告訴取下書・間諜事件告訴状〔間諜謀殺未遂現行犯の告訴〕

第五編

工場管理は民法上の事務管理なり〔労働争議の「工場管理」は法律上正当の「事務管理」なり〕・法廷起立問題の研究〔法廷不起立問題の研究〕・発売禁止と森戸事件・出版法と新聞紙法〔発売禁止と森戸教授の起訴、出版法と新聞紙法〕・＊下級判事の下級判決・馬鹿判決の正体・下級判決見本・上級判決見本・囚人放還上申書・傭主雇主間の法律問題〔イ、罷業怠業解雇及び工場閉鎖〕・〔ロ、給料手当損害金〕・賃金及手当金請求訴訟・労働主と資本者・治案警察法第十七条・老朽淘汰退職手当請求事件・毒瓦斯退治事件の訴訟・談話窃盗の告訴・男根事件の珍裁判・風俗壊乱の実例・事実認定権の範圍・平民の法律

＊印以下の実際の収録文は、〔『馬鹿判決』の正体・下級判決・上級判決・上申書（一）・上申書（二）・上申書（三）・傭主雇主間に於ける罷業、怠業、工場閉鎖並に解雇と其給料、手当、損害金等の研究・同盟罷工の場合・怠業の場合・工場閉鎖の場合・辞職解職の場合・労働訴訟の極り文句と抗弁・賃金請求訴訟（一）・賃金請求訴訟（二）・訴状（三）・労働主と資本者・治案警察法第十七条・退職手当請求訴訟・東京瓦斯事件

訴訟・準備書面・人間社会に対する詐欺及び偽作罪の告訴に就て・不起訴処分に対する抗告・所謂男根事件の珍裁判・風俗壊乱の程度・事実認定権・平民の法律〉である。

第六編

名合孟君・博士大場茂馬論・平沢均治君と磯部尚君〔平沢均治君と磯部尚君と〕・須賀喜三郎君と天野敬一君・田島熊太君・堀江専一郎君と名川侃市君・尾佐竹猛君と平松市蔵君〔尾佐竹猛君と平松市蔵君と〕・塩谷恒太郎氏と新井要太郎氏〔塩谷恒太郎氏と新井要太郎氏と〕・松田源治君と加瀬禧逸君〔加瀬禧逸君と松田源治君〕・高窪喜八郎君と高木益太郎君・三洲忠彦君・東京法律の田阪、阿保、吉田、佐々木の四君〔田坂貞雄君・阿保浅次郎君・吉田三市郎君・佐々木藤一郎君〕・手当り次第の友人評〔手当り次第〕・知人名簿より

第七編

山崎今朝弥の悪口〔女房外数人〕〔山崎今朝弥の像に〕・山崎今朝弥氏の印象〔西条八十〕・山崎君は去つた〔吉田三市郎〕・山崎今朝弥君の死〔貝塚渋六〕・奇人変人ソラツンボ並に変死記事取消請求広告〔奇人変人ソラツンボ並に変死記事取消請求書〕〔山崎今朝弥〕・山崎君のオトウサンの死〔作り話の様な実話〕〔貝塚渋六〕・花嫁の侮辱に花婿の訴訟〔沢田薫〕・実頭月旦〔西村朴堂〔石龍子〕〕・写真月旦〔西村朴堂〕

〔解題〕「幸徳伝次郎全集」第三巻の掲載広告などによれば、「解放群書」第10巻として刊行

されているが、原本を確認できない。また別名『伯爵駄文集』や『犬の遠吠』のタイトルで出版されているとも記されているが、これまた確認できない。〔目次〕の〔　〕は収録文の見出しである。これほど異なっている理由も不明である。

（3）地震憲兵火事巡査

解放社（解放群書5）一九二四年一一月二五日発行

〔本文〕七〇頁＋一四七頁〔判型〕一八・三×一二・七cm〔定価〕一円

〔序〕

コレは僕の小説であり、創作であり、処女作である。尤も僕は何が小説で、何が大説だか実はその区別も碌々知らない、テンで小説といふものを読んだ事すらもないのだから。ソレを僕がコレをココに小説と遠慮したのは、イクラ盲目蛇の僕でもマサカ之れを大説だと自称する度胸はなかつたからである。

コノ小説には僕が心から言つて見たいことを糞真面目に書いた処もあるが、テンで腹にも無い事を冗談半分に云つたり又はイマ〳〵しさの余り思ふことと全く反対のことを書いた処もある。併し今となればドコがドレであるか僕にもわからない。ソレでも読者にはその積りで読んで貰ひたいと言つて見たい。

コノ小説は僕一代の心血を濺《そそ》いだ結晶で、文界稀に見ざる、世に比儔《ひちゅう》なき大傑作だとは云へもしまいが、前後十年に亘る新規の旧稿で、初版にして既に二版三版乃至四版五版に達し、坊間《ぼうかん》有り触れたる普通の小説とは全くその類型を異にする破天荒の創作であるとは云へる。と僕は独りで保証をして見たい。

モシ夫れコンナものが小説もあつたものにあらず。蓋し世の所謂文集の下の下に属すべきものである、とマジメに怒る者があつても、僕は只敢然として一言の弁解も試みざる雅量がある。とは云へ、コレが愈々本となり、附元気も漸く失せて来た時は、僕は又しても聊かキマリの悪い思をすることであらう。

〔震災記念に一女を儲けた大正十三年九月十日〕

〔目次はないので、収録文より摘出〕

地震、流言、火事、暴徒〔三〇頁は「罰の跋」の後ろに飛び頁〕

露国討つ可し、日本べからず〔露国飢饉救済金募集趣旨書・大庭君を殺した者は誰か・自から不良老年となつて・決議・正式裁判請求書〔四七頁は「偉大なる低能」の前に飛び頁〕・抗議書〔四七頁にタイトル、前の四八頁に続く〕・社会葬・高尾君の思出・外二名及大杉君の思出・平沢計七君を憶ひて・朝鮮問題の問答集・選外壱等・罰の跋〕

偉大なる低能

前編（僕の……でありたい事・森下代議士の除名と見舞状・青木博士の事件と僕の手紙・協会を代表して江渡君に答ふ・人権擁護の秋・大正弁護士会を嗤ふ（岸博士の調査で）・被告人心理（高木弁護士の小僧判事）・革命の宣言（但来年より）・社会運動通信・革命来る（但本誌に）・司法官心理・裁判の正体・前編終り）

本編（無料事件依頼書・我輩の問題・判決（大正十一年（れ）九九号）・劃時代的の判決・懲戒裁判開始決定・山崎弁護士懲戒に付せらる（新聞記事其一）・山崎弁護士は懲戒か（新聞記事其二）・青鉛筆（新聞記事其三）・懲戒裁判のレコード破り（新聞記事其四）・起訴猶予付の懲戒（新聞記事其五）・転んでも只は起きない（新聞記事其六）・司法官専門金融所（新聞記事其七）・自由法曹団と山崎氏事件（新聞記事其八）・模擬裁判の興行（新聞記事其九）・山崎氏は無罪か除名か（新聞記事其十）・懲戒を受けた米国伯爵（新聞記事其十一）・心機一転又再転・忌避の申請・忌避申請の決定・上申書・山崎氏の忌避申請却下されて抗告・大審院の決定書（大正十一年（な）第二号）・期日進行再度上申書・懲戒裁判所の判決（第一審東京控訴院）・忌避から判決まで・書記課への抗議・控訴状・控訴取下書・日記秘第四五秘号・大団円）

チツトにタント、テロリとケロリ（其後の近況と法律万能主義・訛伝正伝・巡査に貼札・創作大名旅行西瓜・米国伯爵の由来・大事な洋服・司法上の功績・正式裁判申立書・捜索願・懲戒

を受けた米国伯爵・居合抜と弁護士・多士多趣・当世の奇人）

〔解題〕本書は「解放群書」第5巻として刊行された。同時に、印刷内容・発行日・定価が全く同じである『山崎伯爵創作集』が「拾版（重版）」として刊行されている。本文は山崎の「分離」と「統合」の方式によって、「地震、流言、火事、暴徒」部分のページ番号が一〜七〇頁。「偉大なる低能」以下の部分のページ番号が一〜一四七頁の合冊として構成されている。頁数が部分的に重なっているうえに、さらに前半部分には一枚分（三〇・三一頁）の乱丁があって、より本文をわかりにくくしている。『山崎伯爵創作集』の発行元は「平民大学」とされ、表紙には横書きのタイトル『山崎伯爵創作集』の他に「◆偉大なる低能（チットにタント……テロリにケロリ）」「◆地震流言火事暴徒（……露国討つべし、日本可からず……）」「◆其他いろいろ」「平民大学拾版」の文字が印刷されている。なお、

〔判型〕一八・七×一二・七㎝で横幅が少し大きい。「解放群書」として刊行された『地震憲兵火事巡査』には「改訂版」があって、『甘粕は三人殺して仮出獄 久さん未遂で無期の懲役！』のタイトルになった。四六版『解放』（第五巻第一七号・一九二六年一二月、臨時増刊）の裏表紙に掲載されている広告文には次のようにある。

◆苟しくも日本を愛する日本人にして、本書を読んで日本を憎まざる日本人なしとは雖《いえど》も、恐らく震災当時の裏面、殊に「宗一地蔵」「鮮人塚」「亀戸祭」「人粕裁判」の真相を

伝へて詳なる、本書の右に出ずるものなし。蓋し後世に遺すべき文献の一也◆今や甘粕は出獄せり。天下の同情キウさんとして集まり、注文殺到して、絶版の恨み特に深し◆乃ち商庫を調べ、空しく無期の懲役に苦しむものある。発見す、然れども其部数に限りあり、前に称して五百と号せしも、今は僅々百部を余すのみ◆坊間求めて遂に片影を見ざるに至るも近きにあらむ乎。

二　戦後著作集と伝記

(1)『地震・憲兵・火事・巡査』(森長英三郎編)岩波書店(岩波文庫)一九八二年一二月
三〇六頁

〔目次〕

凡例・編者まえがき

I　自伝

自伝・自分の性相観・「自分の性質を白状す」・人智の発達に伴う法律規則解釈方の進化について・公判廷を逃げ出した検事閣下・この母にこの子あり朧月夜・汽車の飛乗り・神様と私

II

弁護士大安売

弁護士となった動機・弁護士大安売・借金取り退治法・年賀状・結婚通知書・ツンボ哲学・危険人物の弁解にあらず・題なし・廃業、万両の弁解にあらず

III

東京法律所を去り、平民法律所に入り、上告専門所を興し、実費特許所を始めたる理由

東京法律所を去り、平民法律所に入り、上告専門所を興し、実費特許所を始めたる理由（一去るの記　二入るの記　三興すの記　四始めるの記）・上告部通信・敢えて天下憂国の士に訴う・平民法律所の性質・『平民法律』並びに平民法律所広告・上告専門所略則・君と僕・社告・第三種郵便物認可申請・急告・謹告・無責任広告・法律顧問所設立趣旨・広告勧誘文・端書の書き方・寄せ鍋・（版権所有）新年の辞・年頭の感想（大正八年）・（当所旗印）民主主義と自由主義・被告人見舞状（一）・被告人見舞状（二）・改心広告

IV

平民大学圧迫事件

平民大学令・平民大学令詳解・広告記事の取消文・右の記事法律講義・官庁注文書人民命令書・平民大学夏期講習会規則・大臣招待状・三田警察掛合書・平民大学圧迫事件・講師招待状

V

尾行事件の保釈願

私立大日本政府・私は既に滅亡せる大日本帝国と更に関係がない・ホン乃木家とウソ乃木家・牧野所長答弁書・治安警察法十七条・刑法俗論・北里博士告発状・新米弁護士の失

敗・「馬鹿裁判」の正体・尾行事件の保釈願・保釈嘆願書・告訴状・名誉回復訴状・日比谷警察人権蹂躙訴状・立小便事件・エロセンコ事件の建白書・労働主と資本者・いわゆる男根事件の珍裁判・平民の法律

VI　山崎今朝弥懲戒裁判に付せらる

問題となるまで・劃時代的の判決・心機一転また再転・忌避から判決まで・大円団

VII　地震・憲兵・火事・巡査

地震流言火事暴徒・高尾君の思い出・外二名及び大杉君の思い出・平沢計七君を憶いて・この子この親・朝鮮問題の問答集・選外壱等

編注・解説

〔解題〕　巻末の「参考書」に隅谷三喜男・森長英三郎編『山崎今朝弥全集』（全三巻）が「近刊」として掲げられているが、諸事情により刊行にはいたらなかった。そこで、あらためて山崎今朝弥の著作を再編集し文庫本とし、刊行したのが本書である。森長は「凡例」で、「本書は、明治・大正・昭和の三代にわたって「社会主義の弁護士」として活躍する一方、「米国伯爵」を自称するなど飄逸・諧謔で、奇文を書き、奇言・奇行に富んでいた山崎今朝弥の奇文を、主に『弁護士大安売』『地震憲兵火事巡査』等より選んで編集した選集である」と述べている。現在、容易に読むことのできる唯一の山崎今朝弥の著作集である。

（2）『自由主義』（多田道太郎編・解説、現代日本思想体系18）筑摩書房、一九六五年八月
〔解題〕『弁護士大安売』と『地震憲兵火事巡査』から山崎の文章が抄録されている。

（3）森長英三郎『山崎今朝弥』紀伊國屋書店（紀伊國屋新書）、一九七二年一月
〔解題〕山崎今朝弥についての唯一の生涯にわたる伝記、「後記」に次のようにある、「私が昭和一一年一月弁護士登録をしたとき、当時弁護士資格を失っていた布施辰治先生のお世話になり、また今村力三郎のあとをつがれた鈴木義男先生にもみていただいた。そして山崎今朝弥先生は遠くからながめるだけであった。布施先生にしても、山崎先生にしても、頭脳だけの人ではなくて、その特徴のある人格で、明治、大正、昭和の三代を闊歩した人であった。だから誰もそれをまねることはできない。まねても底のないにせ者となるだけであった。おそらく将来も、布施先生や山崎先生のような弁護士は二度とでてこないであろうとおもわれる」と。森長が「人権擁護運動史上の二先達——山崎今朝弥と布施辰治」を書いたのが創刊間もない『法学セミナー』（一九五六年一〇月号）であった。本書の目次は、「山崎今朝弥の思想と行動（はしがきにかえて）・四つの自伝・少年時代・明治法律学校と司法官試補・米国留学・米国伯爵となって帰国・大逆事件と山崎今朝弥・冬の時代に火をつぐ・大正期社会主義運動時代・初期自由法曹団時代・関東大震災前後・無産政党結成時代・日本共産党の法廷闘争・戦時中の山崎・晩年の山崎今朝弥の一五章からなり、「後記」と「山崎今朝弥年譜」が

付されている。二一七頁の新書版であるが、この内容を越えるのは至難の業である。

三　雑誌・出版関係

『明治大正史』（1・言論篇、美土路昌一編著）朝日新聞社、一九三〇年一〇月
『現代筆禍文献大年表』（斎藤昌三編）粋古堂、一九三二年一一月
竹盛天雄「『解放』」（『文学』一九五七年一〇月号）
『解放総目次・執筆者索引』（小田切進編）日本近代文学館、一九八二年八月
紅野敏郎『大正期の文芸叢書』一九九三年三月
早稲田大学図書館編「大正期文芸書集成」（第一編・叢書、マイクロフィッシュ・「解放群書」31冊）雄松堂出版、一九九八〜一九九九

四　弁護士・裁判関係

『日本政治裁判史録』（編集代表・我妻栄、全五冊）第一法規出版
＊松尾浩也「大逆事件」（明治・後、一九六九年二月）、許世楷「朴烈事件」・田中時彦「虎ノ門事件」（大正、一九六九年八月）、許世楷「桜田門外大逆事件」（昭和・前、一九七〇年三月）

『日本の弁護士』（潮見俊隆編著）、日本評論社、一九七二年
『自由法曹団物語』（戦前編、自由法曹団編）、日本評論社、一九七六年一〇月
『朴烈・金子文子裁判記録』黒色戦線社、一九七七年九月
『（新編）史談裁判』（森長英三郎著・全四冊）、（日評選書）日本評論社、一九八四年六月
＊（一）に「赤旗事件」「大逆事件」、（二）に「大杉栄傷害被告事件」「神戸労働争議事件」「山崎今朝弥懲戒事件」「朴烈・金子文子事件」、（三）に「難波大助事件」「ギロチン社事件」「福田大将狙撃事件」などを収録。
『アナキズム』（続・現代史資料3）みすず書房、一九八八年七月
＊「虎ノ門事件」「朴烈・金子文子事件」の裁判資料等を収録。
『虎ノ門事件』（専修大学今村法律研究室編、全三冊）専修大学出版局、二〇〇四年三月～二〇〇六年三月
『大逆事件の言説空間』（山泉進編著）論創社、二〇〇七年九月

五　明治大学史関係

『明治大学百年史』（全四冊）明治大学、一九八六年三月～一九九四年一〇月
＊第三巻（通史編Ⅰ、一九九二年一〇月）第三章に「社会派の弁護人たち」収録。

『明治大学小史〈個を強くする大学130年〉』明治大学史資料センター、二〇一〇年三月・『明治大学小史〈人物編〉』明治大学史資料センター、二〇一一年一一月

＊〈人物編〉「法曹界の人びと」に「山崎今朝弥」を収録。

『大学史紀要』（明治大学史資料センター刊行・センター紀要）

第13号（明治大学人権派弁護士研究Ⅱ、特集・山崎今朝弥・布施辰治研究、二〇〇九年三月）

山泉進「山崎今朝弥の修行時代」・飯澤文夫「山崎今朝弥と郷土」・同「山崎今朝弥年譜」

第15号（二〇一一年三月）

飯澤文夫「山崎今朝弥の布施辰治観——布施辰治治安維持法違反裁判資料から」

第17号（二〇一三年三月）

山泉進・飯澤文夫「人権派弁護士・山崎今朝弥が刊行した雑誌について」・飯澤文夫「山崎今朝弥妻さい調査経過」

第19号（二〇一四年一二月）

人権派弁護士研究会編「人権派弁護士・山崎今朝弥刊行『解放群書』書誌調査中間報告」

第23号（明治大学人権派弁護士研究Ⅲ、特集・山崎今朝弥研究2、二〇一七年三月）

山泉進「解放社版『幸徳伝次郎全集』の書誌的探求」・中村正也「明治三五年、渡米前の山崎今朝弥と明治法律学校——山崎の『渡米記』を中心に」・村上一博「山崎今朝弥

が関与した上野動物園内売店の営業権事件について」・飯澤文夫「山崎今朝弥の雑誌」・

阿部裕樹「関東大震災前後の山崎今朝弥の動向――『解放』(第二次)・『解放群書』発行

をめぐって」

第24号(二〇一八年三月)

村上一博「布施辰治治安維持法違反事件における山崎今朝弥の弁論」・飯澤文夫「山崎

今朝弥発行雑誌の検閲と発禁について」

『明治大学の歴史』明治大学史資料センター編、DTP出版、二〇一七年一〇月

10　山崎今朝弥年譜

☆は社会情勢、周辺事項

一八八七（明治一〇）	九月一五日　長野県諏訪郡川岸村一九五番地ノ内一番（大字新倉小字塩坪、現岡谷市川岸西）に、父勝左衛門（四二歳）、母よ祢（三七歳）の三男（八人兄弟の第六子）として生まれる
一八八四（明治一七）七歳	この年　川岸村の新倉尋常小学初等科入学 一二月二二日　同第五級卒業
一八八五（明治一八）八歳	一〇月二四日　同第四級卒業
一八八六（明治一九）九歳	四月二日　後に妻となる山形さい、青森県中津軽郡弘前鷹匠町二六番地（現津軽市）に父太郎九郎、母いわの三女として生まれる
一八八九（明治二二）一二歳	四月四日　平野村（現岡谷市）の諏訪高等小学校平野分教場第二年級入学
一八九一（明治二四）一四歳	三月三一日　同校第三級修業。第四級は上諏訪町（現諏訪市）の本校に通う 一二月二二日　『幼年雑誌』別冊『日本全国小学生徒筆戦場』第一〇冊（博文館）に「節倹ト吝嗇」を投稿し掲載される
一八九二（明治二五）一五歳	三月　同学校高等科卒業。以後上京までの間、百姓手伝い、新倉尋常小学校授業生（代用教員）、片倉兼太郎の製糸場、兄の製糸場の見番（女工作業の監視）などとして働く
一八九四（明治二七）一七歳	☆六月　長兄米三郎長男勝邦が製糸場起業
一八九五（明治二八）一八歳	☆片倉兼太郎、片倉組を創設（一八七三年父市助が川岸村で開始した座繰り製糸を嚆矢とする）
一八九六（明治二九）一九歳	秋　郷社新倉十五社の御柱を巡る部落間の諍いで、他部落の御柱を倒した容疑で勾留されるが、証拠不十分で釈放される
一八九九（明治三二）二二歳	三月四日　明治法律学校入学 七月　第一学年及第 ☆九月四日　布施辰治、明治法律学校入学

一九〇〇（明治三三） 二三歳	四月八日　飛鳥山で行われた明治法律学校大運動会の第七競技角力に出場し二番勝で賞品を授与される 七月　第二学年及第（学年第一八位）
一九〇一（明治三四） 二四歳	七月六日　第三学年及第（学年第七位）、第三八回卒業式・二〇周年記念式典。卒業生一六〇余名 一一月一六日　判事検事登用第一回試験合格（『官報』公告） 一二月九日　司法官試補、甲府区裁判所詰、検事代理辞令 一二月二〇日　弁護士試験合格（『官報』公告） 一二月二五日　築地精養軒で校友山田福三郎博士学位取得帰朝歓迎と明治法律学校出身弁護士試験合格者祝賀と赴任送別を兼ねた祝宴が開催されたが、出席の有無は不明
一九〇二（明治三五） 二五歳	年初から春　東京に戻り、牛込榎町辺で明治法律学校生の鈴木清次郎と共同生活をし、英学校に通う。その後、明治法律学校の寄宿舎に入り講義録の編集を手伝う 三月二二日　司法官試補依願免職 六月一日　山田富太郎編『文官高等判事検事登用弁護士試験及第者答案集』（博文館）に模範解答を多数執筆 一一月二日　明治法律学校職員一同により、上野公園の精養軒で洋行の送別会。これを含め知友らにより前後一一回の送別会が催された 一一月一五日　上野公園の精養軒で開催された明治法律学校総会に出席。岸本辰雄校長より、大学設立の将来構想が発表される 一一月一五日　明治法律学校第一講堂で、弁護士の小島重太郎を発起人とする渡米送別演説会が開かれ、鵜澤総明ら一〇人の弁護士が激励の演説 一一月一八日　横浜港より日本郵船シアトル航路の貨客船加賀丸（六三〇〇ｔ）でアメリカに出発。ワシントン州シアトルに上陸し、サンフランシスコに移ったものと思われる ☆一一月　赤羽巌穴、サンフランシスコ日本人福音協会へ
一九〇三（明治三六） 二六歳	一月一九日『法律新聞』一一二号と一一三号（一月二六日）の「漫録」欄に「在米・赤毛布生」名で「渡米記」を執筆
一九〇四（明治三七） 二七歳	この年　サンフランシスコでパーカー家のスクールボーイ（書生）（パーカー氏はオハイオ州ハミルトンの倉庫会社マネージャー） この年　明治大学校友会桑港支部が結成され、会員 九月　明治法律学校の創立に関わり、後に理事なども務める杉村虎一がペルー全権公使となって国書奉呈の途次に立ち寄り、校友会桑港支部が開催した歓迎会に出席

	九月一七日　支部幹事で明治法律学校同期生の小林政治がボストンのタフト大学に入学することになり、デーボン街の「千代志」で送別会が開催され出席
一九〇五（明治三八） 二八歳	☆一一月二九日　幸徳秋水、シアトルへ。後に、サンフランシスコ、オークランドに移る
一九〇六（明治三九） 二九歳	一月二日　ストックトン街の帝国ホテルで開催された校友による新年宴会に出席 一月　訪米した元弁護士岩瀬孝を、支部を代表してサンフランシスコ港に迎え、「小川亭」で歓迎会を開催 四月一八日　サンフランシスコ大地震で蔵書、原稿を焼失。パーカー夫人に従ってオークランドに避難 六月　オハイオ州シンシナチのパーカー夫妻のもとに移る 八月　ミシガン州バトル・クリークのサナトリウムでアルバイト
一九〇七（明治四〇） 三〇歳	二月二六日　東洋汽船桑港航路の貨客船日本丸（六一〇〇ｔ）で横浜港に帰着 五月一五日　弁護士登録、東京弁護士会入会 一〇月六日　麴町区紀尾井町清水谷公園内「偕香園」で開催された明治法律学校出身法曹家の親睦会である弥生会例会で吉田三市郎、猪俣淇清と当番幹事。出席者は、平出修、佐々木藤一郎ら 一〇月七日　個人誌『法律文学』（法律文学社）創刊、発行兼編輯人 秋頃　法律文学社内英語通信教授会「予備英語通信教授」担当講師 一一月八日　郷里に引き揚げる 一二月一五日　『粗食養生論』刊行（隆文館、Ｂ６判、一一七頁　内容：序／生命の神秘／身体の神秘／身体の修繕／消化の奇蹟／食物の変化／食物殺人論／新式小笠原流）
一九〇八（明治四一） 三一歳	一月頃　諏訪郡上諏訪町四六五番地（現・諏訪市諏訪一丁目）に弁護士事務所「山崎博士法務局」開設。伊那町（現・伊那市）に事務所を設置し旧法学院出身の下平豊故、諏訪には公認事務員百瀬勝郎を配属、自らは月～木は諏訪、金曜午後は長野県上伊那郡伊那富村（現・辰野町）、金曜又は土曜から月曜は伊那町に勤務。一九〇九年頃には事務員として渡辺甚吾を雇い、甲府市にも出張所を置いた 五月頃　高山柳子（上諏訪町生まれ）と結婚、柳子は肺病で高島病院に入院し、結婚届未届のままもなく死去 六月三〇日　長野県埴科郡屋城町（現・千曲市）の新村忠雄来訪、雑誌『高原文学』（高原文学社）の維持会員となり、寄附金六〇銭を納める この頃　片山潜と出会う 一二月　赤羽巌穴が『東京社会新聞』で起こした四号事件の弁護を吉田三市郎、猪股淇清らに依頼

一九〇九（明治四二） 三二歳	二月一三日　中田重治牧師夫妻の媒酌により山形さい（一八八六年、青森県弘前市生まれ）と見合結婚。婚姻届出は六月二八日 ☆五月、新聞紙条例を廃し、新聞紙法公布 六月二八日　長兄米三郎より分家届出 九月二四日　赤羽が千葉監獄を出獄し、身を寄せる。 この頃　新村が、東京と長野を往復する途中に立ち寄り、二一〜二三日逗留。諏訪郡境村（現・富士見町）の社会主義農民運動家小池伊一郎とも交流 ☆一〇月頃　小池伊一郎、社会主義グループ第二喚醒会「農民喚醒会」設立 一一月　長男誕生、「長男」と命名、まもなく死去（戸籍未記載）
一九一〇（明治四三） 三三歳	年初頃　山梨県甲府に移り、「甲府法務局、平民法律所」開設 春頃　宮下太吉（甲府生まれ、後に長野県東筑摩郡明科村、官営明科製材所職工）、甲府の弁護士事務所に二度訪問を受けるが面会せず ☆五月　大逆事件により新村忠雄、宮下太吉、幸徳秋水らの検挙始まる 五月頃　甲府地検で、赤羽、新村、宮下らの関係について取調べを受ける 六月、赤羽巌穴逮捕され、八月頃吉田三市郎と共に弁護人となる 六月頃　小池伊一郎ら農民喚醒会メンバーが検挙され、関係について取調べを受ける 八月　上京し、（現・中央区）銀座三丁目五番地に事務所兼自宅を構える。隣地に専属交番が設置される この頃　大杉栄が事務所を訪問 八月八日　東海・関東・東北の豪雨で東京府約一九万戸が浸水、水害の人命救助で表彰される ☆一二月三一日　堺利彦、売文社設立
一九一一（明治四四） 三四歳	☆一月一八日　大審院、大逆事件被告二四名に死刑判決、後に一二名を無期に減刑、一月二四日幸徳、新村、宮下死刑執行 二月一三日　東京弁護士会に再入会 ☆八月　警視庁に特別高等課（特高）設置 八月　藤田貞二（浪人）経営の東京新聞社、山崎方に同居
一九一二（明治四五） 三五歳	一月　前年暮れに起きた東京市電の市営への移管にともなう市電ストライキ事件で取り調べと家宅捜査を受ける 二月　同事件で拘引された片山潜の弁護人

	二月　藤田貞二が帝国劇場を名誉毀損で訴えた事件の訴訟代理人 ☆三月一日　赤羽巖穴、千葉監獄で持病の腸カタル治療を拒否、ハンガーストライキにより死去
一九一三（大正二） 三六歳	二月四日　日本社会党創設（党員は山崎のみ） 九月一日　吉田三市郎ら五人と合同し、「東京法律事務所」を京橋区新肴町一番地（現・中央区銀座三丁目）の旧星亭事務所跡に創設 一一月一一日　荏原郡入新井村（現東京都大田区大森西）で長女誕生、「長女」と命名、同月一五日死去
一九一四（大正三） 三七歳	この年　片山の亡命にあたり、堺利彦、藤田貞二らと送別金を募集し三〇〇円を贈る この年　社会主義運動各派の合同茶話会を「社会講演会」と改め、名義人となる ☆夏　第一次世界大戦始まる
一九一五（大正四） 三八歳	九月二〇日　東京法律事務所機関誌『月報』創刊、共同編集 六月一九日　荏原郡入新井村で長男堅吉誕生、一九九九年九月一八日死去 ☆九月七日　長兄米三郎死去、同長男勝邦家督相続 一〇月二〇日　『月報』を『東京法律』に改題
一九一六（大正五） 三九歳	一〇月一八日　北里柴三郎の伝染病予防薬製造販売を告発 一二月三一日　東京法律事務所脱退、出資金五千円の返還と功労金五千円を受領
一九一七（大正六） 四〇歳	一月　加藤時次郎経営の平民病院（現・中央区）木挽町六丁目）付設平民法律所長 一月　総選挙で、吉川守邦、高畠素之と委員となり、堺利彦を東京市選出衆議院議員の社会党候補として推薦（二五票で落選） 二月　雑誌『平民法律』創刊 ☆二月一三日　片倉兼太郎死去 五月七日　自宅に社会主義者が集まり、メーデー記念の小集会挙行 五月七日　平民大学創立（学長・山崎、教頭・山川均、理事長・岩佐作太郎、事務所・芝区新桜田町（現・港区西新橋）一九　山崎方） 七月　雑誌『新社会』（堺利彦編集）堺、荒畑寒村、山川均らと共同経営 この頃　売文社の無料法律顧問 八月　平民法律所を芝区桜田町一九番地に移設 一〇月　九月三〇日から翌日にかけて東日本を襲った大暴風雨（死者・不明一二〇〇名）に対する東京弁護士会有志の罹災民救恤の呼びかけに義捐金三円を寄付 一〇月一日　『平民叢書』の刊行を企て、資金を募るが実現せず

一九一九（大正八） 四二歳	一月　雑誌『法治国』の新聞紙法違反公判を弁護、二月に無罪判決 四月二一日　堺利彦・山川均主筆『社会主義研究』（平民大学）創刊、発行人編輯人 五月一〇日　京橋区新肴町一番地より東京市芝区新桜田町一九番地（現港区西新橋一丁目）に転籍 六月二二日　荒畑勝三、近藤憲二らと労働組合研究会を結成し、第一回会合を芝区新桜田町の山崎宅で開催 ☆六月一日　吉野作造、麻生久らを顧問に社会主義思想に基づく総合雑誌『解放』（第鐙閣）創刊 八月八日　平民大学「主義競進平民大学夏期講演会」を山崎宅で開催 八月二七日　傷害容疑で警視庁に拘禁された大杉栄について、布施辰治と共に弁護人並保証人として東京区裁判所に保釈願を提出 九月二日　大杉栄に対する名誉毀損で警視庁刑事課長警視正力松太郎を東京区裁判所に告訴 一〇月一日　東京瓦斯会社に対する値上げ反対住民訴訟の原告 一〇月一日　平民大学夏期講演会における下谷区坂本警察署員の暴言圧迫に対し、東京地方裁判所に告訴 ☆この頃　山崎勝邦ら同族により、合名会社山崎製糸場組設立（一九三五年まで） 一一月、父勝左右衛門死去
一九二〇（大正九） 四三歳	二月一日　堺利彦主筆・編輯『新社会評論』（芝区新桜田町一九、平民大学）より刊行 三月一〇日　『平民法律』（芝区新桜田町一九、平民大学）発行、主筆・編輯 八月五日　堺利彦らと日本社会主義同盟結成に奔走、創立事務所を芝区新桜田町の山崎方に置く。大杉栄、小川未明、赤松克麿、橋浦時雄と共に雑誌委員。同盟創立費寄附金として一〇円を寄付 九月一日　岩佐作太郎発行編輯兼印刷人『社会主義』（芝区新桜田町一九、平民大学）創刊に協力 一二月九日　堺利彦、大杉栄らと日本社会主義同盟創立準備会を開き、結成宣言し平民大学内に事務所を置く 一二月一一日　麴町区元園町一丁目一四番地街路にて放尿したことに、警察犯処罰令第三条第三号により、科料金五円に処せられる。これに対し、一二月二〇日、東京区裁判所に正式裁判の申し立てを行う
一九二一（大正一〇） 四四歳	一月一日　日本社会主義同盟設立総会での逮捕者への警察の不当扱いに対し日比谷警察署長らを告訴 二月二三日　立小便事件で科料五一銭 三月　妻さいの妹俊子、作家宮地嘉六と結婚し、山崎宅で披露宴 七～八月　神戸造船争議における人権蹂躙調査に参加

	八月　自由法曹団結成に参加 一〇月一日　『社会主義研究』第二七号の売文社復活広告で法律顧問と表示 一〇月六日　平沢計七らと平民大学から『労働週報』創刊 一一月一八日　『弁護士大安売』（聚英閣、B６判、三二五頁　内容：序文／自伝／第一編 弁護士大安売、他／第二編 官庁注文書と人民命令書、他／第三編 珍品事件上告状、他／第四編 被告北里博士告発状、他／第五編 工場管理は民法上の事務管理なり、他／第六編 名合孟君、他／第七編 女房外数人「山崎今朝弥の悪口」、他）
一九二二（大正一一） 四五歳	この年　民衆相談所（森富太所長）の顧問になる。他に布施辰治、大杉栄、秋田雨雀、賀川豊彦ら 六月一二日　丹悦太と小川孫六が新聞紙法違反に問われた裁判で上告弁護人として無罪を勝ち取るが、上告文中に司法官を「偉大なる低能児の化石」と記したことで東京控訴院の懲戒裁判において停職四カ月に処せられる。これに対し控訴するが、六月二九日に取り下げる 七月頃　徳田球一、藤原繁夫、細迫兼光と平民法律所（芝区新桜田町一九） 一一月　平澤計七が『労働週報』（労働週報社）の編集に専念するため家族と共に、芝区新桜田町一九番地の山崎宅に転居、同誌第二二号より、発行先住所を同地とする
一九二三（大正一二） 四六歳	一月頃　第一法律相談所上告専門所支局（小岩井浄、細迫兼光）、平民法律所上告専門所（山崎、徳田球一）、自由法律相談所水天宮裏（三輪壽壮、細野三千雄）と東西連合事務所 九月一日　関東大震災により東京法律事務所倒壊 ☆九月二日、朴烈・金子文子夫妻ら検挙始まる ☆九月三日、亀戸事件、平沢計七ら刺殺 ☆九月一六日、大杉栄・伊藤野枝・橘宗一、甘粕正彦憲兵大尉らにより虐殺 秋　亀戸事件ついて、山崎・布施辰治・田坂貞雄・吉田三市郎、片山哲ら自由法曹団が調査し告発
一九二四（大正一三） 四七歳	☆三月三〇日　ギロチン社中濱鐵、恐喝犯で逮捕 四月二七日　安部磯雄らと日本フェビアン協会結成 五月一日　『社会主義研究』（日本フェビアン協会、芝区新桜田町一九。新光社発売）創刊、発行編輯兼印刷人 五月一五日　『大衆解放』（解放社、芝区新桜田町一九）創刊、発行編輯印刷人 六月二八日　無産政党創立準備のため政治研究会結成、創立委員、結成後会計委員 ☆九月一日　和田久太郎、古田大次郎に誘われ大杉栄虐殺の復讐計画に参画し、当時の戒厳令司令官福田雅太郎を狙撃するも未遂に終わり逮捕 九月一〇日　さいの実家弘前市で二女弘子誕生、二〇〇九年一一月七日死去

	☆九月一〇日　古田大次郎逮捕 一一月二〇日　大宅壮一著『我等の態度——沿革及綱領（フェビアンパンフレット1）』（日本フェビアン協会）発行人印刷人 一一月二五日　『地震憲兵火事巡査（解放群書五）』刊行（解放社、B6判、一冊、内容：地震流言火事暴徒／露国討つ可し、日本べからず（露国飢饉救済金募集趣旨書、司法官心得、裁判の正体、無料事件依頼状、我輩の問題、問題となるまで、心機一転又再転、ほか） 一一月二五日　『山崎伯爵創作集』（平民大学、B6判、一冊　内容：『地震憲兵火事巡査』に同じ）
一九二五（大正一四） 四八歳	五月二一日　和田久太郎の福田雅太郎暗殺未遂事件の公判が東京地方裁判所で開始され、布施辰治らと共に弁護 七月一日　『解放思想』（解放社）創刊（『解放』第三巻第三号・通巻第一五号と表示）。関東大震災で中断していた総合雑誌『解放』を再開したもので、巻号は『社会主義研究』（日本フェビアン協会）を継承する。解放社同人に、石川三四郎、新居格、小川未明ら、編輯部に岡陽之助、山内房吉、経営部に山崎、水谷憲風 八月一日　『解放文藝』（解放社）創刊（『解放』第三巻第四号・通巻第一六号と表示）発行編輯兼印刷人 九月一日　『解放法律』（解放社）創刊（『解放』通巻第一七号・増刊第一号と表示）発行編輯兼印刷人 一〇月一五日　古田大次郎死刑執行、布施辰治らと共に遺書を受け取る この年　郷里（長野県諏訪郡川岸村）のアナキスト鮎沢寛一の訪問を受ける
一九二六（大正一五） 四九歳	一月　中濱鐵の控訴審が大阪控訴院で開始され、布施辰治と共に弁護。後に、布施から公判資料を渡され保存する 四月六日　獄中の中濱鐵から手紙で面会妨害の訴えを受ける ☆四月一五日　中濱鐵絞首刑死刑 五月　母よ祢死去 五月二〇日　『プロレ諸大家最近傑作選集（解放群書三三）』（解放社）編集・刊行 八月一日　四六判『解放』創刊（『解放』通巻第五巻第九号と表示） 八月　『秋水文集（解放群書七）』（解放社）編集・刊行 一一月七日　『解放』第五巻第十五号臨時増刊・守田文治著『各国革命文書集』の発売頒布禁止に対して内務大臣浜口雄幸を被告として東京地方裁判所に提訴 一二月五日　社会民衆党結成、発起人 一二月九日　日本労農党結成、会計監査

一九二七（昭和二年） 五〇歳	一月一日　『解放』通巻第六巻第一号より、同人制から、山崎、山内房吉、岡陽之助らの友人編輯制に改める 五月一日　『解放』通巻第六巻第七号より、山崎の個人誌に改める 六月一日　『解放』通巻第六巻第八号より、小川未明、江口渙、村松正俊らが結成した日本無産派文芸聯盟の機関誌となる 一〇月一日　『解放』第五巻第十五号発売頒布禁止事件で国を被控訴人として東京控訴院に控訴 一一月一二日　解放社で開催された日本無産派文芸聯盟臨時総会で、日本労農党の支持団体となることを前提に、『解放』を機関誌として提供し続けることを提案するが、山崎に感謝しつつ、満場一致で拒絶される
一九二八（昭和三） 五一歳	一月一日　『解放』通巻第七巻第一号より日本無産派文芸聯盟と絶縁し、従来どおり解放社から発行、後に山崎の個人誌となり、一九三六年頃まで続刊 二月　『幸徳秋水全集号――書簡集（解放群書八）』（解放社）編集・刊行 ☆二月二〇日　和田久太郎、秋田監獄で自殺 四月七日　解放運動犠牲者救援会創立、会計監査 六月　東京府議会議員選挙日本労農党公認候補村松正俊の選挙責任者 一一月一日　『日本社会運動史』（解放社、Ｂ６判、二三二頁）岡陽之助著とあるが実際の執筆者は山崎今朝弥 一二月二〇日　日本大衆党結成、相談役
一九二九（昭和四） 五二歳	この頃　『労農運動』（解放社）発行編輯印刷人 八月一三日　布施辰治の日本共産党三・一五検挙治安維持法違反事件弁護活動懲戒裁判の弁護人 一二月一日　『大衆解放』創刊、発行編輯印刷人
一九三〇（昭和五） 五三歳	三月一日　婦人芸術連盟『婦人戦線』（婦人戦線社発行、芝区新桜田町一九・解放社発売）創刊 四月一〇日　『秋水幸徳傳次郎遺文全集　全五巻』（解放社、～一九三一年四月）編集・刊行 この頃　『解放運動』（解放社）発行編輯印刷人 八月二〇日　布施辰治の新聞紙法違反事件の弁護人
一九三一（昭和六） 五四歳	五月一日　細野三千雄編輯、山崎監輯で『無産者法律』（無産法律社、芝区新桜田町一九　山崎方）創刊、発行編輯兼印刷人 六月二五日、東京地裁で始まった三・一五、四・一六共産党事件中央・東京グループ公判で弁護を断られる

	七月五日、全国労農大衆党結成、本部員 一一月　石川啄木の研究者吉田孤羊が土岐善麿の紹介状を携えて来訪、幸徳秋水の新全集の編集について話す
一九三二（昭和七） 五五歳	七月二四日　社会大衆党結成、顧問 九月　社会大衆党の本部闘争基金に四円を応募 ☆一一月　布施辰治、大審院で懲戒判決、東京弁護士会除名
一九三三（昭和八） 五六歳	一月一四日　社会大衆党が大阪ビルレインボーグリルで開催した日ソ問題懇談会に、安部磯雄、片山哲らと党側メンバーとして出席 ☆一月二三日　堺利彦死去 一月二七日　堺利彦告別式（青山斎場）で、安部磯雄、荒畑寒村らと葬儀委員（委員長山川均） 二月　新居格らと自由懇談会結成
一九三四（昭和九） 五七歳	三月一五日　布施辰治の治安維持法違反事件の弁護人 九月九日　岩佐作太郎発行・編輯兼印刷人『社会主義』（平民大学、芝区新桜田町一九　山崎方）創刊 ☆一一月五日　片山潜モスクワで死去
一九三五（昭和一〇） 五八歳	三月二八日　山崎らの奔走により、青山霊園（現東京都港区南青山二丁目）に細井和喜蔵の印税を基に「無名戦士墓」を建立。墓碑銘は藤森成吉筆。戦後、墓碑銘に「解放運動」が冠せられた 一一月　日本無政府共産党事件で一斉検挙された植村諦聞の弁護人
一九三七（昭和一二） 六〇歳	☆七月七日　日中戦争始まる
一九四一（昭和一六） 六四歳	☆一二月八日　太平洋戦争始まる
一九四四（昭和一九） 六七歳	三月二二日　東京都芝区新桜田町一九番地から東京都世田谷区成城町三四一番に転籍 九月二八日　長男堅吉、隅谷三喜男の妹悦子と結婚
一九四五（昭和二〇） 六八歳	五月一〇日　二女弘子、勤務する研究所が岡谷に移転し、川岸村に移住 六月一二日　成城町三四一番地の自宅から、妻さいと共に川岸村に疎開 七月二一日　長野県諏訪郡川岸村四〇三四番地に転籍 九月四日　上京。以後一〇月六日までに四回川岸東京を四回往復する。その後も、埼玉、高崎、福島などに出かける 一一月一〇日　自由法曹団再建大会で、布施辰治、吉田三市郎、田坂貞雄と共に顧問に就任

一九四六（昭和二一） 六九歳	五月一日　上諏訪駅前で行われたメーデー（諏訪・下諏訪・岡谷連合大会）に、川岸村出身の鮎沢実也らと参加 一二月　東京に戻る
一九四七（昭和二二） 七〇歳	四月　杉並区長に当選した新居格の計らいで、数年に亘り区長公舎に住む 一二月七日　明大記念講堂で古稀祝賀会開催（全国借地借家人同盟主催、発起人：片山哲、西尾末広、芦田均、森戸辰男、石橋湛山、徳田球一ら多数）、友人田坂貞雄の子息一水会会員田坂乾作の肖像画と金八八〇〇円を受贈
一九四八（昭和二三） 七一歳	六月一日　前年暮に相談を受けた上野動物園内売店の営業権を巡る訴訟で、経済的に弱者の立場にあった業者の代理人
一九四九（昭和二四） 七二歳	☆七月一五日　三鷹事件 ☆八月一七日　松川事件 九月一二日　東京都杉並区成宗一丁目六番地（当時の区長公舎。現成田東五丁目）に転籍 一一月四日　東京地裁で三鷹事件公判開始、布施辰治を弁護団長に自由法曹団を挙げて取り組み、弁護人となる
一九五〇（昭和二五） 七三歳	一二月九日、自由法曹団総会で、長野国助、正木ひろしらの団解散動議に対し、新団長吉田三市郎を支援、布施辰治、田坂貞雄、江橋恬郎らの顧問団と一致して存続を主張
一九五一（昭和二六） 七四歳	一〇月二三日　仙台高等裁判所において松川事件第二審公判が開始され、吉田三市郎自由法曹団長のもと、布施辰治らと弁護人となる
一九五三（昭和二八） 七六歳	三月　弘子、明治大学旧制商学部卒業 ☆九月一三日　布施辰治死去
一九五四（昭和二九） 七七歳	七月二九日　東京都大田区大森二丁目五九番地で死去 八月五日　青山斎場で葬儀、青山霊園「解放運動無名戦士之墓」に葬られる 一一月四日　東中野モナミで百か日忌を兼ねた追悼の夕べ
一九六二（昭和三七）	三月　妻さい東京都大田区大森二丁目五九番地で死去、青山霊園に葬られる

主要参考文献

森長英三郎『山崎今朝彌』(紀伊國屋書店、一九七二年)掲載の「山崎今朝弥年譜」をもとに、左記によって補った。

山崎今朝彌『弁護士大安売』(聚英閣、一九二一年)
S・O生「訪問記　第四十二回　山崎今朝弥氏」(『自由と正義』第四年第六号、一九五三年六月)
『川岸村誌　続』(川岸村誌刊行会、一九五五年)
『特別要視察人情勢一斑　第四、五、八、九(糸屋寿雄蔵)』(日本近代史料研究会編「日本社会運動史料」日本近代史料研究会、明治文献資料刊行会、一九五七年〜一九六二年)
布施柑治『ある弁護士の生涯——布施辰治』(岩波書店、一九六三年、岩波新書)
近藤憲二『一無政府主義者の回想』(平凡社、一九六五年)
青地晨『野次馬列伝——反骨の十字架を背負った男たち』(毎日新聞社、一九七三年、四七〜八三頁「山崎今朝弥——権力を愚弄する」CORE BOOKS)
『小井川小学校百年史』(小井川小学校百周年記念事業実行委員会、一九七三年)
坂本令太郎『近代を築いたひとびと』四(信濃路、一九七五年、二一三〜二三一頁「山崎今朝弥——米国伯爵を名のる奇骨弁護士」)
自由法曹団編『自由法曹団物語　戦前編』(日本評論社、一九七六年)
山崎今朝彌著、森長英三郎編『地震・憲兵・火事・巡査(岩波文庫)』(岩波書店、一九八二年)
大野みち代『幸徳秋水』(日外アソシエーツ、一九八二年、人物書誌大系三)
小田切進『解放総目次・執筆者索引』(日本近代文学館発行、八木書店発売、一九八二年、マイクロ版近代文学館二「解放」別冊)
『明治大学百年史』第一巻　史料編一(明治大学、一九八六年)
『アナーキズム』(みすず書房、一九八八年、続・現代史資料三)
和田久太郎『獄窓から——真正版』(黒色戦線社、一九八八年)
岡本宏『日本社会主義史研究』(成文堂、一九八八年、熊本大学法学叢書一)
大塚一男『私記松川事件弁護団史』(日本評論社、一九八九年)

松本衛士「山崎今朝弥」（赤羽篤ほか『長野県歴史人物事典』郷土出版社、一九八九年、七五三〜七五四頁）
『ふるさとの歴史　製糸業　岡谷製糸業の展開――農村から近代工業都市への道（郷土の文化財18）』（岡谷市教育委員会、一九九四年）
藤田富士男・大和田茂『評伝平澤計七――亀戸事件で犠牲となった労働演劇・生協・労金の先駆者』（恒文社、一九九六年）
片島紀男『三鷹事件――一九四九年度夏に何が起きたのか』（日本放送出版協会、一九九九年）
『新倉区誌』（〔岡谷市〕新倉区、二〇〇一年）
島崎昭典『初代片倉兼太郎』（初代片倉兼太郎銅像を復元する会、二〇〇三年）
『日本アナキズム運動人名事典』（ぱる出版、二〇〇四年）
亀田博・廣畑研二『仲濱鐵　隠された大逆罪――ギロチン社事件未公開公判陳述・獄中詩篇』（トスキナアの会発行、皓星社発売、二〇〇七年、『トスキナア』別冊）
山泉進「山崎今朝弥の修行時代」（『大学史紀要』第一三号、二〇〇九年三月、八〜八一頁）
山泉進「解放社版『幸徳伝次郎全集』の書誌的探究」（『大学史紀要』第二三号、二〇一七年三月、八〜八九頁）
中村正也「明治三五年、渡米前の山崎今朝弥と明治法律学校――山崎の『渡米記』を中心に」（『大学史紀要』第二三号、二〇一七年三月、九〇〜一三〇頁）
村上一博「山崎今朝家が関与した上野動物園内売店の営業権事件について」（『大学史紀要』第二三号、二〇一七年三月、一三一〜一五二頁）
石山幸弘『大逆事件と新村善兵衛』（川辺書林、二〇一七年）
村上一博「布施辰治治安維持法違反事件における山崎今朝弥の弁論」（『大学史紀要』第二四号、二〇一八年三月、一五六〜一七五頁）
他に、山崎が発行または関わった『法律文学』『解放』『月報』（東京法律事務所）や社会大衆党等の機関紙、『官報』『明治法学』（明治大学）『法律新聞』『朝日新聞』『読売新聞』等の雑誌・新聞類

あとがき

権利と自由の普及を建学理念として、一八八一（明治一四）年に設立された明治法律学校（明治大学）は数多くの人権派弁護士を生み出してきた。その代表的人物が布施辰治と山崎今朝弥である。布施辰治は、植民地下の朝鮮や台湾において独立運動や農民運動の裁判の弁護人として活動したことが評価されて、二〇〇四年一〇月に韓国政府から日本人として初めて「建国勲章」を授与された。翌年一月、その記念シンポジウムと写真展が明治大学（納谷廣美学長）・明治大学法学部（土屋恵一郎法学部長）の共催で開催された。それが契機となって、山崎今朝弥遺族と連絡が取れ、関係資料の寄贈を受けることができた。これらのことがきっかけになり、明治大学史資料センターのなかに人権派弁護士研究会を立ち上げ、共同調査・研究を行ってきた。それからもう一〇年以上の時が経過した。その時々の成果は、『大学史紀要』に発表してきている（「9　奇書と文献の案内」〔三〇四頁〜〕参照）。布施辰治については、すでに『布施辰治研究』（山泉進・村上一博編、日本経済評論社、二〇一〇年）と『布施辰治著作集』（明治大学史資料センター編、全一六巻＋別巻一、ゆまに書房、二〇〇七〜二〇〇八年）を出版してきている。

山崎今朝弥についての先駆的な伝記研究は、森長英三郎『山崎今朝弥――ある社会主義弁護士の人間像』（紀伊國屋書店、一九七二年）が唯一のものであるが、本書では、共同調査と研究の利点を活かして、明治大学（明治法律学校）との関係、また「雑誌道楽者」としての側面を浮かび上がらせた。人権派弁護士・山崎今朝弥を明治大学の卒業生の一人としてとらえ、山崎を通して明治大学の歴史と個性を理解していただきたいということ、また宮武外骨とは違った言論と出版の擁護者としての「雑誌道楽者」山崎の顔を再発見していただきたいということ、このことが本書刊行の趣旨である。

明治大学大学史資料センターは、研究叢書として『尾佐竹猛研究』（二〇〇七年）、『布施辰治研究』（二〇一〇年）、『三木武夫研究』（二〇一一年）、『木村礎研究――戦後歴史学への挑戦』（二〇一四年）を日本経済評論社から出版してきた。今回は、諸事情から長年の友人である森下紀夫氏が社長を務める論創社から刊行することになった。これを機会に、体裁も全面的に改めて馴染みやすいものにしたつもりである。学術書についての出版状況が厳しいなかで、勇気をもって本書の刊行に踏み切ってくれた森下氏と、担当編集者の永井佳乃さんに、改めてお礼を申し上げたい。

山泉　進

❖編著者紹介

山泉　進（やまいずみ・すすむ）

1947年高知県四万十市生まれ。明治大学名誉教授（学長特任補佐）。明治大学史資料センター前所長。著書に、『平民社の時代――非戦の源流』（論創社、2003年）、『帝国主義』（幸徳秋水著、校注・解説、岩波文庫、2004年）、『布施辰治研究』（共編、日本経済評論社、2010年）、『大杉栄全集』（編集代表、ぱる出版、2014～2016年）、『明治大学の歴史』（共著、2017年）ほか。

村上一博（むらかみ・かずひろ）

1956年京都市生まれ。明治大学法学部教授、法学部長。明治大学史資料センター所長。著書に、『明治離婚裁判史論』（法律文化社、1994年）、『日本近代婚姻法史論』（法律文化社、2003年）、『磯部四郎研究』（共編、信山社、2007年）、『岸本辰雄論文選集』（日本経済評論社、2008年）、『宮城浩蔵論文選集』（明治大学出版会、2015年）、『新版　史料で読む日本法史』（共編、法律文化社、2016年）ほか。

❖**執筆者一覧**（五十音順。●以降は執筆担当箇所）

阿部裕樹（あべ・ゆうき）………●9（共著）

明治大学史資料センター

飯澤文夫（いいざわ・ふみお）………●1，6（付論を除く），7（表1），10

明治大学史資料センター研究調査員

中村正也（なかむら・せいや）………●2

明治大学史資料センター研究調査員

村上一博………●5

編著者紹介欄参照

山泉　進………●3，4，6（付論），7（表1を除く），8，9（共著）

編著者紹介欄参照

❖監修者紹介❖

明治大学史資料センター

2003（平成15）年４月設置。1986〜94年『明治大学百年史』の編纂にあたり蓄積された資料の活用と、大学の歴史全般にわたる調査・研究・資料収集・保存及び公開を目的としている。

現在、センター内に創立者研究会、人権派弁護士研究会、アジア留学生研究会等を置き研究活動に従事すると同時に、総合講座「明治大学の歴史」の運営にあたっている。機関誌『大学史紀要』を刊行、『私学の誕生』（2015年）、『明治大学の歴史』（2017年）等を出版している。

山崎今朝弥　弁護士にして雑誌道楽

2018年10月17日　初版第一刷印刷
2018年10月23日　初版第一刷発行

編著者　山泉　進・村上一博
監修者　明治大学史資料センター
発行者　森下紀夫
発行所　論創社
〒101－0051
東京都千代田区神田神保町２－23　北井ビル
tel. 03（3264）5254　fax. 03（3264）5232
web. http://www.ronso.co.jp/
振替口座　00160-1-155266

装幀　宗利淳一
組版　永井佳乃・フレックスアート
印刷・製本　中央精版印刷

ISBN978-4-8460-1753-8